第一次鸦片战争。图为海战中，清军水师战船被英军轻易击沉。

青年时代的孙中山与友人合影，由左至右为：杨鹤龄、孙中山、陈少白、尤列，因常放言抨击清廷，人称"四大寇"。站立者为关景良。

1894 年 11 月，孙中山在檀香山创立兴中会。随后在国内各地也设立分会。图为兴中会广州分会会址"王氏书舍"。

1901 年，清政府诏令各省停办书院，改书院为学堂，并广设新式学堂。1902 年，广州知府龚心湛将越华书院改办为广州府中学堂。图为广州府中学堂第二期丙丁班毕业纪念合影。

1902 年，袁世凯的武卫军护送两宫回銮。

华兴会部分骨干在日本合影。前排左一为黄兴、左三为胡瑛、左四为宋教仁，后排左一为章士钊、左四为刘揆一。

1904年徐锡麟与龚宝铨等光复会成员在日本合影。前排左起：陶成章、陈魏、徐锡麟；后排左起：龚宝铨、陈志军。

徐世昌（前排左3）光绪三十一年（1905）巡警部尚书任内与本部官员合影。

1906年9月1日 清朝颁布立宪上谕后，广西省当局召集桂林各公立学堂师生宣布立宪诏书并庆祝。

省咨议局由各省议员根据1907年10月19日的法令设立—新疆咨议局。

1909年广东成立咨议局，图为广东咨议局开幕纪念照。

出洋五大臣及随员。图中前排右五为端方、右六为戴鸿慈、右七为载泽。

载泽等在伦敦考察时合影，前排中为载泽。

袁世凯与北洋将领合影。

1912年孙中山在临时参议院解除临时大总统职务时与参议院议员合影。

1913年3月25日，孙中山自日本回上海，当晚与陈其美、居正、戴季陶等会集黄兴寓所，商讨解决宋教仁被杀案的策略。图为孙中山与黄兴、陈其美、居正、戴季陶等在黄兴寓所合影。

叠变

鸦片、枪炮与文明进程中的中国（1840—1915）

马 勇 —— 著

中国大百科全书出版社

图书在版编目（CIP）数据

叠变：鸦片、枪炮与文明进程中的中国：1840—
1915 / 马勇著 . —北京：中国大百科全书出版社，
2022.8（2023.5 重印）
　ISBN 978-7-5202-1191-8

　Ⅰ . ①叠… Ⅱ . ①马… Ⅲ . ①中国历史—研究—清后
期 Ⅳ . ① K252.07

　　中国版本图书馆 CIP 数据核字（2022）第 149260 号

出 版 人　刘祚臣
策 划 人　赵　易　曾　辉
责任编辑　赵春霞
封面设计　末末美书
责任印制　魏　婷
出版发行　中国大百科全书出版社
地　　址　北京市阜成门北大街 17 号　邮政编码　100037
电　　话　010-88390969
网　　址　http://www.ecph.com.cn
印　　刷　北京君升印刷有限公司
开　　本　710 毫米 ×1000 毫米　　1/16
印　　张　22.5
字　　数　320 千字
印　　次　2022 年 9 月第 1 版　2023 年 5 月第 3 次印刷
书　　号　ISBN 978-7-5202-1191-8
定　　价　78.00 元

重新认识近代中国

自1840年至1915年75年的历史，对于中国来说，可谓悬崖上走路，一步三回头，步步惊心。

回望近两百年的历史，历史主义地看，尽管有许多不尽如人意的地方，尽管有许多事原本可以做得更好，但我们必须承认，中国的面貌在近两百年间发生了巨大变化。那个传统的中国渐行渐远，一个现代国家虽然犹如遥远的风帆，但毕竟已经露出了一个若隐若现的影子。

1840年之前的那个遥远中国，在世界各大文明体中是体量最大、连续时间最久的，由此也注定了这个文明体的转型不可能一蹴而就，像东邻日本那样简单地脱亚入欧。

中国漫长历史的主体就是农耕文明的发展史。应该承认，中国的农耕文明在世界历史上确实拥有过自己的辉煌。与农耕文明相配合，中国很久以前就构建了自己的宗法社会组织方式，以及以血缘、地缘为纽带的伦理价值。进入帝制时代，中国社会又发展出高度发达的官僚体制，庞大的士大夫阶层为官僚队伍准备了源源不断的新生力量，而社会也因为农耕文明的发展渐渐形成层次分明、井然有序的"四民"结构。从今天来看，四民社会将人们的阶层几乎固化，龙生龙，凤生凤，农、工两个阶层要想获得改变，晋升为士大夫阶层，需要几代人持续不断地付出努力。在两千年的帝制时代不能说绝对没有，但毕竟是小概率事件。但是从历史的观点看，阶层固化让社会达成一种超稳定形态，中国社会两千年之所以只有改姓易代的王朝更迭，而没有社会性质的根本变化，四民社会的阶层固化应该是其中一个最重要的原因。

四民社会有其合理性，但严重的阶层固化也势必遏制社会的活力。士大夫大多是前半生两耳不闻窗外事，一心只读圣贤书，等到鲤鱼跳龙门、金榜题名后，余生即便有心做点有意义的事情，也不过是内圣外王，忠君爱国，将做官作为一个专门的职业，极少有人能想到科学创造、技术革新。工、农两个阶层是当时社会的最大群体，他们处于社会的末端，无知无识，辛勤劳作，运气不错的或许能够获得社会阶层的稍微提升，但更多的不过是维持最低限度的生存。至于商人阶层，因为至少从汉代盐铁会议开始，中国历代政府便奉行重农抑商的基本政策，关涉人民生存必需的最大量日用品，诸如盐铁、漕运、对外贸易等均由官营，灵活的商人即便积累了一些财富，但他们对于社会变革、技术进步也是无心无力。中国无法产生"新教伦理""清教徒"，"先富阶级"之所以动辄盛行奢靡之风炫耀消费，这不是他们不懂积累和投资，不懂将商业资本转型为产业资本，而是社会发展的必然结果。

几千年的历史就这样延续着，直至大航海时代到来，全球面貌发生变化，中国也被拖入了全球化的轨道。

大约从明代中期至18世纪，中国在与外部世界的接触与交往中，获得了许多有用的信息，这也预示着中国必将发生巨大改变，与全球一致。我们今天回望明清之交的那两个世纪，可以清晰感觉到东西文明的对流，中国不仅接纳了西学东渐，让中国的文明结构、知识生产方式发生缓慢调整，诸如徐光启、利玛窦等中西大儒对几何概念的引进。另一方面中国的人文主义也向西方传递了自己的思想，学术界比较趋于一致的看法是，欧洲近代的启蒙思潮中就有一些中国因素。

在物质交往方面，中国的瓷器、丝绸、茶叶、大黄等初级农产品更是借全球化的东风所向披靡地占领了世界市场，几乎成为全球别无分店的垄断商品，为中国赢得了巨大的经济效益。明代中晚期开始的白银资本，18世纪中国社会的繁华，其实都是全球化带给中国的效益。当然，也是中国人节俭、聪明、勤奋的成果。

假如不是蒸汽技术的出现，中国在那样的全球化背景下一定会继续赢者通吃，向全球释放中国的物品，换回更多的银子。然而历史无法假设，英伦三岛蒸汽技术的发现与运用，让世界进入工业化时代。中国如何应对这样的人类历史大变局，确实是一个历史性的难题。

工业化形成巨大的产能，巨大的产能需要巨大的市场。但是中国在过往几百年的全球化过程中，主要是世界消费品的生产者、提供者，中国对西方物品并没有太多的消费需求，更没有消费冲动和消费习惯。于是在18世纪，中国的富裕达到历史高点，而与此同时中国与主要贸易伙伴英国的贸易失衡也越来越严重。

为了解决这个问题，英国政府于1787年派遣卡思卡特使团出访中国，希望与中国建立更加紧密的外交关系，以便更方便地处理双方贸易问题。英国希望中国购买更多的英国纺织工业品，让中英贸易趋于平衡，至少不能持续无限度地扩大失衡。公平地说，对正处于鼎盛时期的乾隆大帝而言，英国的要求并非不可谈判。然而遗憾的是，卡思卡特竟然病逝于前往中国的途中。

历史总是在偶然事件中发生剧烈变化。卡思卡特使团当年如果顺利抵达北京，双方谈判，总会谈出一个思路，即便不能解决问题但也不至于更坏。然而卡思卡特途中病逝，这个突发事件让中英官方谈判推迟了六年，一直到1793年，英国政府才派遣马戛尔尼使团出使中国，马戛尔尼的使命与卡思卡特几乎完全一致。

可惜的是，历史又一次被偶然事件剧烈冲击。就在卡思卡特病逝途中两年后，马戛尔尼使团出发前四年，即1789年，在巴黎发生了将国王送上断头台的惨烈事件，此事件后来被称为"法国大革命"。在18世纪最后几年以及19世纪前半期，比较公认的看法是法国陷入了政治动荡。而历史所呈现的事实也是如此，整个欧洲因为法国的动荡而陷入长达半个世纪之久的持续混乱，给欧洲给世界带来了无限困扰。

中国当时并不知道巴黎发生的事情，鼎盛期的中国尽管与世界各国有贸易往来，但并不关心那几十年世界发生的几件大事：英国工业革命、美国独立、法国大革命。这几件大事不仅改变了西方世界，而且逆转了中国历史的趋势。

在传统叙事中，一般将马戛尔尼使团的失败归结为文明冲突，或礼仪冲突。这个说法当然有道理，但并不是全部原因。我们现在可以补充的是，第一，根据马戛尔尼随员的记录《英使谒见乾隆纪实》，中国方面获悉巴黎的消息后有自己的评估，把原本有可能达成的中英妥协予以搁置，"法国的动乱促使中国官方加紧提防。假如特使携带礼物在法国国内未发生暴乱以前来，遭遇到的困难要比现在少得多"。

第二，即便仅从商业角度而言，中国作为贸易失衡的获利方，一方面具有扩大进口、拉平失衡的责任，但另一方面确实没有平衡贸易失衡的内在动力。期待通过谈判使贸易平衡，这对于享有巨大贸易顺差的一方来说实在有些强人所难。

又过了二十三年，英国政府于1816年再派阿美士德使团出访中国，其使命与卡思卡特、马戛尔尼基本上没有什么区别。但是阿美士德照样失败了，说出来的理由依然是礼仪冲突。

其实从商业的角度看，英国人喜欢中国商品，但中国人不需要英国工业品。中国人并没有强买强卖，逼着英国人买中国的茶叶、丝绸、瓷器和大黄，而是中国商品因质优价廉赢得了市场，这是自然形成的。中国政府没有刻意倾销，更不存在政府补贴，因而英国不可能通过谈判去解决中英之间严重失衡的贸易问题。

和平谈判无法解决贸易失衡问题，于是英国稍后便在交易的商品中添加了鸦片。鸦片贸易让中英贸易失衡有所改善，但这种贸易实在属于罪恶，因而中英双方的敌意不断积聚，终于引发了1840年的军事冲突。之后就是"五口通商"，中国被动开放了五个口岸。所谓"近代"中国，也终于就此起步。

五口通商是中国近代史上的大事件，与日本的"黑船事件"极为相似，都是国家允许自由贸易的开始。

自由贸易的部分实现解决了中国历史上积累了几百年的大问题，困扰明清两代的倭寇走私不剿而终。尽管五口通商还有许多需要改进的空间，不论中方，还是与中国贸易的各国，都有进行调整的需求。后人，包括一些著名的历史学家都指责清政府在五口通商之后不去积极改革，没有像日本那样见贤思齐，转身向西，脱亚入欧。这种指责从情理上可以理解，但从历史主义的立场看则意义不大。

第一，五口通商所要解决的是经年积累的贸易失衡问题，是外国商品能否通过合法途径进入中国的问题。这些问题通过五口通商都解决了，因此当时朝野对《南京条约》才有"万年和约"的评估。

第二，现在呈现的史料表明，五口通商前后，只有极少数人如林则徐、魏源等人意识到西方人有些东西是可以学习的，这种看法其实就是中国知识人对"一事不知以为耻"的落实。即便按照魏源稍后《海国图志》的提示，也只是"师夷长技"。那么什么才是"夷之长技"？这也必须给予仔细分梳，而不是泛泛地去学西方，更不是去改革。如果说有什么体制自信、文明自信的话，那么鸦片战争之后不高估对手，不自轻自贱，可能就是这种表现吧。

或许正是受这样一种心理的驱使，中国并没有在五口通商之后没完没了地懊悔、抱怨，老百姓的日子该怎样过还怎样过，太阳照常升起。只是过了十几年之后，随着时间推移衍生出了一些新的问题，中外都觉得五口通商及其相关协议有调整的必要。而这种调整，不是收回、收缩，或终结，而是在五口的基础上再增加一些通商口岸。这是西方的要求，其实也是中国非五口区域官民的普遍看法。从外国人的立场看，五口通商让他们看到了中国市场的巨大潜力，预感到中国可能成为工业化时代全球经济的中心和世界经济的重要引擎。他们真诚希望中国扩大市场的开放规模，并让开放的过程更加简单，更合乎全球经济的一般规则。

从中国非五口区域官民的立场看，他们可能并没有外来者想象中的排外。五口通商给这五个地区带来的机会、富裕，也让周边非开放区域的民众想尽办法涌进这些口岸寻找商业机会。生活是最好的老师，他们在不一样的生活环境中很自然地得出自己的看法。中国更多的开放并不是一个根本不容讨论的问题，否则就不会有1858年的《天津条约》。

《天津条约》中关于中外通商口岸的调整其实还是一种可管控的有序开放，但遗憾的是，清政府与英法谈判失败，导致结果再次诉诸战争。英法联军进入北京，火烧圆明园，中国被迫与诸大国分别达成《北京条约》。《北京条约》不仅全盘照抄了《天津条约》的规定，而且满足了英法两国更多的诉求。

不过也应该看到，《北京条约》让僵持近百年的许多问题得以化解，中国终于堂而皇之地开始重塑自己在世界舞台上的形象。各大国迅速向中国派遣公使，中国的领导层也开始与外国人直接打交道，这对于中国理解变化中的世界秩序格外重要。

清帝国当时面临的最大压力并不是来自外部，在与各大国公使，甚至军方领导人的交往过程中，清政府大臣诸如恭亲王奕訢逐渐对外国人产生了好感。他也向外国公使表达了中方的苦恼，特别是如何平息已持续十年之久的太平天国运动，恭亲王奕訢很愿意听取各国公使的建议。俄国公使答应可以出兵协助，而英国公使私下劝说恭亲王奕訢不要接受俄国公使的建议，而应该按照西方各国的方式整饬军队，发展军事工业，用自己的力量去解决问题。权衡利弊后，清政府接受了这样的建议，于是开始了自己的强军工程；为了强军，于是有了第一批西方式的军事工业，有了最早的海军教育，有了造船业。由于那时一切都掌控在政府手里，与这些强军工业相关联的任何辅助型工业，也都由政府一手垄断，因此我们看到这个后来被称为洋务运动、自强新政的变革，就带有浓厚的官僚体制色彩。

洋务运动开始不久，太平天国运动很快也结束了。之前创建的这些军事工业毕竟都是大清的财富，不能随之收摊，于是以强军为诉求的自强新政继续存在和发展，并渐渐演化成了一场工业化运动。中国终于因这些机缘巧合从原来的农业文明中走出，开始构建自己的工业文明、城市文明。

在这场工业化运动中，后世的检讨与抱怨都是认为中国没有像同时代的日本那样从政治变革、社会变革、教育变革方面入手，只是学习了西方的一些皮毛，而忽略了西方富强的根本，严复、康有为、梁启超等人都集中精力批评这个时代的指导思想"中学为体，西学为用"。假如实事求是地复原19世纪后半期中国的发展，我们也必须承认中国的自强新政由于不学西方之"本"，只学西方之"末"，只在坚船利炮、声光电化上下功夫，因而中国的发展速度与日本相比，是远高于日本的。

1871年和1885年，主持洋务的李鸿章与日本外交代表有过坦诚的谈话，李鸿章并不认为中国埋头发展经济，发展军事，淡化政治、社会、教育改革有什么问题。而且事实是，仅仅用了二十年时间，清帝国就从根本上扭转了19世纪初国力开始下滑的趋势，1890年前后，清帝国的经济总量、军事实力，尤其是现代化的海军力量，被各国测评为亚洲第一，位居世界前列。中国的工业化、城市化，应该说在那几十年确实获得了巨大发展。那时中国的政治精英、知识精英，除极个别人外，大都认同洋务新政的发展模式，张之洞甚至到了1898年仍然在他的《劝学篇》中重申应该坚持"中体西用"的既定原则，不要因为甲午之败而动摇。

问题在于，甲午之败给中国人最大的刺激就是这个"中体西用"的方针，严复、梁启超等人将之描写得一钱不值，称它耽搁了中国几十年，于是在甲午之后，因战败而有了维新、变法、新政、宪政、共和，直到民国成立。甲午之后不出二十年，中国就走完了西方国家如英法两国走了几百年而没有走完的路。从这个意义上说，近代中国是在悬崖上行走，命悬一线，一点也不为过。不过由此也可以看到另一种风景，甲午后的一切变革几乎没有一个走完全程，维新时代还没有结果，急剧的政治变革发生了；政治变革还没有头绪，排外主义萌生，中国转而实行新政，进而宪政；宪政变革本来排出了日程表，一环扣一环最多拖到1915年，中国就可以开国会，制宪法，实行宪政；然而就在将要踏进宪政门槛的时候，国会请愿运动一而再再而三，要求提前开国会。于是乎，"计划政治"变成了"应对政治"，朝野互动变成了野马狂奔，一场又一场的变革叠加在一起，不是促进了变革的良性，而是人为制造了混乱。圣人所谓"欲速则不达"，用在分析近代中国的"叠变"，最合适不过。立宪党人为了挽狂澜于既倒，要求清廷提前几年立宪，结果呢，清帝国直至结束，也不知立宪在何处？

其实，一百多年之后重新检讨中国走过的路，我们这些后来者一方面固然有资格指责那些历史人物的失误、见识与决断，但是另一方面也必须看到历史发展的内在逻辑，一切果必有其因，因果关联，是我们检讨历史的一个重要准则。

历史走到甲午，中国几十年的发展成果近乎归零，特别是举三十年国力精心营造的北洋海军毁于一旦，令人痛心。但痛定思痛，中国重新出发，维新变法、新政、共和，这都是历史的逻辑展开，"三千年未有之巨变"，至此才真正拉开了序幕。只是越往后，叠加的问题越来越多，变革的压力越来越大。终致形成病重乱投医的态势，一场变革还没有结束，没有见效，另一场变革另一个思路又呼之欲出。于是，"三千年未有之大变局"进入历史的长江三峡，浊浪逐天，狼烟四起，却猿声依旧；历史叙事增加了无数的内在紧张与曲折，然而回眸一顾，似乎还在出发的不远处。尽管已有许多质的变化，但人们有权利不满足。

这本书所要描述的就是这一段序曲。

目　录

1861—1900 ▶ 文明的半山腰

19世纪60年代开始的洋务新政在一定程度上挽救了中国的危机，中国被迫步入现代化和世界经济一体化的潮流，在一定程度上恢复了生机。但国人从此不再相信道义、公理、正义，只相信力量、实力。这其实都是对中国文明基本精神的彻底颠覆，也给近代中国，乃至现代中国带来许多问题。

1901—1915 ▶ 悬崖上的眺望

从帝制到共和，从南京到北京，中国在几个月内跨过数千年，成为引领亚洲的先进国家。一个年轻的共和国原本可以朝气蓬勃向上发展，然而为时不久就陷入持久党争甚至战争。这是非常可惜的，但谁也没有办法。历史或许有自己的惯性，却也没有办法遗憾。

1840年之前

序幕

第1章

西风东来

一

　　中国具有悠久的历史，且长时期独立发展。在长达数千年的岁月中，所谓的"中国"一直傲视亚洲，以"中央帝国"心态对待周边族群和国家。只是到了近代，西方各强国以血与火的武力冲击，现代工业和资本输入的经济冲击，强势科技的文明冲击，强行进入中国。中国的面貌由此改变，传统的农业文明渐渐让位于工业文明和商业文明，中国固有的社会结构，中国人固有的生存方式，甚至思维方式，都随着中国社会的改变而改变。中国渐渐告别传统，渐渐进入现代社会。中国走向了世界，世界也进入了中国，中国已名副其实地成为当今世界不可忽视的一个重要组成部分。

　　大约15世纪的时候，资本主义生产方式的迅速发展刺激了当时欧洲一些国家竭力寻求海外贸易市场以扩大财源和势力范围。明孝宗弘治十年即1497年，葡萄牙人达·伽马发现非洲东南海岸纳塔尔。翌年，达·伽马率领四艘船绕过非洲好望角，经印度洋抵达印度西南海岸卡利卡特，从而打开了欧洲直航远东的通道，真正实现了哥伦布1492年大航海追求的目标。1511年，葡萄牙人占领马六甲。三年后，他们的商船终于第一次抵达广东海岸。

葡萄牙人的东来不是中国人和西方的第一次接触，早在汉、唐、宋、元甚至更早的时候，中国人已和西方世界有过直接的往来与交流。只是由于双方政治格局的变动，这种交流已经中断了相当长的岁月。在这些中断了解的年代里，双方的发展都有了明显的变化，因而葡萄牙人的这次东来，在中西文化交流史上就具有极其重要的象征意义。此后几百年的中国历史演变，似乎都可以从这次接触中寻找到它的最初起因。

四十年后即1554年，葡萄牙人以贸易为名进入广东浪白澳。此后不久，他们又通过行贿的手段获得在澳门建房的居住权，开始与中国和平通商。毋庸讳言，这些西方人的主观目的并不仅仅局限在通商方面，而是为了在中国和远东掠夺财富，开辟新的殖民地。

踏着早期殖民者的足迹，西方传教士亦蜂拥而至。最先来到中国的是耶稣会传教士。耶稣会是欧洲宗教改革兴起之后在天主教内部出现的一个反宗教改革的重要派别，他们为了弥补因宗教改革而兴起的加尔文新教所造成的损失，竭力主张借助新航路的开辟向远东扩展势力，创建新的更大范围的宗教社区。

耶稣会传教士带着《圣经》和十字架，在舰队和大炮的护送下开往远东，开始履行他们向地球的东半部传播"福音"的艰难使命。1541年4月7日，耶稣会创办人之一圣方济各·沙勿略从里斯本启程，于1549年8月抵达日本。在那里，沙勿略遇到了他以前从不了解的中国人，给他的传教事业带来了新的启示。他不仅注意到每当与日本人辩论时，日本人总是乞求于中国人的智慧，即使在涉及宗教问题以及行政方面的问题时也莫不如此，而且他发现中国人具有接受"福音真理"的"特殊资质"，相信在中国人中间传播福音一定会比在日本人中间更容易些。这一意外"发现"促成了沙勿略向中国传教的意愿，"为了达到目的，沙勿略不惜借助葡萄牙人政治上乃至军事上的支持"[1]。1552 年 8 月，沙勿略离开日本，抵达距广州三十海里的上川岛。此岛当时是葡萄牙人和中国人的一个贸易点，只有一片用树叶和稻草胡乱搭成的茅屋，条件十分艰苦，而且明政府此时困于倭寇的肆扰，复置浙闽巡视官，严禁外国人登陆。沙勿略来得实在不是时候，他在上川岛陷入困境，不久又害了一场热病，遂于同年 12 月 3 日病死该岛。

沙勿略没有真正进入中国，但他的努力与热情激励他的同道终于撞开了中国的大门。1557 年葡萄牙人抢占澳门后，耶稣会便以澳门为据点，竭尽全力向中国内地渗透。自卡内罗出任澳门第一任主教后，耶稣会先后选派了熟悉中国语言文化的范礼安、罗明坚、巴范济和利玛窦四名意大利耶稣会士到澳门，寻找机会进入中国内地。范礼安、巴范济先后在澳门死去。罗明坚于 1582 年得到广东地区行政负责人陈文峰的批准，成为第一个进入中国内地的耶稣会传教士，他在肇庆天宁寺居住并正式传教，此寺可称之为中国内地第一所耶稣会会院[2]。

和罗明坚同行到达肇庆的利玛窦，从一开始就有意识地与中国地方各级官员和文人学士交往，宣传欧洲文化和典章制度，并在叙述各国不同的宗教仪式时，适时加上中国人当时还不知道的有关基督教圣迹的故事，他希望在短时间内以这种附有感情的方式把基督教的名声传遍中

---

〔1〕　［法］埃德蒙·帕里斯：《耶稣会士秘史》，58 页，北京：中国社会科学出版社，
　　　1990 年。
〔2〕　方豪：《中国天主教史人物传》上册，66 页，北京：中华书局，1988 年。

国。由于利玛窦受过良好的教育，具有极高的科学素养，因此他在向中国人解释中国人尚不知道的那些东西时，轻而易举地震慑了中国人。特别是他关于欧洲和中国之间隔着无数海陆地带的解释，有效地减轻了中国人对欧洲人的恐惧，使中国人相信他们与欧洲的交往除了文化的交流与互补外，并不会造成类似于倭寇的灾难。在这之后，利玛窦又用铜和铁制造天球仪、地球仪，不仅使中国人开阔了眼界，而且使中国的官员和文人很容易地相信他是一个善良的人和有学问的人。"当时都中缙绅，交许可其说，投刺交欢，倒屣推重，倾一时名流"[1]。

利玛窦在肇庆的成功，尚属个别现象。对大多数耶稣会传教士来说，他们只限于在东南沿海一带活动，而且，他们既然是为了传播基督福音，就必然受到儒家思想传统影响下的中国人的顽强抵抗，以致有些传教士不得不哀叹道，倘若没有军舰和大炮的帮助，他们对中国人便一个也不能教化。两种文明的冲突从一开始就直截了当地展现在人们面前。然而，他们并没有依靠武力，因为他们清楚地知道，在中国这样历史悠久文明高度发达的国度里传教，如果一味仰仗武力，那么不论多么强大的战舰，多么声势浩大的军队都难以真正奏效。要想在中国立足和传播福音，他们就只能像佛教徒们曾经做过的那样，借助于中国固有的智慧资源和文化形式，从中国实际情况出发，在政治上维护中国君主的统治，在生活习惯上灵活地适应中国的风土人情，坚持和平的传教路线，用高雅的文化和文明水准赢得中国士大夫的信任，以此减轻中国固有文明对基督教文明的敌对意识。[2]

---

〔1〕　陈仪：《性学粗述序》，见方豪：《中国天主教史人物传》上册，73页，北京：中华书局，1988年。

〔2〕　利玛窦、金巴阁著，何高济、王遵仲、李申译：《利玛窦中国札记》，652页，北京：中华书局，1983年。

　　在这种和平传教路线的指导下，耶稣会传教士第一次比较系统完整地向中国人介绍了西方科学文化，客观上促进了西学东渐和东西方文化的交流。不必否认，他们介绍的西学具有极强的宗教意识和时代局限，在相当程度上是把一切知识作为神学的"婢女"传入中国。也就是说，他们自觉或不自觉地向中国人介绍的那些科学知识，在根本出发点上"盖欲借推测之有验以证天主堂之不诬，用意极为诡谲"[1]。他们极少介绍欧洲文艺复兴以来以人文主义、实验科学为主要内容和特点的西方新学，而侧重于介绍以神学为主体的所谓"六科经籍"。

　　当时的西方自然科学正在突破中世纪的神学樊笼走上近代的道路，已经获得或正在获得一系列具有划时代意义的光辉成就，如哥白尼的太阳中心说、开普勒的行星运行三大定律、伽利略和牛顿的经典力学、笛卡儿的解析几何和演绎法、牛顿和莱布尼茨的微积分学、波义耳的新元素说以及塞尔维特和哈维的血液循环理论等。然而，对于这些进步的学说和划时代的成就，明末清初的来华传教士或只字不提，讳莫如深，或尽管有少量的介绍，但不仅支离破碎，语焉不详，而且时间相当迟，致使后来的一些中国人通过其他途径了解到这些内容之后，不禁愈加怀疑明末清初来华传教士的动机和目的。不过，从利玛窦们的立场出发，这些传教士身为教会中人，以上所述之新学说在当时的西方不仅尚未定论，而且几乎一律被罗马教廷判为"异端邪说"，这些服膺教廷的传教士当然不会向中国人传播这些"异端邪说"，而只会传播那些他们认为是"经典"的文化。

　　有鉴于此，后人似不应苛求明末清初那些来华的传教士，他们能将托勒密的地心说、欧几里得的几何学、阿基米德的静力学、亚里士

---

〔1〕　永瑢等撰：《四库全书总目》，895页，北京：中华书局，1965年。

多德的四元素说和逻辑学，以及盖伦的人体解剖学等西方古典学说介绍到中国来，使中国人第一次了解到这些世界文明的积淀，仍有其积极的意义。而且从主观意图而言，那时来华的耶稣会传教士如利玛窦、艾儒略、汤若望等人，还是试图站在欧洲学界的高峰上，向东方介绍最高水平的西方学术，他们经常让其家乡人把欧洲在科学领域产生的一切重要的新事物的资料，邮寄给身在中国的他们，以方便他们介绍给中国人。由此出现了这样的现象："在北京，神父们在纠正中国人在天文方面的错误，而在罗马，教廷圣职部直至1882年还坚持对哥白尼学说的判决。"[1]平心而论，当时的传教士为了赢得中国知识分子的信任，大多关心欧洲自然科学的新进展，并在尽量不违背基督教教义和教会规定的情况下，适时介绍了不少欧洲先进的科学技术知识和成就。

二

明末清初来华的传教士们，一方面将西方先进的科学技术输入中国，另一方面也对中国固有文明抱有很大的敬意，希望能从与中国正常的文化交流中获益，以使欧洲文明获得更大的进步。这种心态自明末中西文化交流之始即已存在，沙勿略虽然未能进入中国，但他对中国古典智慧表示了相当浓厚的兴趣。利玛窦是第一个真正直接掌握中国语言文字，并对中国古典文明进行过深入钻研的西方学者，他对孔子哲学极为敬佩，并把孔子及四书五经热情地介绍给西方人。利玛窦曾经指出，如果西方人批判地研究孔子那些被载入史册的言行，就不得不承认孔子可

---

〔1〕　〔法〕埃德蒙·帕里斯：《耶稣会士秘史》，61—62页，北京：中国社会科学出版社，1990年。

以与世界上其他任何异教哲学家相媲美，而且甚至还要超过他们中的大多数人。对于中国的科学技术和医学，利玛窦虽然敏锐地发现其某些不足和缺憾，但从总体上依然表示极为钦佩，以为中国人不仅在道德哲学上，而且在天文学和许多数学分支学科上都取得了相当大的成就。他认为，中国人曾一度很精通数学和几何学，中国的天文学虽然与西方的天文学有所不同，但中国天文学家也丝毫不费力气地将天文现象归结为数学计算，得出与欧洲人几乎完全相同的结论。[1]

　　利玛窦的态度在一定程度上代表了当时欧洲普遍的社会文化心态。在16世纪前后，中国文明的发展与自己以往的历史相比，虽然有某些不足，如科学技术发展的停滞，但与同时期的欧洲文明相比，包括科学技术在内的中国文明并不落后，在相当多的领域毫不逊色，依然处于先进行列。欧洲人看到了这一点，并力图吸收中国文明，改造西方固有文化。在那之后的两三个世纪里，欧洲思想界、政治界的重要人物无不对文明中国产生浓厚的兴趣。在他们的心目中，遥远而神秘的中国有最理想、最完美的贤明政治，道德高尚，文化发达，在许多方面足以作为欧洲人的楷模。仅以法国为例，"当那个时代，中国在欧洲的名望，与现今大不相同。试引几个名家的议论，就可以推想当日中国的地位。福尔特尔（Voltaire，1694—1778，今译伏尔泰）说：欧洲的贵族同商人，凡遇东方有所发现，就只晓得求富，而哲学家倒是在那边寻得一个道德的新世界。克士内说：中国道德教训的方法，合该做各国的模范。坡夫雷说道：若是中国的法律变为各民族的法律，地球上就成为光华灿烂的世界了。你们试到北京，瞻望人间最有权势的人（皇帝），他就是天的美满的真

---

[1]　利玛窦、金巴阁著，何高济、王遵仲、李申译：《利玛窦中国札记》，32页，北京：中华书局，1983年。

相。百科学者狄德罗（Diderot）亦赞道：中国民族极能同心合力，在年代、精神、美术、学问、政治、哲学各方面，不仅压倒其他的亚洲民族，并且可以同欧洲的文明国争竞"[1]。凡此种种，足以说明早期来华传教士对中国文明的发现与赞美。

正是在这种心态的指导下，利玛窦、龙华民和其他传教士自1590年起就向欧洲寄回了许多关于中国的兴奋热烈的信件和年报。当时的中国在西方人的心目中既是基督教的一个有待开辟的信仰区域，更是欧洲人感到陌生的新发现的文明大陆。欧洲人特别是传教士大量翻译和介绍了中国古典文献，并在此基础上出版了一些关于中国文明的研究著作，逐渐形成了早期的"中国学"。中国的文明与科学对此后的欧洲发展确实做出过重大的贡献。18世纪正当欧洲的启蒙运动蓬勃发展的时候，启蒙思想家倡导理性主义，把一切现象都归因于自然而不归因于奇迹，崇尚人类认识自然规律和充分肯定理性法则的合理性，提倡智慧与教育，所有这些无不与欧洲中世纪社会官方意识形态——基督教神学——处于鲜明对立的地位。殊不知，这种启蒙思潮的主要来源除了西方古典智慧资源之外，还有耶稣会传教士介绍给西方的中国文明。

传入西方的中国文明不仅促进了欧洲启蒙运动的兴起和发展，而且在一定程度上对于近代欧洲文明的诞生起到了催化作用。莱布尼茨的思辨哲学、伏尔泰的自然神教观、魁奈及杜尔哥的重农学说，无不与中国古典文明有着或多或少的血缘关系。莱布尼茨在《中国近事》的绪言中曾直言不讳地指出，正是中国的文明促进了欧洲的觉醒，他甚至建议欧洲应该请中国人前来指导关于自然神学的目的和实践。他写道："我们双方各自都具备通过相互交流使对方受益的技能。……在实践哲学方

---

[1]　郑寿麟：《中西文化之关系》，51—52页，北京：中华书局，1932年。

面，即在生活与人类实际方面的伦理以及治国学说方面，我们实在是相形见绌了。承认这一点几乎令我感到惭愧。……无疑中华帝国已经超出他们自身的价值而具有巨大的意义，他们享有东方最聪明的民族这一盛誉，其影响之大也由此可见。"[1]至于莱布尼茨的科学成就，如二进制、单子论等或直接或间接得益于中国文明的启迪，这样的说法虽然还存在某些争议，但也是流传甚广的中西文化交流史上的一段佳话。

欧洲人看重中国文化并把它们大量介绍到西方，当然并不意味着中国文化绝对优越于西方文化。事实上，明末清初的来华传教士和欧洲思想文化界的学者们，在惊叹中国文化成就的同时，也清楚地看到中国文明的内在缺陷。因此，他们更致力于向中国介绍欧洲文明，以期中西文化真正交融。从利玛窦开始，早期传教士普遍认为，中国文明的精华无疑在于早期儒学，孔子所开创的道德哲学特别是孔子的那些道德箴言，是世界上其他民族无与伦比的，在一定意义上可以弥补欧洲文化的不足。但是他们也指出，一方面由于儒家早期道德哲学主要是着眼于个人、家庭以及整个国家的道德行为，期望人类在理性的光芒下对正当的道德活动加以指导，然而由于这种道德哲学缺少逻辑规则的概念，因而在处理伦理学的某些教诫时毫不考虑这一课题各个分支相互之间的内在联系，结果伦理学这门科学只是中国人在理性之光的指引下所达到的一系列混乱的格言和推论，非但没有把事情弄明白，反而越说越糊涂。

另一方面，早期传教士多次强调，就人类认识发展的一般规律来说，早期儒学的基本精神与基督教文明并无二致，它们面对的问题不仅具有相当的一致性，而且其解决的方案也具有明显的相似性。儒家经典中的"天"与基督教中的"上帝"具有同一的内涵和外延，都是人化的

---

[1]　陈爱政等译：《德国思想家论中国》，4—16页，南京：江苏人民出版社，1989年。

自然，或自然的人格化，它们是唯一的至高无上的创造者与主宰者。因此，早期传教士从一开始来到中国，就戴儒冠穿儒服，以此证明基督教与中国儒学并无本质的差别。但是，传教士也明确指出，基督教文明与中国儒学的一致性仅在早期儒学，并不包括汉代以后儒学的发展和"异端"思想。他们认为，先儒才是"真儒"，后儒则是"伪儒""俗儒"或"拘儒"。后儒"不察正理，专于虚句，而曲论古学之真意"（耶稣会士卫方济语），虽与佛老有所不同，实则殊途而同归，它不仅是基督教文明的敌对力量，而且在本质上对儒学的发展只有破坏作用而无建设之功。

基于对先儒、后儒的区别，早期传教士一般主张，中国文化的未来发展应该是批判后儒而返于先儒，进而再通过对先儒精义的阐释，最终达到"超儒"，重建中国文明的新体系。为此，传教士对汉以后的儒学进行了严厉的批判，认为汉以后的儒学，特别是宋明时期的理学，沉溺于佛道的"邪说"，以形而上学的手法，用反映皇权和宗统意识的"天地""太极"取代"天"或"上帝"，不仅和基督教"创世纪"的观点相矛盾，也与先儒的观点相冲突，势必混淆自然界与超自然界之间的区别。

早期传教士在排斥后儒的同时，对先儒的理论也做了相当的修正。他们认为，早期儒学的观点虽然正确，但毕竟只涉及有形世界，而缺少超乎有形世界的更高级的学说。早期儒学如果能和基督教教义相结合，或者说有选择地吸收基督教的"天学"观念，儒学的复兴才有实现的可能，才能真正达到至善至美的境地。

确实，早期儒学注重现实生活，不语怪力乱神，对超乎有形世界的东西持存疑态度。这种入世的理念固然有其莫大的长处和科学性，但是，人毕竟是一种有感情的高级动物，除了现实的生活外，不可避免地还需要一种更高层次的精神生活，否则，人的生活便会存在缺憾，至少是不完善的人生。早期传教士有鉴于此，故竭力将基督教对人类心灵安慰的功能移植到中国，并期望与早期儒学结合，推动他们教务的开展，此即所谓合儒、益儒、补儒和超儒。

三

传教士的这些努力在一定程度上取得了预想的效果，他们不仅在不太长的时间里"归化"了许多中国普通老百姓，而且受到了不少知识分子的欢迎。据估计，自利玛窦1583年在肇庆发展第一个信徒起，到他1610年去世时止，仅经利玛窦亲自受洗的信徒就约有两千五百人。受洗入教的著名知识分子有徐光启、李之藻、杨廷筠、李天经、冯应京、王徵等。

这些知识分子之所以接受基督教信仰，不可否认具有宗教上的原因，同时更应该从当时社会文化的背景方面来说明。就社会背景而言，当时的明王朝虽然国势衰弱，且有天崩地坼之虞，但毕竟暂时还没有现实的新生力量可以威胁其统治。正是这种老大帝国的思想传统和文化心理使明朝对外来异教能够采取一种宽大为怀的容忍态度，并不因为士大夫阶层有人信仰异教而恐惧。

就文化背景而言，早期传教士对先儒、后儒的区别，特别是对宋明理学的抨击正符合当时的学术潮流，因而极容易在知识分子阶层引起共鸣。正如传教士所指出的，儒家学术发展到宋明，几经变迁，已和原始儒学有了较大的差异，儒学实际上处在新的转型期的前夜。此时儒学的前途有多种可能，其中之一就是否定陆王心学，向程朱理学复归，这是当时或稍后一些知识分子曾努力做过的。到康熙时期，知识界大体完成了由朱代王的学术更新运动。朱熹的塑像从孔庙两庑提升为大成殿十哲之次，朱子的学说也被钦定为"集大成而继千百年绝传之学，开愚蒙而立亿万世之规"。

由朱代王或许有助于解救王学的危机，然而实在说来朱学远非一种尽善尽美万世无弊的思想学说，其所强调的内圣外王毕竟过于"说玄说妙""好高骛远"，于社会实际生活意义不大。因此，在明末清初思想界也有另一股学术思潮在萌动，那就是对陆王心学进行改造，使之适应现实需要，而徐光启等陆王心学的信徒便选择了这条路径。由于陆王心学强调"六经注我""万物皆备于我"的主体意识，因而较容易借助于某种外来因素重新自我塑造。恰当此时，耶稣会传教士给中国知识分子带来了一个全新的世界，这就难怪那些王学信徒如李贽、徐光启等人趋之若鹜了。

就文化心态来看，中国知识分子向来以一事不知而以为耻，他们面对传教士带来的全新世界，在惊叹之余便是努力地了解它、掌握它，从而最终超过它。这和传教士提出的合儒、补儒、超儒等观念一样，都是一种正常的文化交流心态。

文献表明，徐光启等知识分子对基督教的信仰是真诚而坚定的，他们是在认真研究了基督教教义之后而改宗的。他们相信，基督教的观念有我中华昔贤所未及道者："而其要归于使人安稊米之浮生，惜驹隙之光阴；想玄功于亭毒，勤昭事于顾误，而相与偕之乎大道。天壤之间，此人此图，讵可无补乎哉？"[1]正可弥补中国传统文化之不足。他们所向往的是那种浓厚的宗教氛围和圣洁的仪式，认为这种宗教式的安慰

---

[1] 李之藻：《万国全图跋》，见方豪：《中国天主教史人物传》上册，114页，北京：中华书局，1988年。

正是对儒家只重视现实功利的思想有益的补充。徐光启写道："泰西诸君子，以茂德才上，利宾于国。其始至也，人人共叹异之；及骤与之言，久与之处，无不意消而中悦服者，其实心、实行、实学，诚心于士大夫也。其谈道也，以践形尽性，钦若上帝为宗。所教诚者，人人可共由，一轨于至公至正，而归极于'惠迪吉，从逆凶'之旨，以分趋避之路。余尝谓其教必可以补儒易佛，而其绪余更有一种格物穷理之学，凡世间世外，万世万物之理，叩之无不河悬响答，丝分理解；退而思之，穷年累月，愈见其说之必然而不可易也。"[1]

---

〔1〕　徐光启：《泰西水法序》，见《徐光启集》，66页，上海：上海古籍出版社，1984年。

第2章

文明中国再发现

一

明末清初的知识分子以正常的心态热情地接受了西方的宗教，同时，他们对待中国传统文化并没有采取民族虚无主义的态度，而同样坚持多元开放的文化心态。徐光启、李之藻、李天经等明末清初的西学中坚人物无不认为中国固有文明自有长处，与西方文明相比，中国文化有弱点，有不足，但在某些方面也有其价值，是西方文明所无法比拟的。故而他们认为，中国文化的未来走向绝不是也不可能彻底废弃固有的传统，让西方文化在中国专行，而只能是借中国古今之所长，充分利用全人类的智慧资源，"参合诸家，兼收西法"（李天经语），创建一种全新的文明体系。

正是在这种心态的驱使下，明末清初的知识分子如饥似渴、大度地吸收西方文化，他们在毫无保留地接受西方宗教的同时，更竭诚地欢迎西方的科学技术。徐光启指出："欲求超胜，必须会通；欲求会通，必须翻译。"也就是说，他们已经认识到只有全面而无选择地充分了解和研究了西方全部文化之后，才有可能谈在中西现有文化基础上的创新和超越。据杨廷筠1623年在为艾儒略《西学凡》所作的序中说，当时业已运抵中国的西方文、理、医、法、教、道六科经籍约有七千部，他们计划集中二十位乃至更多的志同道合者合作，以十年之力系统地译成中文。[1] 这一计划虽然由于种种原因未能真正实现，但这一抱负本身所展示的多元开放的文化心态无疑具有划时代的意义。正是在这种意识的支配下，在明清之际不太长的几十年里，西方文化特别是科学技术的重要成果源源不断地输入中国，不仅为古老的中华文明注入了新的生机，而且为中国文化的未来发展与突破提供了必要的外在条件。

应该说，以正常的文化心态从事中西文化的交流活动对中西双方都有益处。明清之际，传教士受中国文化的感染，向欧洲提供了中国真实可信的文化信息，有力地刺激了欧洲启蒙运动的发生和发展，中国文化通过传教士的努力为人类文明做出了不可磨灭的贡献。在中国，由于统治者和大部分知识分子能够以正常心态对待中西文明，坚持取长补短的文化交流宗旨，充分利用西方的来华人才，大度吸收西方科学文化，同时以不影响国家安全，不妨碍中国的国家利益为前提，适当允许传教士开展正常的教务活动，遂使中国文化通过吸收西方文化而获得了新的生机，初步克服了王学危机给意识形态带来的困难。

西方文化的传入是多方面的，几乎涉及中国文化的各个领域，有效地改造了中国传统文化的旧体系，极大地丰富了中国文化的内容。然而遗憾的是，这种对双方都有利的文化交流却由于中国内部政治的变动和

---

〔1〕　［美］A. W. 恒慕义主编：《清代名人传略》上册，35页，西宁：青海人民出版社，1990年。

本土文化的抗拒而几乎中断。

二

1644年3月19日，李自成起义军攻占北京，对西方文化怀有好感的崇祯帝吊死煤山，明王朝灭亡。同年5月1日，清军进入北京，颠覆了李自成的政权，满族人所建立的清王朝开始了在中原地区的统治。

清王朝在中原立足之后，出于社会发展的一般需要，对明王朝的文化政策尤其是明王朝对西方文化的容忍与吸收政策并没有多少改变。至少在顺治、康熙的时候，清政府对传教士依然优礼有加。为明王朝翻译了大量西洋天文历法书籍的德国传教士汤若望仍然受到新王朝的信任，奉摄政王多尔衮之命于1644年8月与龙华民"依西洋新法"测验天象，制定了一部新历书。此书后定名为《时宪历》，由顺治帝于1645年颁行。汤若望亦因此而被擢为清朝钦天监监正，这一重要职务在中国历史上第一次由外国人担任。1650年，清政府准许汤若望在宣武门内历法局旁建教堂，两年后完工，被称为南堂。他本人更是先后被加封为通议大夫、通微教师、通政使司通政使、光禄大夫等，又依中国传统，祖先三代都被追封。顺治帝常称汤氏为"麻法"（满语意为"可敬之父"），由此可知传教士在顺治朝所能享受到的殊荣。

传教士对在顺治、康熙年间的礼遇，一般说来也较为满意，因此，他们对中西文化的交流仍能持一种正常的心态。汤若望在入清之后及时以西洋新法制定历书，接替汤若望出任钦天监监正的比利时传教士南怀仁不仅主持了康熙永年历的制定，而且以西方技术参与了铸炮、制造天文仪器等活动。在此前后来华的传教士如白晋、宋君荣等人，也为中国科技事业的发展程度不同地有所贡献。

这时中国人对于西方科学文化的态度，就最高统治者来说，一如明末徐光启的时代。像康熙帝不仅鼓励和提倡学习、模仿西方科学文化，还选拔一批满、汉青年交由耶稣会传教士传习，而且因中西历法的争论，自己也开始对科学事物尤其是数学产生兴趣。当他发现朝臣们对西洋历法一无所知时，便躬自钻研，探讨一些西方科学技术问题，或依西洋方法督促一些大型项目的实施。如当时世界上工程量最大也是最精确的全国性地图测绘以及《皇舆全览图》的编定，据说就耗费了他三十余年的心力。[1] 但是，康熙帝对西学的"嗜爱"始终限于个人范围，他并没有考虑将这种嗜爱扩大到广大的知识分子阶层中去，更不要说建立一支中国人自己能够掌握科学技术，并能制造西方先进器械的队伍了。

康熙帝为了巩固自己的统治，一方面需要西方的科学技术与文化，因此必须与传教士建立良好的个人关系，以便从他们那里学到西方有关天文历算和技术等知识；另一方面，基于文化传统的差异，特别是罗马教廷不顾中国政府的反对而禁止中国教徒祭拜祖先，以及教士们从事其他中国传统乡土文化活动的时候，康熙帝开始感到那些西洋人"渐渐作怪"，认为他们不仅将维系中国人象征的孔夫子加以蔑视，而且有朝一日会动摇清王朝统治的根基。在这种矛盾、苦闷心情的支配下，康熙帝不得不权衡利弊，终于以推崇程朱理学与天主教的影响相抗衡。

从传教士方面而言，早期传教士对中西文化的沟通与交流功不可没，但自从这些传教士和中国最高统治者交往并获得礼遇之后，不可否认有些人已渐渐失却文质彬彬、温文尔雅的风度，开始变得骄横、嚣张和强硬，与中国人渐渐不和。在上层，如汤若望在取得朝廷信任之后，

---

[1]　［美］A. W. 恒慕义主编：《清代名人传略》上册，676页，西宁：青海人民出版社，1990年。

蓄意排斥"大统""回回"和东局三家历法，丢弃利玛窦、徐光启、李天经等人"参合中西"的传统，企图以"西局"把持历局。如此做法不仅严重伤害了中国知识分子和某些本来就很保守的官僚的感情，引发一场大争论，而且引得"受冷遇的钦天监内掌管回回历法的官员们对汤若望获宠满怀忌恨，阴谋逼他去职"[1]。所有这些细枝末节都势必加重双方的冲突。

更有甚者，如后来来华传教的多明我会和方济各会因与耶稣会之间的内部矛盾，遂背离利玛窦开创的对中国礼俗采取宽容态度的思想传统，无视中国的文化传统和礼仪，竭力反对天主教中国化，禁止教徒祭祖尊孔，使天主教与中国社会习俗、礼仪制度处于对立的境地。1704年，罗马教廷委派多罗来华，宣布教皇克雷芒十一世的禁令，明确规定中国教徒不得祭祖祭孔，不得将先祖的牌位存放家中，否则与异端相同。"入天主教之人，或说我并不曾行异端之事，我不过要报本的意思，我不求福，亦不求免福，虽有如此说话者，亦不可"。显然，这种做法无视中国的主权和传统。翌年，多罗主教将教皇的禁令带到中国，起初康熙帝友好接待了他，后来当康熙帝得知教皇要求中国政府服从禁令，特别是发现多罗主教与自己的观点完全对立时，便大为不悦，毫不客气地下令多罗速离京师。此后，由于多明我会等一再干预和攻击耶稣会中国教区的事务，使康熙帝更加愤怒，于是连续发布命令，除保护那些为清王朝做出贡献并领有在华传教印票者外，余者断不准在中国传教，一律驱逐出境。

康熙帝的规定引起了教会的反对，1709年，教皇重申禁令，使传教

---

[1]　[美]A. W. 恒慕义主编：《清代名人传略》上册，676页，西宁：青海人民出版社，1990年。

士与中国礼仪的冲突更加尖锐。1717年，康熙帝明令禁止天主教教士在华传教，"免得多事"（康熙语）。由此看来，礼仪之争虽有多方面的原因，但其根本在于罗马教廷无视中国主权，蔑视中国社会制度和儒学传统，企图以外来宗教干预科举制度下中国知识分子的现实生活。这不仅是对利玛窦所开创的耶稣会在中国传教传统的背叛，而且也引起了中国统治者的反感和对国家安全的担心，遂使原本开放的中国大门越关越紧，中西文化的交流面临越来越大的困难。

就中国知识分子阶层而言，在明末对西方文化表现出浓厚的兴趣，他们认真向西方学习，改造中国传统文化的体系，取得了相当大的成就。然而，入清之后，有一大批知识分子不甘于异族统治，他们以亡国遗民自居，在政治上表现出一种不合作主义，而在文化上则表现出一种典型的逆反心理。顺治帝、康熙帝一度对传教士优礼有加，表现出对西方文化的极大尊敬，这无疑对不合作的汉族知识分子是一种极强的刺激，他们慢慢地对西方文化表示冷漠，或者是阴受阳拒，特别是当他们感觉西方传教士愈来愈高高在上之后，中国知识分子对感情上所受的刺激更是无法容忍，最典型的反映莫过于当时震惊中外的"不得已案"。

表面上看，"不得已案"是一场关于中西历法优劣的争论和冲突，而实际上具有更为深刻的政治文化背景，它既是中国知识分子文化心态的典型反映，也是中国本土文化面对外来文化强烈刺激而进行的文化重整和文化振兴运动。

"不得已案"的主角杨光先，安徽歙县人，明朝时任新安卫官生，以参劾大学士温体仁、给事中陈启新而出名。在学术上，杨光先说不上有多少真才实学，但他对外来文化似乎有一种本能的反感。1659年，他上书《摘谬论》《辟邪论》，批评西洋历法、攻击基督教，次年底，又向礼部上书《正国体呈》，攻击汤若望所编制的中国历书每每在正文部分注有"依西洋新法"的字样，是居心叵测，这样做不仅明确标榜大清王朝奉行西洋历法，有失体统，而且认为汤若望试图以西洋历法推行天主教，以天主教"谋夺人国"。他要求清政府严加查处，但因汤若望深受顺治帝的宠眷，所以他的要求无人理睬。

1661年，顺治帝因染上天花而突然去世，皇帝继承人成为一个重要而紧迫的问题。依照努尔哈赤的成训，清朝皇帝不预立皇太子，而由八旗旗主公推君位继承人，这一规矩虽因皇太极而遭到破坏，但它毕竟仍是祖训。顺治帝年仅二十四岁，但已有四个儿子。于是顺治帝的母亲会同八旗王公商议，以为传子更能保持大局稳定。汤若望得知后不仅表示完全赞同，而且建议由顺治帝的第三子玄烨继承皇位，理由是玄烨已出过天花，可以永保皇位无虞。最终，年仅八岁的玄烨即位，是为康熙帝。在康熙帝未成年时，清朝的统治权由四位摄政执掌，即索尼、苏克萨哈、遏必隆和鳌拜。鳌拜为非宗室的军功贵族，野心勃勃，企图挟天子以令诸侯，操纵八岁的小皇帝。在遏必隆的支持下，鳌拜大权在握，在以后的八年中，他实际上是当朝的最高掌权者。[1]

鳌拜欲挟天子而令诸侯，而汤若望则因立储有功，自然充当起小皇帝的顾问，鳌、汤之间发生冲突，便是一种不可避免的趋势。恰当此时，杨光先向传教士发难，这一点又不能不被鳌拜所利用。

杨光先此前攻击传教士未果，便改变策略，串通权贵，争取赞同者，并且不放过一切可以利用的机会。1664年9月15日，他上书礼部，指责汤若望历法测算有误，并控告传教士利用其遍布全国之"百万信徒"阴谋叛逆，以邪说蛊惑人心。他引用的证据之一便是华籍天主教教

---

〔1〕　［美］A. W. 恒慕义主编：《清代名人传略》上册，311页，西宁：青海人民出版社，1990年。

徒李祖白所著的《天学传概》。这本书的内容主要是讲述中国建立天主教教堂的历史，但作者在书中宣称，基督教是最古老最完善的宗教，也为中国上古所信奉，因为伏羲氏本是亚当的子孙，由犹太国迁来而成为中国的初祖。他还断言，中国古代就崇奉上帝，那时称作"天"或"上帝"；人们称之为"天学"的崇拜上帝在周朝即已亡佚，是利玛窦等传教士把它复兴起来的。

对于李祖白的这些说法，杨光先表示极为反感，但这些说法并不是李祖白的独创，因此礼部在接到杨光先的控告后并不能以此治李祖白或汤若望的罪。杨光先为了达到目的，必须给汤若望制造更为严重的罪名，于是控告汤若望在1658年有意为早殇的皇子荣亲王择定不吉利的葬期，目的在于以巫术暗害其父母世祖皇帝与孝献皇后，致使他们二人迅速相继死去。满族人信奉萨满教，并相信能用符咒暗害别人，因而极易看重这类指控。

杨光先指控汤若望的当天，礼部便转呈辅政王大臣会议。辅政大臣鳌拜原本就憎恶传教士，加上汤若望对小皇帝的影响力太大，有碍于他专权，于是鳌拜利用杨光先的指控，下令将汤若望逮捕下狱。不幸的是，汤若望此时患了瘫痪症，口不能言，无法替自己辩护。南怀仁虽然精于天文，但来华只有短短几年，不能熟练使用汉语，也无法为老神父辩护。于是经过长达七个月的三审，1665年4月15日，汤若望及另外七名钦天监中国官员被刑部判为凌迟处死，另有五人问斩，当时在京的传教士南怀仁、利类思、安文思三人也受到牵连，被处鞭笞并逐出北京。

翌日，辅政王大臣会议批准刑部判决时，北京发生了地震，于是有人认为此案冤枉，上干天怒，故有此警。辅政大臣将此案呈请太皇太后定夺，太皇太后是汤若望的义女，汤若望曾经给她治过病。太皇太后闻知此事后极为愤怒，当面指责辅政大臣们说："汤若望向为先帝所信任，礼待极隆，尔等欲置之死地，毋乃太过。"到了5月17日此案重判，汤若望及其他受牵连的大部分人免罪，但李祖白、宋可成、宋发、朱光显、刘存泰等五名信奉基督教的钦天监中国官员全被处死，罪名仍是杨光先指控的安葬荣亲王择期不吉。其后，全部教堂均被封闭，内地传教士被逐往澳门，只有当时尚在北京的四名神父准予留京。

　　杨光先在这一事件中因有鳌拜等权臣的偏袒而获得了部分胜利[1]，但实在说来错的不是汤若望而是杨光先。如欲对这一事件获得真切的理解，必须将其放到中西文化冲突的背景下观察。由此不难看出，这一事件实际上是"严华夷之辩"的传统意识在当时中国知识分子心中的投影，是中国本土文化面对外来文化冲击而做出的非理性反抗。

　　上述事件发生时，杨光先似乎很不得人心，他无可奈何地将自己反对传教士的文章结集为《不得已》刊出。"不得已"之集名不仅在某种程度上含有为自己辩解之意，而且相当形象地反映了本土文化受到外来文化冲击后的窘态和非理性抗拒。他认为，以西洋人职掌钦天监，"吾惧有挥金以收拾我天下之人心，如厝火于积薪之下，而祸发无日"。因此恳请朝廷，无论西洋历法如何先进，都应在排斥之列，以"光先之愚见，宁可使中夏无好历法，不可使中夏有西洋人。无好历法，不过如汉家不知合朔之法，日食多在晦日，而犹享四百年之国祚"。杨光先说没有好历法并不可怕，可怕的是西洋人利用他们占据的钦天监正职位，煽动叛乱，宣传邪教，动摇国基。如此就将正常的中西文化交流政治化，使无论有多么高超文化见解的人都难以洗脱"罪名"。面对如此指责，汤若望焉能不败？

---

〔1〕　参阅朱维铮：《汤若望与杨光先》，见《走出中世纪》，183—215页，上海：上海人民出版社，1987年。

杨光先与传教士之争以及传教士和清政府的礼仪之争导致清政府对传教事务的厌恶，并由此发展到禁止传教士在华活动。不过，这些争论的另一个后果亦颇为有趣，那就是康熙帝个人因此而热心于研究西方文化。据经常得以谒见康熙帝的南怀仁说，康熙帝似乎对基督教并不信仰，但他"熟悉科学的许多领域，每日都致力于钻研，还要处理国务，所以他在上午和下午都定出一定的时间来，专心于学习"[1]。

三

继康熙君临帝位的雍正，对传教士和西方文化的态度很大程度上受到继位问题的影响。在其统治的最初几年，一直忙于镇压他的反对者。雍正不喜欢传教士，因为传教士中的一些人曾经在继位问题上明显地站在他的反对者一边。他虽然宽恕了在北京的一些传教士，但对在外省的传教士则采取了比康熙更为严厉的限制措施。据宋君荣神父耳闻目睹，雍正从根本上不相信基督教理论，曾当着传教士的面"把天主教大骂了一通，并把它与那些邪恶教派相提并论"[2]。他认为，天主教作为外来宗教，不可能在中国生根，只能引起中国人的憎恶，政府如果允许这种宗教在中国流行，只能损害政府的声誉。他还认为，天主教所具有的好东西在中国儒教中都有，中国儒教所存在的荒唐可笑之处在天主教中同样存在，如把人变成神的耶稣，还有什么永恒的苦和永恒的乐，其实都是骗人的东西。为了不让天主教在中国的传播而引起中国人的憎恶，

---

〔1〕　[比利时]南怀仁：《鞑靼旅行记》，见杜文凯编：《清代西人见闻录》，84页，北京：中国人民大学出版社，1985年。

〔2〕　[法]宋君荣：《有关雍正与天主教的几封信》，见杜文凯编：《清代西人见闻录》，142页，北京：中国人民大学出版社，1985年。

雍正首先不惜代价地根除自己家族中的天主教徒，用强制的办法迫使那些亲王弃教，抬高佛教与道教的地位，与天主教相抗衡，并企图将儒道释联合成为新的宗教。

基于对天主教的认识，雍正对西方科学技术也不像康熙那样热心，到了乾隆时期，乾隆更对西方科学技术与文化采取了极端的蔑视态度。如在圆明园参观英国仪器时，乾隆竟指着一架水泵说："这些东西可以哄小孩玩。"在乾隆的心目中，大清帝国为"万国来王"（乾隆语）的天朝，西洋各国都不过是微不足道的蛮夷小国，哪有天朝上国向蛮夷小邦学习的道理。

另一方面，作为朝廷的政治领袖，从顺治、康熙、雍正到乾隆，无不崇尚中国古典文化，倡导知识分子研究中国固有文明，从心态上多少表现出以中国固有文明来与西方文明相抗衡的倾向和意识。早在满族人进入中原之前，他们就对中原文化表现出相当浓厚的兴趣，并将中原文化中的刑法、军事战术以及不少文学作品译成新体满文。入关之后，摄政王多尔衮积极而颇富远见地争取汉族知识分子的投效，沿袭明朝大部分的制度和惯例，通过科举考试和荐举，结纳与网罗汉族知识分子，并确实从中选择了一批颇富学识的人担任新朝官员。多尔衮本人并不通晓中原文字与文化，但他对中原文明的好感无疑深深地影响了清朝的第一个皇帝顺治。顺治是一位好学又明智的年轻君主，在他开始执掌朝政时很难看懂向他呈递的汉文奏折，由此他深感自己对汉文的无知所带来的障碍。于是他以极大的决心和毅力攻读汉文，在短短几年内便能用汉文读写，评定考卷，批阅公文。顺治对汉文小说、戏剧和禅宗佛教文学的兴趣也不断增长，虽然以他名义刊行的十五部著作可能没有一部是他亲自执笔的，但在另一方面也说明了顺治对中原文明的爱慕之情，以及"一个征服民族迅速屈服于被征服民族的文化并为其同化的历史过程"[1]。

接替顺治统治中国的康熙，虽对西方文化表示赞赏，并力图加以吸收，但他更是中国传统文化的"伟大赞助者"（胡适语）。在满汉关系仍然相当紧张的清朝早期，康熙便礼贤下士，特开博学鸿词科以招揽众多有能力的汉族学者与清政府合作，共同振兴中国传统文化。对那些一直对新政权持反对态度的汉族学者，康熙则设法缓和他们的不满情绪，支持他们从事《明史》编修工作。在康熙时代，中国传统文化开始复兴，并取得了相当大的成就，如《康熙字典》《佩文韵府》等大型图书的编撰和刊行。

雍正较其父康熙，对中国固有文明更为崇拜。即位之初，便追封孔子五世先人为"王爵"，并在历代帝王中第一个向孔子行跪拜礼。雍正认为，孔子以仁义道德启迪万世之人心，以三纲五常教人安守本分，不仅可以使社会风俗端淳，于民有益，而且"为益于帝王也甚宏"。

清朝统治者对中国传统文化的提倡，到乾隆时期达到顶峰。乾隆不仅毕生致力于文学事业，以他名义发表的诗词总数超过四万二千首，成为中国历史上最高产的诗人（当然，其中不乏由他人代笔的"御制"之作），而且，他致力于中国传统文化的复兴，从而使顾炎武、阎若璩等人倡导、自17世纪开始形成的"汉学运动"至此达到空前繁荣，史称"乾嘉之学"。此时学术界的主流是遵循顾炎武等人开创的"好古敏求""经世致用"的汉学路线，企图通过对中国传统儒家经典的重新诠释，发掘中国文化的精髓，重建中国文化的新体系。由此在思想上引起知识分子的极大震动，使他们感到欲摆脱宋明理学所带来的中国文化危机，必须另辟蹊径。因此从更为广阔的学术背景看，乾嘉汉学的兴起与

---

[1]　胡适：《清代名人传略序》，西宁：青海人民出版社，1990年。

发展又与明末清初传入中国的"西学"有着某种内在的关联，甚至在某种程度上可以说，乾嘉之学的成就与方法正是中西文化真正结合的产物。

从学术方向上看，乾嘉汉学舍弃王学乃至宋明理学而遥承先秦两汉之学，这一旨趣正与早期传教士对中国文化的评估与未来方向的规划殊途同归。乾嘉诸老的学术方向不论有多少差异或不同，他们无不"惟汉是信""大共笃于尊信，缀次古义，鲜下己见。……皆陈义尔雅，渊乎古训是则者也"[1]"用汉儒注书之条例以治群书"[2]，以汉儒的治学原则作为衡量学术的唯一标准："不宗汉学，皆非笃信之士也。"[3]而这也正是来华传教士对儒学的共识。早期传教士基于传教事务的艰难开展，因此对当时正在盛行的理学特别是阳明心学并没有抱有崇敬的心情，而是百般挑剔。他们中的大多数人不愿提及阳明心学，原因当然多种多样，但大体说来，总不外乎和基督教的宗教教义与阳明心学中的人文主义情绪直接对立这一背景密切相关。基于这样的事实，传教士较早地确立了他们的看法，即将儒学的发展作为一个过程，从中区分早期"真儒"和后期"俗儒""伪儒"，以为只有孔子和早期真儒才能代表中国文化的真精神，而后儒则是对儒家真义的背叛。

不论传教士这种看法的真实目的何在，但这种学术上的分梳不能不对那些普遍对王学感到失望的中国知识分子产生启发。与传教士关系甚密的徐光启在面对这个问题时，坦率地承认后儒的内在缺陷，并一度主张"易佛补儒"[4]。这一转变可能还有其他学术背景，但受早期传教

[1]　章太炎：《检论·清儒》，见朱维铮编校：《章太炎全集》第3卷，474页，上海：上海人民出版社，1984年。

[2]　刘师培：《近代汉学变迁记》，见《左庵外集》卷九。

[3]　江藩：《国朝汉学师承记》，137页，北京：中华书局，1983年。

[4]　利玛窦、金巴阁著，何高济、王遵仲、李申译：《利玛窦中国札记》，486页，北京：中华书局，1983年。

士的影响也甚为明显。徐光启的答复当然不是传教士的方案，传教士不仅排斥阳明学说以及整个宋明理学，而且也坚决排斥佛道二教。他们的目的只在于寻求基督教文明与早期儒学的一致性，以期以孔子的权威为他们开辟中国这一广大的教区扫清道路。基于此，他们在谈到中国文化的未来发展时，一般主张批判后儒，回归先儒，进而吸收西方文明，最终达到超儒。

传教士的这些主张是否达到了他们的预想目的，不是我们在此讨论的重点，我们更感兴趣的是，这一观念不仅与中国学人对儒学未来的思考极为相似，而且他们的思考不可能不受传教士主张的启发。现在尚没有足够的资料证明顾炎武等人复兴经学的主张是否与传教士的这些看法有直接联系，但与顾炎武几乎同时倡导复兴经学的钱谦益，则可证明与当时的西学有着直接的因果关系。钱氏对基督教文化有着深刻的理解和同情，他不仅与利玛窦等著名西学人物有着密切的交往[1]，而且是"第一批研究唐代景教和摩尼教的中国学者之一"[2]。或许正是因为他对基督教文化及其在华传播的历史有相当的研究，所以他在谈到儒学的未来发展时，和顾炎武一样竭力主张抛弃王学乃至整个宋明理学，直接从汉代儒学以及汉以前的儒学原典中寻求动力。他写道："为古学之蠹者，有两端焉：曰制科之习比于俚，道习之学比于腐。斯二者，皆俗学也。"[3]儒学的未来发展，只有抛弃"俗学"，追踪原典，彰扬原

〔1〕　钱氏曾向利玛窦赠诗和题扇，关系非同一般。参见方豪：《中国天主教史人物传》上册，73页，北京：中华书局，1988年。

〔2〕　［美］A. W. 恒慕义主编：《清代名人传略》上册，109页，西宁：青海人民出版社，1990年。

〔3〕　钱谦益：《答唐训导（汝谔）论文书》，见《牧斋初学集》，1700页，上海：上海古籍出版社，1985年。

始儒学的真精神才是唯一出路。"六经之学，渊源于两汉……学者之治经也，必以汉人为宗主，如杜预所谓原始要终。寻求枝叶，究其所穷，优而柔之，餍而饫之，涣然冰释，怡然理顺，然后抉摘异同，疏通凝滞。汉不足求之于唐，唐不足求之于宋，唐宋皆不足，然后求之于近代"[1]。

如果说明清之际传入中国的西学对乾嘉汉学学术方向的影响还是潜在因素的话，那么，西学对乾嘉汉学学术范围的规定则相对具有更为直接的刺激作用。乾嘉汉学的历算学研究直接得益于西学的刺激与方法，这是学者们的一致意见。但是，除历算之外的乾嘉汉学的学术范围又何尝没有受到西学的影响呢？在某种程度上可以说，乾嘉汉学所研究的那些内容，诸如经学、小学、音韵学、历史学、地理学、方志学、谱牒学以及古代典籍的校注、辨伪、辑佚等，不仅是在此之前来华传教士了解、研究中国的必由之路，而且也是之前两三个世纪正在形成的西方汉学界的学术重点。当清政府宣布禁教之前，传教士与中国知识分子得以自由接触，他们之间可以相互交流研究心得和研究内容。西方汉学与乾嘉汉学几乎呈同步的形成过程，在这一过程中，以传教士和那些与传教士有密切关系的中国学者为媒介，双方在学术方向和学术范围方面都产生了相互刺激的作用，在本质上是互为因果的关系。[2]

中国的学术成就对形成期的西方汉学界具有重要的影响，而西方的学术方法对乾嘉汉学的学术方法事实上也有启发和借鉴意义。乾嘉的汉学家们虽然声称他们以朱学反王学，以汉学反宋学，但在实质上，他们的学术方法和学术风格则是中国学术史的独创。也就是说，尽管他们

---

〔1〕　钱谦益：《与卓去病论经学书》，见《牧斋初学集》，1706页，上海：上海古籍出版社，1985年。

〔2〕　［德］利奇温：《十八世纪中国与欧洲文化的接触》，16—17页，北京：商务印书馆，1962年。

可能借鉴了朱熹和汉代经学家的某些方法，但就总体而言，绝不是朱学和汉学的相加或死灰复燃，而是别开生面的一代新的学术方法和学术风格。刘师培说得好："古无汉学之名，汉学之名始于近代。或以笃信好古该汉学之范围，然治汉学者未必尽用汉儒之说；即用汉儒之说，亦未必用以治汉儒所治之书。"[1]刘师培看到了乾嘉汉学并不是汉代学术的再现，但他似乎又承认乾嘉汉学导源于汉代学术，是对中国学术的逻辑继承和必然发展。当然，我们无意否认乾嘉诸老对包括汉儒在内的中国传统学术方法与智慧资源的凭借、吸收和采纳，但我们更关心的是，乾嘉诸老的这些方法除了吸收中国传统的智慧资源外，是否与西学有某种内在联系？

答案无疑是肯定的。梁启超、胡适把乾嘉汉学的独特方法直截了当地说成是"近代的科学方法"，此说法或许吹捧太过，但乾嘉诸老如戴震等人确实继承了明末以来深受西学影响的天文、数学、地理诸学的研究，在学术修养上确有若干逻辑的因素渗入其治学方法中。诸如章太炎罗列的重佐证、戒妄牵、守凡例、断情感、汰华辞等方法[2]，它们中的某一点可能在中国学术史上被分别使用过，但作为有机的学术整体，似乎只是乾嘉诸老的创造，而这种创造在某种程度上直接得益于传入中国的西学。另一方面，乾嘉诸老在清朝统治高压的情势下，依然通过极其迂回曲折的途径，承继晚明以来开明学者接受西洋科学技术的优秀传统，充分肯定西方学术方法的进步意义和价值。这在他们整理编纂《四库全书》时有最为明显的体现。他们承认西方"其国俗好语精微，凡事

〔1〕　刘师培：《近代汉学变迁论》，见《左庵外集》卷九。
〔2〕　章太炎：《说林下》，见《章太炎全集》第4卷，119页，上海：上海人民出版社，1985年。

皆刻意讲求，故体例颇涉繁碎，然亦自成一家之学"[1]。强调西洋学术除宗教的糟粕外，在方法上也不无可取之处。他们在评价西人阳玛诺《天问略》一书时说："盖欲借推测之有验以证天堂之不诬，用意极为诡谲。然其考验天象，则实较古法为善。"[2]认为其可弥补中国传统学术方法之不足。

乾嘉诸老对西方学术方法的吸收与采纳，最看重的是那些中国传统学术所不具备或不完善的东西。他们对晚明以来西方传教士带来的以实证为基本特征的归纳推理方法依然像方以智、徐光启、李之藻那样热情和倾心。他们指出，这一方法虽然萌芽于中国古典文明中，但毕竟由于历史的原因而失落甚久，故西方学术的这一方法虽为后出："特后来测验增修，愈推愈密。"[3]"其言皆验诸实测，其法皆具得变通。"[4]因此，将这一方法重新引进中国便具有不言而喻的重要意义。

由此看来，乾嘉诸老在西学已基本上被官方判为思想异端的时候，他们没有勇气如晚明学者那样大张旗鼓地欢迎和引进西方学术文化，而只能遵循学术发展的内在规律，埋首于中国传统经典，以期从中国传统智慧资源中寻求经世致用的利器和良药。不过，他们并没有忘记更没有排斥晚明以来传入中国的西方学术文化，在某种程度上说，他们甚至比晚明徐光启、李之藻、方以智等人更进了一大步，已由惊叹赞赏和翻译引进转变为学习运用西洋的学术方法去治中国传统之学，将中西学术文化的交流真正提升到融合创新的新阶段，并由此而建构起中国学术史上前所未有的学术范式。

---

[1] 永瑢等撰：《四库全书总目》，387页，北京：中华书局，1965年。
[2] 同上，895页。
[3] 永瑢等撰：《四库全书总目》，892页，北京：中华书局，1965年。
[4] 同上，894页。

1840—1860

攀登

第3章

"破门而入"的陌生人

一

假如不是中国外部环境的变化，具体地说，假如不发生鸦片战争以及此后中外之间的冲突，乾嘉诸老所创建的学术范式或许能为中国文化开辟一条新的道路，使中国传统文化真正通过自身的力量完成近代化的转变，变成梁启超、胡适所期望的"近代科学"。然而，历史的发展从来都不以假设完成，1840年鸦片战争爆发，并以中国的失败和屈辱的城下之盟——《南京条约》的签订而告结束。从此，中国的社会性质一步步地发生变化，中国的历史与文化再也不能按照旧有的轨道前进，而只能被迫驶入西方资本主义向全球扩张的轨道，所谓现代化问题就成为近代中国发展的根本问题之一。

鸦片战争的爆发既是中西文化冲突不可调和的后果，也是中西贸易长期不平衡的反映，更是西方资本主义向全球扩张过程中的必然结果。如前所论，雍正帝本不太喜欢西方的传教士，因为传教士中的一些人曾经在他继位问题上明显地站在他的反对者一边，所以雍正帝在其统治时期对传教士的种种限制，远比乃父康熙帝更为严厉。1724年，清政府通令各省禁止中国人传习西方宗教，强调凡国人信仰西教者，必须尽快改信他教，否则处以极刑。对于那些来华的西方传教士，除了极个别的高层传教士外，其他传教士必须逐步离开中国。后经在朝耶稣会士的奏请，允许各省的传教士暂留广东，以便能够与其本国通信，陆续回国，从各省先后抵达广东的传教士有三百多名。

中西文化的交流当然并没有因为雍正帝的禁教命令而完全中断，到了雍正帝驾崩的那一年即1735年，仅江南各省领天主教洗礼者就有一千多人。中国人信仰西教者屡禁不绝，于是清政府于乾隆元年（1736）再次下令严禁中国人信仰天主教、耶稣教：凡国人信仰西教者当立即弃教，否则无论旗人、汉人，一律处以重刑，并严格禁止暂时居留京师的传教士借传习天算历学而劝中国人入教。

伴随中西文化冲突而来的是中西贸易的不平衡。中西之间的贸易对于清王朝来说，在当时或许根本不重要，在中国向西方输出大量丝绸、陶瓷特产的同时，中国传统的生活方式使广大的中国人或许根本不需要西方的工业制品。但是对于那些已经相当工业化的西方资本主义国家来说，任何的贸易不平衡都可能导致新的危机。于是随着中西贸易不平衡的持续扩大，英国人终于在雍正五年即1727年首次向中国输入二百箱鸦片，每箱重达一百三十三磅，是为西方国家向中国擅自输入鸦片之始。

鸦片贸易对于西方国家来说或许可以有效弥补贸易不平衡的问题，但是其后果不仅使中国的白银大量流往西方，而且势必给中国人带来远非物质方面的损失，中国人的身心健康势必会因鸦片的泛滥而受到严重的伤害。鸦片不仅仅是一般的商品，更是一种毒品，吸食鸦片极易上瘾，从而沦为不事生产、辗转烟榻的"大烟鬼"。正是鉴于这种危害的严重性，仅仅在英国向中国输出鸦片的两年之后，清政府即于1729年首次公布禁止国人吸食鸦片的规定。但清政府的禁烟决定并没有从根本上解决问题，因为这一决定既没有解决中西之间的贸易不平衡问题，更没有阻止英国对中国强输鸦片的行径。中国在鸦片的蚕食下渐渐步出昔日的辉煌，古老的中华帝国如同久食鸦片的"烟鬼"，面对西方新兴资本主义的步步进逼，正在从往日的强势向弱势转化。

西方向中国输出鸦片显然是不道德的，但是，资本的扩张从来就不是道德行为。从隐藏在鸦片贸易后的经济原因而言，如何解决中西之间的贸易不平衡问题，并没有引起清政府的注意，老大帝国的心理与朝贡体制的惯例，使他们认识不到这个问题的重要性，也不愿与"化外之人"讨论这个问题。正如马戛尔尼使团的随员斯当东所说的那样："大家都知道，英国是一个商业国家，商人是社会中最活跃最富裕的组成部分。商人的利益和活动随时受到政府极大的注意，并在许多方面影响政府的措施。因此，英国派遣一个使团到中国访问，自然是为了商业的目的而去的。"[1]正是基于这种目的，英国政府在1793年派遣特使马戛尔尼以庆贺乾隆帝八十岁寿辰为名访华，实际上所要讨论的问题显然是中西尤其是中英之间的贸易不平衡以及英国人在中国的地位及待遇等问题，并希望中国政府能够同意两国建立正式的外交关系，同意扩大英国在中国这一具有巨大前景的贸易市场中所占据的份额。

英国政府对于马戛尔尼使团的这次中国之行予以高度重视，英王乔治三世为此专门给中国皇帝写了一封信。然而由于这封信是用拉丁文书写的，英国政府遂将这封信寄往意大利那不勒斯的一个天主教学校，请他们协助译成中文。然而谁也没有料到的是，这个学校是专门训练意

---

〔1〕　［英］斯当东著，叶笃义译：《英使谒见乾隆纪实》，上海：上海书店出版社，2005年。

大利人及葡萄牙人到中国传教的，而天主教会恰恰不希望英国外交使团的中国之行获得成功，以免助长与天主教水火不相容的新教的势力。所以，这些神父在将这封信译成中文的同时，又另抄一份并加上附言先行呈送清政府，向清政府指出这些英国人居心不良，不可信赖。

英国使团的行程原本并未引起清政府太大的注意，倒是意大利天主教神父的告诫引起了清政府的关切，加以清政府本来就有的"上国"心态，因此在接待马戛尔尼使团的时候，清政府的态度非常冷淡。一方面中国的接待官员以中英之间的礼仪之争故意拖延马戛尔尼使团的日程；另一方面乾隆帝在接见马戛尔尼的时候，明确而傲慢地告诉马戛尔尼：中国地大物博，物产丰富，不需要外面的东西。英国既然无意向中国称臣朝贡，那么中国当然不会同意什么两国建交，更不存在解决什么贸易不平衡的问题。结果，马戛尔尼使团的中国之行以失败而告终，中英之间的贸易不平衡问题仍然无法解决，英国商人依旧无耻地向中国输出罪恶的鸦片，中国的白银依旧源源不断地流入西方尤其是英国商人的腰包。

大量白银的外流对中国经济的影响尚在其次，而鸦片贸易的兴隆和中国人吸食鸦片的泛滥实际上很快成为中华民族的灾难。但是，由于这种非法的走私贸易不仅保证了英国不法商人的利润，而且使中国方面那些从走私贸易中获取巨额利润的商人及那些腐败的地方官吏得到了无穷的好处。商人和地方官吏形成了既得利益集团，使清政府在怎样处理鸦片贸易的问题上长时期进退两难，善策难筹。1836年，太常寺少卿许乃济向清政府建议鸦片贸易合法化，由政府像征收外国进口药品一样向进口鸦片课征关税，同时规定只能以中国的商品进行兑换，而不能使用白银购买。他还建议在国内种植价格低廉的罂粟，以便同昂贵的进口鸦片展开竞争，最终将外国的鸦片挤出中国市场。

许乃济的建议或许是基于贸易原则的解决办法，但是当时鸦片的泛滥实际上已经对中国人的身心健康构成了极大的威胁，因此在清政府内部以及当时中国的思想文化界中，许多清醒之士坚决主张彻底禁绝吸食鸦片，黄爵滋、魏源、龚自珍、林则徐等人均持这种主张。1838年6月，黄爵滋建议清政府采取果断措施，对烟民不惜处以死刑，以彻底禁绝吸食鸦片和鸦片贸易。道光帝接到这份奏折后批转各地督抚，要求他们认真讨论，提出方案。具有局部地区禁烟经验的湖广总督林则徐在同年7月的回奏中，不仅坚决支持黄爵滋的建议，而且提出了在全国范围内禁烟的具体措施。他以为只有采取激进的措施才能遏制鸦片的泛滥，甚至不惜对那些贩卖和吸食鸦片的人以处极刑相威胁，同时政府应该采取必要的措施帮助那些瘾君子戒除吸食鸦片的恶习。

林则徐的建议引起了包括道光帝在内的清政府最高统治层的高度重视。清政府立即召林则徐进京，道光帝先后召见他多达十九次，详细讨论了如何禁绝非法的鸦片贸易以及"净绝根株"吸食鸦片的问题。1838年12月31日，清政府任命林则徐为钦差大臣赴广州禁烟。

二

获得清政府的任命之后，林则徐立即辞别京师，赶赴广州，在他尚未抵达广州的时候，便于途中下令逮捕十几名广州犯法者和调查卷入鸦片贩运的衙门属员，以显示其禁绝鸦片的决心。抵达广州后，林则徐下令查明烟馆和烟商的基本情况，从而获知那些等待交易的大量鸦片主要存放在外国商行的仓库甚至停泊的外国轮船上。于是，林则徐于1839年3月18日下令，中外商人必须把所存、所藏在广东境内及中国领海内船只上的所有鸦片在三天内一律上交给广东地方当局，对于外国商人的经济损失，林则徐答应给予适当补偿。与此同时，为了彻底禁止鸦片走私，林则徐要求所有的外国商人具结保证不在中国贩卖鸦片，暂时停止中外贸易，禁止在广州的外国商人在交出全部鸦片之前离开广州。

严厉的禁烟措施引起了外国商人的高度恐慌，这些外国商人开始意识到林则徐是认真的，迫于压力，外商答应象征性地交出一千多箱鸦片以了结此事。

外商的犹豫不仅没有使林则徐感到满意，反而在很大程度上又激励了林则徐的查禁鸦片的决心。经过仔细调查，林则徐确认最重要也最关键性的鸦片供应商为颠地，颠地不仅是贸易公司的经理，而且是英国商会会长。于是林则徐于3月22日发布逮捕颠地的命令，在尚未将颠地捉拿归案之前，先捉拿与颠地公司有关联的两名中国商人作为人质。

逮捕颠地的命令引起英国驻华商务监督义律大佐的警惕，义律认为，林则徐的做法即便不是战争，也是中英战争的前奏，是对英国人利益和权益的严重侵犯，于是他命令英国兵船开往香港准备应战。3月24日，义律在英国士兵的保护下耀武扬威地来到广州。然而他看到的景象却是，中国人停止了所有的中外贸易，商馆受到劳工的抵制和封锁，滞留在商馆中的三百余名外国商人实际上失去了活动自由。

面对林则徐的强硬态度和严厉举措，义律最优先的考虑是设法使在广州的英国商人获得行动自由，而要做到这一点，唯一的办法是满足林则徐的要求，交出鸦片和具结担保。3月27日，义律几经考虑，命令所有商人将所存鸦片上交广东地方当局。当林则徐确信这些外国商人履行了他们交出库存鸦片的承诺之后，便下令解除对他们的封锁，允许他们自愿离开广州前往澳门。禁烟战役的第一个回合以林则徐的成功而告结束。

第一回合的结束当然并不意味着中英关系的改善，事实上中英关系已经埋下了深刻的危机。7月7日，一群英国水手在九龙半岛尖沙咀的一个小村酗酒后劫掠一座庙宇，遂与村民发生群殴，英国水兵打伤了几个中国人，其中林维喜因伤势过重很快死去。

林维喜案件引起了中英之间治外法权的争议，义律出于保护英国皇家海军现役士兵的责任，匆忙判定五名英国水手承担少量的赔款和几个月的监禁，但是他们只能回到英国去服刑。而林则徐则坚持要求英国方面必须将凶手交给中国，由中国方面依据中国的法律进行惩处，因为凶杀案发生在中国领土，英国法律在当地并没有效力。

义律当然不会按照林则徐的要求交出凶手，于是中英之间的关系因林维喜案件日趋紧张，1839年8月15日，林则徐下令抵制英国商品，停止向澳门供应农产品等，同时向与澳门比邻的地区增派了军队。8月25日，陷入严重困境的葡萄牙殖民当局只得屈从林则徐的压力，迫使义律带着英国商人离开澳门，退守到他们停泊在香港附近海面的英国商船上。

对于义律暂时的退却，林则徐判断有误，他以为就此可以顺利地恢复清初实行的海禁，以此彻底解决鸦片贸易问题。于是林则徐调兵封锁了沿海交通线，试图迫使义律在得不到淡水及其他供应的情况下自动退走。然而，林则徐低估了义律的疯狂，在得不到补养的困境中，义律于9月4日率领一支小船队来到九龙。他告诉当地的清政府官员，如果三十分钟内不向他的船队提供粮食和其他补养，他将下令击沉清政府的船队。果不其然，当三十分钟的时限一过，英国船队首先向中国船队开炮，中英之间的武装冲突终于爆发。

九龙半岛附近海面的武装冲突并没有引起林则徐的恐慌，这一结果似乎也在他的预料之中，而且他相信，罪恶的鸦片贸易的保护者只是义律一人，而进行这项罪恶贸易的也只是少数的非法商人，因此只要坚持禁绝鸦片贸易的既定立场，并灵活运用"以夷制夷"的外交手段，不仅完全可以孤立义律，禁绝罪恶的鸦片贸易，而且可以唤醒英国政府的良知，扩大中外之间正常的、合法的贸易。事实上，当英国商人在义律的鼓励下交出库存鸦片并离开广州之后，以往较少介入鸦片贸易的美国商人就乘虚而入，大发横财。面对这样的竞争，英国商人开始分化，一些英国商人为了自己的利益，只得接受林则徐的具结条件，承诺只与中国进行合法的贸易。不久，英国皇家撒克逊号便获得运米至广州进行交易的权力。至于尚未结案的林维喜被杀案，林则徐责成水师提督关天培派水勇突袭停泊于香港海面的英国船队强行捉拿凶手，即便不能捉拿到真正的凶犯，但只要获得一个或几个英国人质，就不怕义律不交出真正的凶犯。

对于美国商人的乘虚而入特别是英国商人的分化，义律当然相当恼火。他在向美国商人请求合作一致抵制中国未果的情况下，便开始蓄谋向中国挑衅。1839年11月3日，义律率领的英国船队逆流而上，进入珠江口的穿鼻洋水面，向正在那里集结的中国战船发动突袭。关天培命令战船予以反击，经过短暂的战斗后，中国方面有四艘兵船被击毁，关天培的船队被迫撤出。

林则徐很快将穿鼻洋武装冲突的情况上报清政府，道光帝在获得这些报告后认为，中国无须再为追究杀害林维喜的凶手和英国商人的具结问题劳神，与其这样不断发生武装冲突，不如彻底禁止英国人来华更简单。于是11月26日，清政府下令断绝与英国人的一切贸易关系，以为就此便可以万事大吉。

清政府的决策显然是天朝上国旧朝贡体系下的产物，他们以为英国商人既然无意于与中国进行合法且和平的贸易往来，那么就中断贸易、断绝一切来往，反正中国地大物博，并不会因为与远在万里的英国中断联系而无法生存。清政府决策者当然不明白随着工业革命的进展，随着经济的日趋全球化，中国已经不再是过去的中国，中国不想卷入全球一体化的愿望根本无法保证。

与中国人的善良愿望相反，当义律看到林则徐的禁烟行动是真实而坚决的时候，他已经充分意识到中英之间大规模的冲突乃至诉诸战争的可能性在日趋增加。在随后发给伦敦的一系列报告中，他不断夸大中英冲突的事实，竭力使英国朝野相信英国必须采取强有力的紧急措施以使鸦片贸易合法化并迫使清政府打击以林则徐为代表的强硬禁烟派。

义律的强硬姿态激励了那些在广州禁烟活动中受到直接经济损失的英国商人，他们在把库存鸦片不得不交给广州当局之后，就委派代表到英国请求政府过问对华贸易问题，并要求英国政府向中国政府交涉，责成中国人赔偿被销毁的鸦片。

鸦片商人的呼吁获得了英国朝野的广泛同情，伦敦报界在当时发表了大量文章渲染中国对英国人的排斥，在广州驻有贸易代表或与中国有间接贸易往来的约三百家英国纺织企业在威廉·查顿的煽动下联合起来。威廉·查顿是英国在华最大的贸易伙伴怡和洋行的主管，该洋行在广州设有分支机构。1839年年初，威廉·查顿从广州返回伦敦，他通过自己洋行的情报系统不断获知在广州所发生的事情，但他显然是在扩大和渲染中国军队围困商馆以及所谓侮辱英国国旗等事件，以此骗取朝野的同情。他强烈要求英国政府对中国采取强硬措施，并具体建议英国政府用武装封锁中国沿海的一些重要港口，然后向清政府提出如下要求：第一，对英国臣民在广州受到的侮辱进行道歉；第二，赔偿林则徐从英国商人那里收缴的鸦片；第三，同英国签订通商条约；第四，为外商开放福州、宁波、上海和胶州四个通商口岸。

威廉·查顿的战争呼吁虽然在英国国内也遭到了相当一部分人的反

对，但为了英国的所谓商业利益，英国政府最终还是同意了这一战争请求。但是英国政府竭力否认这场所谓不可避免的战争是为了支持不法的鸦片贸易，而是宣称英国之所以不得不向中国开战，只是因为英国的尊严在中国已经受到了严重的侮辱，同时为了保证将来的贸易安全和英国公民的安全。

英国开战的理由当然不能成立，不过战争还是在1840年爆发了。是年2月，英国政府任命义律的堂兄，即印度舰队司令、海军上将懿律率领一支远征军开往中国沿海，他们制定的策略是绕开林则徐严密布防的广东沿海，抢占浙江的舟山群岛，然后派遣分舰队北上天津，向中国政府转交英国政府的照会，并在英方指定的条件下签订英中条约。一旦遭到清政府的拒绝，英国政府授权懿律可以封锁中国沿海的主要港口，不惜与中国一战。

三

1840年7月4日，英军如愿轻松地攻陷了舟山，然后继续挥师北上。8月9日，由八艘军舰组成的英国舰队未受到任何抵抗就抵达天津附近的白河口。8月16日，英军向清政府递交了英国政府的照会，限清政府在十日内予以答复。该照会的内容有：第一，赔偿林则徐在广东没收的英国商人的鸦片货价；第二，偿还英商"公行"多年欠款；第三，对英国政府驻华代表义律在广东所受到的侮辱进行赔礼道歉；第四，同意将中国沿海一带属于中国的一岛或数岛割让给英国；第五，赔偿英国对华远征军的军事费用。

清政府在收到英国的照会之后陷入一片混乱，尤其是英军舰队抵达京师门户的企图更使清政府高层陷入恐慌，于是清政府决定不惜一切代价让英国军队撤出天津一带，以免危及京师。8月30日，琦善代表清政府与英军举行谈判，除赔偿在广东销毁的鸦片货价及将中国岛屿永远割让给英国这两条还需讨论外，清政府原则上同意了英国政府照会中的各项要求。

为了尽早解除想象中的京师危机，清政府在与英军进行谈判时，大体上感觉到英军之所以如此猖狂，似乎主要来源于林则徐的鲁莽，因此只有适度惩罚林则徐才能有效地平息英军的愤恨，也才能真正解除京师危机。就连道光帝本人，到了此时也已经不像先前那样信任林则徐，他以为现在的京师危机以及南方局势的日趋恶化，在很大程度上均来源于林则徐先前的误导，因为林则徐在战争开始之前确曾乐观地向清政府报告说英国与中国远隔万里，不会也不可能与中国轻易开战。现在英国不仅把战争强加给中国，而且蛮横地进逼京师，直指帝国的心脏。于是为了讨好英军，也为了解除京师危机，清政府遂于9月4日同意英军的要求，下诏解除林则徐的钦差大臣等职务，甚至宣称林则徐未能仰体大皇帝至正之意，措置失当。现已诸细查明，重治其罪，定能代申冤抑。同一天，清政府宣布恢复中英之间的贸易往来，以此满足英军出兵中国的诉求。

琦善在8月30日的谈判中预留了回旋的空间，即原则上同意就英国商人鸦片货价进行赔偿，但条件是必须到事发地点进行调查后方能最终决定赔偿方式与赔偿数额。琦善的真实目的不过是期待将英军引向南方，远离京师。这一要求在英军看来合乎情理，于是英军也同意将谈判地点转移到广州。9月15日，获得部分满足的英国军舰挥师南下，琦善的伎俩终于将英军引向了南方，初步解除了清政府想象中的京师危机。

在广州的谈判很快开始，琦善同意恢复中英之间的贸易往来并适当赔偿英国商人的损失，而拒绝割让香港。但英国的全权代表义律反复强调割让香港对英国的重要性，甚至不惜于1841年1月7日动用武力强行占领虎门要塞，广州陷入英军强大的军事压力之下。

为了避免琦善想象中的英国军队占领广州以及屠杀事件的发生，琦善主动向义律请求停战和继续谈判，结果在1841年1月20日，琦善与英方达成《穿鼻条约》。中方同意：第一，将香港岛及其附属港湾割让给英国；第二，赔偿英商被没收的鸦片货款六百万两白银；第三，同意中英两国官员在平等基础上的直接交往；第四，开放广州为通商口岸。英方同意从强行占领的定海及虎门要塞撤军。

对于清政府来说，《穿鼻条约》的内容已经远远超出心理预期，尤其是割让香港更让清政府极端恼火。琦善或许也清楚情况的严重性，于是他在向清政府报告的时候，似乎故意将割让香港称作允许英国人定居香港并以该岛为贸易基地。因此当清政府通过广东巡抚怡良获知《穿鼻条约》的全部真相之后，琦善的路也就走到了头。2月26日，清政府下令将琦善立即革职问罪，同年7月判处死刑。只是由于后来形势的变化，清政府于1843年4月撤销了这一判决。而对于英国政府来说，其目的原本就是获得香港，但是当义律将《穿鼻条约》的结果报告伦敦后，英国政府却并不感到满意，以为义律并没有利用英军已经获得的优势去获取英国利益的最大化。于是义律的职务很快由璞鼎查代替。

因《穿鼻条约》没有满足中英两国政府的心理预期，于是两国政府在否决这一条约的同时都开始了积极的备战。此后经过长达一年半的战争，战火燃遍南部中国，中国军队和民众进行了顽强的抵抗。

1842年8月4日，英军四十多艘战舰抵达草鞋峡停泊。草鞋峡属于今天的南京市，位于幕府山北麓江滩和八卦洲之间，是长江中一条狭长的江岸，弯多水急，形似草鞋，故得此名。

英军战舰抵达草鞋峡停泊，是典型的兵临城下。南京，当时称作江宁，此时简直就是英国军队的囊中之物。

江宁成了一座随时可能沦陷的危城。江宁失守，也就意味着东南半壁江山的沦陷。面对如此危险，清政府只能暂作让步，同意通商，并派遣重臣耆英和伊里布专办此事。道光帝给耆英、伊里布的指示是：设法羁縻，迅速了结事，朝廷一切不为遥控，由二位放手去做。道光帝反复告诫：唯既经商议，必应斩钉截铁，事事皆当着实，不得稍留罅隙，免得英国人节外生枝。

根据道光帝的指示，耆英、伊里布与英国全权代表璞鼎查进行谈判。8月8日，英方送来议和条款：第一，赔款洋钱二千一百万元，本年先交六百万元，其余分年交付；第二，以香港为码头，并准英国商人往广州、福州、厦门、宁波、上海等处贸易；第三，英国人与中国官员交往时用平行礼，中国不得在礼节上给予侮辱或歧视。

第二天，英军使用心理战术，紧锣密鼓集结战舰，宣称准备炮击江宁，强硬攻入。

英国军队的战术确实发挥了效力，江面上不断集结的英国战舰使中方官员胆战心惊。8月9日，耆英等人回复璞鼎查一份照会，表示中国方面准备按照英方所提各款进行商谈，罢兵媾和。

英国人的要求围绕着通商这个主题，当耆英将璞鼎查拟定的条款上报朝廷时，道光帝原则上同意，但有所保留。道光帝的批复是：第一，唯所称本年先交洋钱六百万，从何筹措？第二，香港准其赏借，厦门、宁波、上海等处亦准其贸易，但只许往来通商，不准久住，据为巢穴。第三，其福州一处，内地系属陆地，且山径丛杂，商旅不便，福建省既有厦门通市，自不得复求福州。对于第三条，道光帝责成耆英再与璞鼎查谈判，争取将福州从开放名单中划掉。当然，道光帝也给了耆英便宜行事的机会，表示英国人如果不同意去掉福州，那就看看能不能用泉州替换。

朝廷的指示大致肯定了谈判方向，至于具体细节，耆英、伊里布，还有两江总督牛鉴也是尽量争取。经过几轮密集协商，至8月22日，中英双方达成大致协议，耆英、伊里布报朝廷批准。道光帝看到这个条约草案后愤恨之至，但又表示自己因亿万生灵所系，实关天下大局，故虽愤懑莫释，然不得不勉允所请。当然，道光帝也对一些细节提出了修改建议。

遵照道光帝的指示，耆英又与璞鼎查进行谈判。8月29日，协议定稿，耆英、伊里布、牛鉴等人登上南京下关海面上的英国军舰，与璞鼎查会晤，商定条款，钤盖图章，议定一旦英国军舰退出长江，皇帝在和约上用宝，即行生效。

根据《江宁条约》规定，中国向英国开放广州、厦门、福州、宁波、上海五个通商口岸，在这些口岸，英国人可以不受限制地自由居住和通商；关于香港，清政府在该条约中同意割让给英国，英国终于如愿以偿在远东获得了一个贸易和海军基地；关于鸦片货款的赔偿，条约规定中国应付给英国商人六百万元；中国还在该条约中同意取消"公行"制度，同意英国商人可以与中国任何商人进行自由贸易，根据这一条款，清政府还必须代"公行"支付先前拖欠英国商人的三百万元；至于战争费用赔偿，条约约定中国应支付一千二百万元。

至于中英这场战争的焦点问题即关于鸦片的贸易，这份条约却根本没有触及。在此后岁月中，鸦片依然是英国对华贸易中的重要一项，且数量较战争之前有很大增加。

第4章

先驱者的悲哀：中国坐失二十年

一

著名历史学者蒋廷黻在讨论林则徐、琦善与鸦片战争关系时有一段话发人深省。蒋廷黻说，琦善受命前往广东处理中英冲突时，确实没有准备在军事上与英国人决一雌雄，他大概知道两国在军事上的差距，知道诉诸战争的后果，审时度势，做了一个理性选择，拯救了国家，挽住了大清的一点儿脸面。[1]

然而，琦善的理性选择却使他个人蒙受了巨大羞辱，成为国人皆曰可杀的卖国贼。这是琦善的个人悲剧，更是近代中国的巨大失误。按照蒋廷黻的推理，假如不是琦善出面化解中英冲突，那么中国一定会按照林则徐设定的路径选择战争，中英必将有一次大战：战则必败，败则必速和。速和不仅可以使中国的损失大幅度减少，而且可以使中国提前至

---

[1] 蒋廷黻：《中国近代史》，17页，上海：上海古籍出版社，1999年。

少二十年走向维新，进行政治改革。换言之，中国应该比日本提前三十年转身向西，走向世界，而且不会发生后来那么多政治、文化上的动荡与波折。

仔细想想，蒋廷黻的这个看法虽说残忍，但确实是对的。《南京条约》使中国损失不少，比如，割让香港，但对一个长期受人恭维的"中央帝国"来说，一千二百万元洋钱的赔款确实是"小菜一碟"。至于五口通商，不过就是在原先广州一口通商基础上再增加四个通商口岸而已，充其量不过是四个"经济特区"。清政府在经过短暂痛苦后很快就觉得庆幸，因为战争终究过去了，中国重回帝国老路，可以继续"天朝上国"的美梦了。

清政府确实没有大难临头的紧迫感，中国的知识精英除了林则徐、魏源等少数人，没有人注意到英国与先前那些"蛮夷"有什么不同。他们的普遍认识是，即便英国人与周边蛮夷不一样，那与过去两百年一直在东南沿海活动的葡萄牙、西班牙、荷兰应算同文同种吧？葡萄牙、西班牙、荷兰都被历史证明不过尔尔，那么英国又怎能让中华帝国心服口服？

鸦片战争表面上因鸦片而战，其实战争结束后鸦片贸易并没有被禁止。中国在这场战争中最大的失败不在战场上，而是战争结局根本没有让中国改变一丝一毫。也就是说，中国国际贸易收支依然无法通过正常贸易实现平衡，鸦片依然是英国平衡对华贸易的重要手段。

战争结束了，和平重现了，但中国人没有弄清这场战争的意义，没有弄清英国人不惜发动战争的根本目的。中国没有利用这五个新通商口岸引进西方近代以来物质文明和科学技术创造，没有利用五口通商去培养中国市场，培养新兴产业，培养新的社会阶级和阶层。清政府上上下下在战争结束后依然浑浑噩噩，继续陶醉在中国文明的昔日光环之中。

导致中国失败的原因有很多，但最主要的原因还是一个传统的农业社会遇到了一个比较现代的工业社会。这是两个时代的差异，没有先进落后之分，只有时代不同。中国在那时唯一应该走的路，就是林则徐说的"睁眼看世界"，就是魏源说的"师夷之长技以制夷"[1]。然而为什么中国在挨打之后不长记性，继续陶醉在祖先的荣光中呢？

有一种看法认为中国失败是因为军事上不如人；政府不如人；人民，连带着整个士大夫阶层，都不如人。不论中国怎样拼命抵抗，都没有用。中国唯一的出路就是学西方，就是改变自己。

在过去的几千年里，中国不止一次遇到过鸦片战争这样危险的情形，但中国都没有像鸦片战争之后这样无所谓。按照胡适的研究，中国之所以在无数次危机中安然前行，是因为中国总能在被异族征服之后反超征服者，让征服者最终同化于中国文明之中。[2]那么，这一次为什么不行了呢？

道理很简单。因为当时除林则徐、魏源等少数人之外，大多数中国人都没有弄清中国失败的根本所在，不相信有几千年文明的中国会轻易败在别人手里。中国文明原本具有的变革精神反而在失败后被遮蔽、被忽视，将失败视为偶然，不承认或者说根本没有意识到中西文明本质的差别，也就无法产生变革思想，甚至将鸦片战争之前所具有的那点变革思想予以废止，比如，龚自珍在战前所表达的变革主张。失败没有促成一个国家一个民族的觉醒，反而将一个国家一个民族带进了更加保守的境地。

传统中国是"士农工商"结构的"四民社会"，在士农工商四个

〔1〕　魏源：《海国图志》，35页，长沙：岳麓书社，1998年。

〔2〕　胡适：《清代名人传略序》，见《清代名人传略》，西宁：青海人民出版社，1990年。

阶层中，真正引领社会进步的是士大夫阶层。士大夫阶层在很多时候引领社会往前走，但在文化问题上，士大夫阶层相对说来比较保守。他们在过去几千年对中国社会的巨大贡献，就是对文化变革持有一种近乎本能的适度保守。传统既是他们需要保护的精神，也是他们的资本。他们所知道的学问只是天下国家，离开了天下国家，他们就无所适从，不知所措。文化的动摇或不信任，对于士大夫阶层来说至关重大，他们根本没有想过从头开始，"尽弃其学而学焉"，像日本人后来那样，转身向西，用一种新学问取代旧学问。这是先驱者的悲剧，是中国文明的悲哀。中国文明自古以来强调与时俱进，生生不息，但到了运用关头，中国还是错过了一个又一个的好机会。

士大夫阶层经过千百年的发展，已由勇于创新变得保守怕事，他们越来越顾忌自己的名誉、身份、地位，越来越担心清誉受到质疑和颠覆，因而他们当中即便有人意识到了时代趋势，也只是私下议论，不愿作为公共话题进行讨论，更没有勇气公开号召，倡行天下。[1]比如林则徐，在与洋人交往中已相当清楚中国问题之所在，知道中国在军事上与西洋根本不在一个量级上，所以他力主购买外国枪炮、轮船，安排专人收集、翻译西方资料。林则徐的这些思想和做法深刻影响了魏源，使魏源有机会提出"师夷之长技以制夷"的积极主张。林则徐、魏源的这些思想主张在二十年后深刻启发了日本，明治维新虽有很多原因，但林则徐的思想，魏源的《海国图志》起到了相当大的启发作用，已为研究者所定论。[2]

---

〔1〕　蒋廷黻：《中国近代史》，18页，上海：上海古籍出版社，1999年。相反，范文澜通过家书证明，林则徐绝不是所谓·"不肯牺牲自己的名誉"，也绝不是推诿自己的责任。参见《中国近代史》，见《范文澜全集》（9），25页。

〔2〕　〔日〕大谷敏夫：《日本林则徐研究的现状与课题》，见《东南学术》1991年第6期。

　　林则徐有这样的觉悟和认识，但他在那个时代并不敢公开提倡，他所说的"睁眼看世界"模棱两可，含混不清。中国人从来都知道有个世界，而且知道这个世界远不如中国。林则徐的真实意思是睁眼看世界，终于知道了中国与世界存在巨大差距，但他就是不愿或不能直白说出来。他宁愿让那些主持清议的士大夫、言官在美梦中继续沉睡，让国家在迷梦中继续堕落，也不愿牺牲名誉与时俗抗争。

　　这种士大夫心态使中国坐失二十年的时间。

　　鸦片战争后，中国按理说应该很容易走上变革之路，知耻而后勇，奋发图强，学习西方，即便从"师夷之长技以制夷"的层面，也不应该照着旧模样继续统治下去。然而在大清，这些不应该都变成了必然，中国此后坐失二十年光阴，直至下一次危机出现，直至经历下一次更大的失败，中国方才觉醒。

二

　　一百多年后，我们觉得中国在鸦片战争中失败是奇耻大辱，特别是《江宁条约》，以及第二年《虎门条约》所规范的一系列通商制度和交往原则，不仅使中国蒙受了巨大损失，而且极大侵犯了中国领土完整和主权独立，是近代中国与西方世界不平等交往的开始。

　　根据《江宁条约》和《虎门条约》，鸦片战争全部后果可以概括为这样几点：第一，赔款两千一百万元。第二，割香港。第三，开放广州、厦门、福州、宁波和上海为通商口岸。第四，规定条约载明的海关税则，不经两国同意不得修改。这就是后来我们所说的"协定关税"，是一种不平等。第五，英国人在中国享有治外法权。更明白地说，就是在中国的英国人如果犯罪，不接受中国法律的约束和制裁，只能交给英国法庭，由法庭按照英国法律量刑治罪，这也在后来被视为最不能接受的不平等。第六，在未来中英官方交往中取平等原则。这条规定的潜台词是英国不会接受中国三跪九叩礼俗的约束，这显然是指1793年马戛尔尼来华时因礼仪争论而导致的不愉快。

对于这六条内容，战争打败了，愿赌服输，并不必怀疑。割让香港，也不是一百年后的我们所想象的那样悲壮，因为香港究竟在哪里，朝廷中很多人并不知道。而且香港的商业价值和国防意义，也不像后来那样重要。鉴于那时的中国还处在开疆拓土的农耕时代，朝野无法接受的是历史逆转，是从开疆拓土转向了割地。痛心的要点是地，而不是香港或香山。

真正引起朝野巨大恐慌和不满的是五口通商。中国在广州一口通商已有相当长的历史了。一口通商，是计划形态，比较可控。五口通商，扩大的不仅仅是规模，而且性质也随之改变了。五口通商了，外国人来华总量扩大，中外贸易交易量也大幅提升。从今天的观点看，这都是好事，但在当年大家并不这样认为。因为中国毕竟是一个农业社会，一直实行重农抑商政策，现在突然来了那么多外国人，突然来了那么多洋货，不仅严重冲击中国的农业经济，而且外国人合法登陆了，居住了，与中国人交往合法化了，必然给中国带来许多严重的社会问题，五个通商口岸的社会风气与内陆没有开放的地区形成巨大反差，这才是问题的关键。

其实，从后世人的眼光看，不论时人还是后世人对五口通商的惋惜、抱憾、愤怒，可能都是不对的。鸦片战争之所以发生，是因为中英之间，其实也是中国与世界之间的贸易形成了巨大顺差。中国市场不发育，中国人的消费冲动几乎不存在，自给自足，看天吃饭，几乎没有任何购买力。这是农业社会的必然结果。

　　然而，英国人不这样看。作为岛国，英国本来就具有商业、贸易传统。经过工业革命，产能急剧增加，英国人的商业能力获得更大提升。英国人不相信市场不发育是一个永久难题，他们更愿意相信只要耐心开发，市场可以培育，消费习惯可以培养，消费能力可以提升。这是英国人坚持扩大通商的心理基础和依据。

　　从过往两百年的历史特别是最近几十年的历史看，英国人这些想法的可行性并不值得怀疑。中国改革开放后在很短时间内就培养了国民对外国物质文明的喜爱和消费习惯，中国人的消费能力也在这个过程中逐步提升，中国政府只是在政策上做了一些变通，没有牺牲自己的利益，反而增加了收益。

　　当然，后世中国的经验，道光帝是不可能明白的，朝野容忍了五口通商，依然没有想到利用这个机会去改变旧的生存方式、生活方式，更没有想到产业创新、升级和转型。

　　中英之间贸易不平衡的原因之一是中国无力购买，更没有意愿购买英国的纺织工业品，那时和后来中国人的辩护理由都强调必须防止中国的手工业大规模破产。从道义上说这种主张没有什么错误，本土手工业大规模破产当然不是一件好事。问题是，当年不愿用洋货冲击国货，不愿用洋布替代土布，那么，今天放眼看去，土布安在？传统手工业者在哪儿还能找到？

　　在技术竞争层面，当新技术出现时，不论出于什么原因或理由，都没有办法保护落后的技术，没有办法保护旧的生产方式、生存方式。正确的选择是果断采用新技术、新手段，甚至不惜让旧行业破产。主动破产是新生活的开始，是新时代的开启。

　　中国在鸦片战争后没有利用五口通商的机遇加大自身产业改造，没有创新，没有转型，只有固守。然而这种固守只能导致那一代或稍后一两代手工业者的生活更悲惨、更无助。假如中国在五口通商后痛下决心，转型升级、更新换代，用西方大机器生产替代传统手工业，或许只有一代人痛苦，但完全可以相信，中国一定能够跟上西方工业化的步伐，缓慢地从一个农业社会过渡到工业社会。

在工业社会之前，农业社会宁静安逸的生活确实具有很多优越性，尤其是我们在经历了急剧工业化、城市化之后，更容易对此产生共鸣。问题在于，工业化、城市化是任何后发展国家都无法迈过、绕开的一道坎。如果一个国家拒绝工业化，只是延缓这一天的到来，只是将痛苦往后拖，那么只会越积越重，最后导致积重难返。

五口通商原本是中国跨越时代的良机，但清政府以各种理由拒绝将这五个"经济特区"的局部经验向更大范围推广。中国资本主义的发生因此推迟了五十年。至于中国工业化起步，至少也人为耽搁了二十年。直至1860年中国再次败在西洋人手里，中国方才不得不踏上工业化的道路。

中国对工业化的恐惧从后来观点看当然是不能成立的，但从中国历史文化的立场说，似乎还有一层因素可以考虑。作为一个古老的农业大国，全面工业化、城市化，当然没有人知道实际后果，谁能担负起因工业化而引发中国农业全面破产的责任？

确实，自从五口通商开始，中国农业、农村便处在逐渐萧条的状态，农民也面临全面被抛弃的境地。这是工业化带给任何国家的必然结果，没有一个国家能逃出这个定律。假如五口通商后，清政府由五口大幅度推动中国工业化，容忍中国工业的发生与发展，中国农业是否一定全面休克？

历史无法假设，清政府没有这样做，既没有保全传统农业，也没有适度发展自己的工业。朝野最留恋的，其实就是传统社会的宁静与安逸，是一种前工业文明。

三

在鸦片战争之后的二十年，中国没有抓住五口通商带来的机遇，没有下功夫引导中国利用这个机会实现产业转型，将农业文明转轨到工业文明；也没有耐心去引导消费，培育市场，培养中国人新的消费习惯和消费理念。中国在经历了战争短暂的痛苦后，很快重回宁静与安逸，重新享受农业文明的好处。

或许是因为中国社会的惰性，或许是因为统治者无知、自私，中国没有从五口通商走向世界，反而以扩大通商引诱国人抱怨西洋人，以为五口通商是对中国领土、主权的伤害。至于在五口居住、营业的外国人所享有的治外法权更是对中国的不尊重。

根据《江宁条约》《虎门条约》，所谓"治外法权"，就是在五口或中国内地，外国人一旦犯罪，不使用中国法律进行约束和制裁，而是交给英国法庭，运用英国法律量刑治罪。这个规定后来被中国人和中国历史教科书视为最不能接受的不平等条约，以为严重破坏了中国的法律体系，是中国司法主权的丧失。

这些愤怒从后世观点看当然可以理解，但实在说来，这种愤怒只是后来者的愤怒，并不代表当时人的心情。

相反，在鸦片战争前后的中国，中国人已经见过不少外国人了，不论在宫廷，还是在沿海、沿江，甚至在偏远乡村，外国人且是真正的西洋人并不少见，西洋人与中国人也并不总是处在冲突状态。只是，怎样管理这些在中国的西洋人，清政府似乎并没有想好，他们不是愿意让渡自己的司法权，而是不知道怎样运用这项权利。他们能想到的简单办法就是古代中国的羁縻政策和"以夷制夷"，让洋人自己管理自己，总比让中国人去管理更省心。

至于那个一直被后世中国人视为不平等的"协议关税"，其实与"治外法权"同等性质，是出于同一个原因，是清政府主动放弃了这些权利。

参与《江宁条约》《虎门条约》谈判的伊里布、耆英、黄恩彤等人并非等闲之辈，他们不仅有着与外国人打交道的丰富经历，而且深知中国体制之弊与体制之优。他们还清楚鸦片战争之前广东地方政府与官吏的苛捐杂税是引发这场战争的一个重要原因，因而他们一直希望能够找到一个从根本上解决问题的办法。他们希望英国人同意用一个具有包干性质的固定税率去反制地方政府、强势官员的胡作非为。于是他们想到了协议关税，这种方式最方便最省心，每种货物应该纳多少税都明白无误地写在条约里，中外双方因此减少了冲突和争执，地方政府和官吏不论怎样强势，也没有办法额外加税。这虽是一个关税包干、财政包干的笨办法，但在这些制度设计者看来，一举数得，清政府的财政收入不会因此减少，新税则的"值百抽五"在事实上比先前的税率略有提高。又因为有了这个数额、比例的制度约束，地方政府、强势官员无计可施，不能税上加税。

我们今天看来是一种屈辱或吃亏，但在当年，不论谈判者，还是朝廷，都认为这是中国外交的胜利。他们不愿彻底打开国门，介入全球经济的一体化，但他们也不愿意英国人在与中国人做生意时占尽便宜。当然，从现代国际关系和国际贸易理论来看，伊里布、耆英、黄恩彤等人所取得的外交成绩是虚假的，是不足信的，牺牲了国家主权，贻害不少，他们争来了不当争不必争的东西，恰恰又放弃、牺牲了不应该放弃的权利和利益。只是历史主义地看待19世纪40年代的中国外交，那时的中国毕竟刚刚开始被动地与近代国家打交道，而且是被打败之后不得已而打交道。经验、智慧、眼光，当然没有办法与一个成熟的国家去比较，甚至没有办法与几十年之后的中国相比。直至1882年，当中国帮助朝鲜与美国进行修好通商条约谈判时，方才有机会仔细检讨四十年前有关"协议关税""治外法权"的利弊得失。

1882年2月14日，主持中国外交的北洋大臣李鸿章在与朝鲜《朝美通商修好条约》谈判代表金允植交换意见时，劝说朝鲜在与美国谈判时一定要注意通商条约的公平合理原则，既不能像朝日《江华岛条约》那样不定税则，丧失利益，且为各国所窃笑，也不能像中国几十年前那样用一个固定税则一劳永逸。正确的方法应该是议立公平章程，如有未尽，就参照他国式样，约定修约时间。五年一改，或十年一改，总不至于将关税主权永久丧失。[1]这就是关税自主原则。中国在经历了差不多半个世纪方才弄明白，后人当然不应该因此去指责伊里布等人的失误或不察。这是时代的原因。

《江宁条约》《虎门条约》签订后，中国赢得了一个和平时期，只是中国没有利用这段时间去发展自己的近代工业，去开发自己的市场，中国依然在浑浑噩噩中度过。而且，还有一个不太好的趋向是，由于中英战争是以条约谈判的方式结束的，因而战争结束不久，美国、法国等也相继要求与清政府签订类似条约。由于此时朝廷并不认为"关税协定""治外法权"有损于中国主权和商业利益，反而认为是"天朝上国"不战而屈人之兵"羁縻政策"的胜利，因而尽管也有人反对这样不战就将优惠的商业利益转让给美法等国，但清政府主流派依然我行我素，自鸣得意。他们的理由非常简单，中英订约通商，战争远去了，

---

〔1〕　［日］伊原泽周：《近代朝鲜的开港》，170页，北京：社会科学文献出版社，2008年。

"值百抽五"的税率让中国坐地收利，中国有什么理由拒绝美法两国呢，为什么一定要诉诸战争然后才同意议和呢？更何况，我们不将给英国人的贸易优惠让渡给美国人和法国人，我们有什么把握防止美国人、法国人冒充英国人来与中国人做生意呢？假如美国人、法国人都靠着英国人做生意，他们势必团结一致对付中国，那样的话，中国必将面对一个整齐划一的对手，没有办法像过去那样分而治之，以夷制夷。中国将贸易好处分赏给各国，各国必将感激中国，中国就有机会利用各国之间的矛盾维护自己的利益了。

处在从传统向现代转型的时期，又因为中国那时对国际公法、国际贸易体制与规则并不理解，穆彰阿、伊里布、耆英、黄恩彤等人的建议与决策确实问题多多，中国也确实因他们先后签订的那些协议丧失了不少经济利益，丧失了一些主权甚至尊严。但是，应该肯定的是，作为近代中国最早一批与西洋人直接打交道的政治家、外交家，他们的贡献和失误，其实都是那个大变动时代的一笔精神财富，值得珍视，不必总是以后见之明去指责他们媚外、卖国，而是因为时代，因为无知，因为我们中国那时还远远没有现代意识，远远不是一个现代民族国家。

四

1842年的《南京条约》及其此后几个关联条约的签订是中国历史上的重大事件，是传统与现代的分水岭。中国由此踏上现代化的道路，艰难但义无反顾地往前走去。

《南京条约》及其关联条约包含许多内容，在很大程度上规范了此后至少二十年中国政治的走向。尤其是五口通商的规定，不管中国在这件事情上是否愿意，主动还是被动，五口通商都从根本上改变了中国，是世界走进中国的开始，也是中国走上世界的开端。

正如任何一种改革都不可能尽善尽美一样，从传统转向现代，从农业文明转向工业文明，总会有既得利益阶层觉得吃亏感到落寞，甚至起而反抗。这是正常的社会现象，因为任何一项制度或政策都不可能普照天下，惠及每一个人，关键要看是否对绝大多数民众有利。

其实，在五口通商之前，中国并不是我们过去所理解的那样，对外闭关锁国，好像与外部世界一点都不来往。中国很早就知道世界，并在非常简陋的条件下漂洋过海与世界沟通。中外之间贸易的、文化的交流一直很兴盛，在东部、东南部沿海实行着自发的自由贸易体制。广州、泉州等都是因为中外贸易而慢慢聚集为与中原文明很不一样的城市，有的甚至很早就享誉世界。

中国具有庞大的内陆腹地市场，因而中国自古以来就不惧怕外来经济的冲击。遥望唐宋鼎盛时期，不论沿海城市，还是内陆都城，都有远近不同的外国人。到了明末清初，中国人对外国人的存在已经习以为常，没有谁觉得这些外国人心怀不轨，谋我大明，谋我大清。西洋人在经过明末几十年的汉语训练后，早已有能力像"驴友"一样离开澳门、广州等后方基地，深入漳州、泉州、福州、厦门、宁波、定海以及更远的地方。

外国人走乡串户从事贸易确实有问题，怎样规范外国人在中国的贸易活动，的确值得思考。明朝中后期，政府严厉打击贸易走私特别是武装贸易走私，所谓的"倭寇"，其实就是一群利用价格差别及贸易双轨体制而赚取利润的走私者。[1]

---

[1]　明人谢杰《虔台倭纂》说："寇与商同是人。市通则寇转为商，市禁则商转为寇。"很显然，所谓倭寇就是利用禁止贸易，或贸易不充分而形成的价格空间进行走私的商人。参见《倭寇，一个王朝的谎言》，见《中国国家地理》2012年第2期。

或许是出于对付走私的目的，清政府在1685年开放海禁，分别在广东、福建、浙江及江南四省设立海关。

稍后，为便于管理，关闭了福建、浙江、江南三地的海关，只剩下广州粤海关，只有在广州粤海关的贸易才是合法贸易。粤海关向外国商人征收的税款叫作"行税"，以区别本省的"住税"。行税的征收对象为外国商人贩卖来的货物，或者外国商人从中国贩卖出去的物品。为粤海关服务，或者说为那些中外商人"报税"提供方便，在粤海关之下又有相关联的"十三行"。十三行并不是一个固定的数字，这些商行的功能就是在外国商人与粤海关中间打交道。

创设十三行制度的目的是规范外贸体制。根据规定，来中国从事贸易活动的外国人在广州并不享有自由贸易的权利，因为清政府只在那里开放春秋两季对外贸易交流会。在交流会期间，外国商人住在广州的十三行。非交易季节，这些外国商人必须离开广州，住在澳门或回国。十三行的行总就是十三行的领袖，也就是政府及粤海关的交涉员。

十三行承担着政府与外商之间联系沟通的桥梁作用，是后来买办的祖宗。他们不像后来的买办那样只为外国私人服务，这些交涉员在很大程度上承担着政府的功能，是政府的买办。[1]

自由贸易的原则是合法基础上的公平贸易、公开贸易和透明交易。然而由于清政府将对外贸易限定在广州这一个地方，指定由十三行担任中介，因此必然衍生垄断和黑幕交易。这种黑幕交易或许能够大幅度降低交易成本，但由此却形成了一个内外通吃的特殊阶层。[2]这对后来扩大贸易、合法贸易极端不利。

---

〔1〕　彭泽益：《清代广东洋行制度的起源》，见《历史研究》1957年第1期。
〔2〕　陈旭麓：《近代中国的新陈代谢》，35页，上海：上海人民出版社，1992年。

那时的粤海关由中国人自主管理，朝廷规定的海关税则只是象征性的，平均不过百分之四，因为清政府的财政收支并不依赖海关税收。

朝廷的轻税薄赋并没有使中外交易者获利，更没有起到鼓励对外贸易、扩大进出口的作用。相反，垄断经营的十三行，以及依附在他们周边那个庞大的既得利益群体，甚至还有广东本地的各级官员，擅自通过各种方式，公开、半公开，或隐秘征收各种杂税。据说，很多时候，他们在正税之外要多收百分之十五到百分之二十。

按照清政府的规定，所有税则、收费、加捐，都必须公开，但是那时没有体制外监督，没有硬性约束。所有参与收费、收税、加捐的官员成为一个利益共同体，他们自觉保守秘密，自觉通过各种方式不让这些"潜规则"曝光，让政府吃点亏，让外商获得一些补偿。

非规则贸易让外商很不耐烦，因为每一次纳税都必须经过一次讲价式的交涉，具有西方文明背景的商人肯定不适应。怎样改革虽然很早就有议论，但一直没有机会去解决。1793年马戛尔尼出使中国就有这方面的考虑，只是因为其他原因没有办成。

十三行的陋规陋习泛滥成灾，在中国人看来或许是因为体制、因为文化，但在西方人看来，就是垄断，缺少竞争。要想彻底解决这些问题，办法很简单，只要将广州一口通商垄断格局打破，在数口通商竞争条件下，相信不论是十三行还是二十六行，大家只能拼服务。如果服务不好，乱加费乱收税，那么外国商人一定会离开广州转往其他通商口岸。

正是基于这样的分析，英国人在与中国人进行谈判时，始终紧扣自由贸易的原则，要求合法贸易、透明贸易。《南京条约》及其相关文件规定将一口扩大为五口，其主要目的就是解决这些问题。

对清政府来说，因广州一口通商衍生的吏治腐败等问题早就心烦意乱了。如果能通过扩大通商口岸解决这些陋规陋习，清政府当然乐观其成。我们看到，在谈判过程中，清政府对扩大到五口通商并没有怎么犹豫。

扩大通商、五口通商是对中英都有好处的事情，双方很快就此达成妥协。然而五口通商既然有助于吏治澄清，有助于贸易规则，那么必然有人会因此而落寞伤心。体制、规则的改变，总会让一些既得利益者受损。

五口通商打破了广州对中外贸易的垄断，让数百年靠山吃山，从中外贸易中获取好处的广州人最是反感。广州但凡与贸易事务有点关联的官员，还有那些居间两边通吃的官家买办，几乎都对《南京条约》扩大五口通商的条款不满。他们先前的意外财源都因为一口变五口而大幅度减少。原先集中在广州一口，中外商人都无从选择，额外加收的费用，对于中外商人来说只要能够办成事情，也只好忍气吞声。而现在不一样了，五口通商不仅自然分流一大部分货源到江浙地区，而且还有一些中外商人纯粹不愿继续容忍广州人的窝囊气而转到其他口岸。由此，鸦片战争之后的广州人觉得自己成了最大的利益受损者，他们的排外主义情绪非常自然地发生了，并深刻影响了中国此后几十年的政治走向。

对于英国人来说，五口通商的目标就是扩大贸易，争取更大的市场份额，以便让中英贸易，其实也是中国与世界的贸易尽早平衡。对于清政府来说，五口通商可以大幅度减弱广州在全国政治架构中的分量，以"众建"通商口岸降低广州一口独大的地位，改善广州不可一世的社会风气。至少在那些参与谈判的中国大臣看来，五口通商不仅不会影响清政府的财政收入，而且对于遏制吏治腐败，纯洁社会风气，均衡全国经济布局，促进整体发展，都会有出其不意的好处。

　　然而，这件对中英两国都有好处的事情却在广州遇到了障碍，广州人的反对出人意料地激烈。

　　事实上，在鸦片战争之前，与世界交往最多的肯定是广州人。他们与外部世界通商的历史至少有三百年。广州人较内地中国其他地区的人更多地知道外国和外国人的真实情形，在很长时间内与外国人相安无事，说说鸟语，挣点外汇，赚点沟通中外商业往来的中介费，生活不土不洋、不中不西，与内地人相比，他们知道世界；与外国人相比，他们知道中国。这是近代中国历史上一批非常独特的人。

　　及至五口通商，广州在沟通中外方面的地位迅即衰落。新开放的四个通商口岸有两个在江浙，如果从地理区位来说，先前贸易份额比较大的江浙地区的商人肯定不会舍近求远，离开熟门熟路，或许还有多种关系的江浙口岸继续转赴广州了。至于整个华东、华北，甚至华中许多地方，其实都面临着这样的选择。于是，上海在五口通商后迅速崛起，渐渐取代广州在全国经济中的领先地位。广州慢慢没落，生意越来越萧条。

　　面对此情此景，先前专吃中外商业中介这碗饭的人心中充满愤怒，他们觉得这场战争的最大受害者不是被划出去的香港，也不是朝廷拿出来的那些银子，而是他们这些靠山吃山的人。他们当然不理解中英谈判的主旨和意义，不理解中英贸易均衡的意义，不理解五口通商对中国未来的价值。他们所知道的非常简单，就是五口通商不仅使外国商人被无端分流到另外四口，而且使国内商人也因为五口通商不再来广州消费了。先前依附在十三行之下的地方官吏，不分大小都程度不同地受到打击，滚滚的财源就被这一纸文书禁绝。他们不敢恨朝廷，但他们敢恨英国人。因此，在《南京条约》达成后，广州十三行生意明显萧条，原本最开明的广州人突然变成最激进的排外主义者，以为广州现在的不景气，都是这些洋人惹的祸。[1]

广州人的排外情绪格外高涨还有一层原因，就是在战前，在广州的外国人很多时候趾高气扬、不可一世的样子，也在广州人心中留下了不愉快，甚至是仇恨。在那时，清政府也给外国人一些比较特殊的优惠政策，素养高一点的外国人还能继续保持谦卑，彬彬有礼；素养差一点的外国人，利用这些政策优惠飞扬跋扈为所欲为。广州人特别是下层人不免有时感到郁闷感到气愤，这是鸦片战争后广州排外情绪高涨的一个原因。

当然，也有相反的例证。外国人主要是英国人，也并不都觉得在广州就是座上客，处处时时受到中国人的恭维。相反，他们多年来感到在广州获得很多不公正的待遇，广州人以主人的姿态对他们指手画脚肆意妄为，广州人不尊重他们的文化和生活习惯，广州人始终将他们这些外国人当作"蛮夷"，多年来这些外国人"客场"生活，只能忍气吞声低三下四。

现在不一样了，大英帝国打败了中华帝国，这些英国人觉得自己终于成为战胜者，因此无法把持自己的激动，更不能理解中国人因为失败而产生的沮丧情绪和排外气氛。胜利后的外国人对广州人颐指气使，以胜利者、战胜者自居，因而无形加剧了中外之间的敌视、敌对与仇恨。

轻浮的外国人没有适可而止，没有顾忌广州人的沮丧情绪正无处发泄，因而在鸦片战争之后，在广州出现了比较特殊且不可思议的事情，就是外国人无缘无故地被杀。根据蒋廷黻的研究，那时，一些外国人在休息日到郊区游玩，正在高兴处，就莫名其妙出其不意地被中国老百姓杀害了。[2]

---

〔1〕　［美］马士：《中华帝国对外关系史》（1），415页，北京：商务印书馆，1963年。

〔2〕　蒋廷黻：《中国近代史》，21页，上海：上海古籍出版社，1999年。

当时负责处理这些事务的耆英应该是对外部世界了解比较多的中国人了。1843年再任钦差大臣，与英国人续谈并签订《中英五口通商章程》和《虎门条约》，稍后留在广州担任两广总督兼办通商事务，并在此期间与美国签订《望厦条约》，与法国签订《黄埔条约》，将《南京条约》诸多原则灵活运用，与美法诸国谈判，避开了战争，打开了国门，是真正将中国推向世界的人。

在广州期间，耆英看到英国人被中国人杀害，他知道这样下去必将引发更加严重的种族仇杀，甚至引发中英之间新的战争。为了防止最坏情况的发生，耆英按照中国法律，对那些无端杀人者从重处罚，给予严惩，大约有杀一儆百以儆效尤的意思。耆英竭力防止中国人仇杀外国人这种事件成为日常，尽最大可能让重新构建的中英以及整个中外关系维持均衡、和平和稳定。从大历史的眼光看，耆英的这些做法是一个负责任的督抚应该做的事。

然而，对于鸦片战争之后的广州人来说，耆英的做法似乎很不得人心。全国士大夫几乎众口一词骂他卖国，广州士大夫更是刻薄地骂他是洋奴，是英国人的跟班。

这些士大夫长时期误解儒家"华夷之辩""夷夏之防"的真义，不理解儒家思想的本质从来就不是一个排外体系。儒家之所以从齐鲁那个小地方发展成为影响全国甚至影响东亚的主流思想，主要不是因为儒家的排他性。恰恰相反，是因为儒家思想在本质上最具包容性，儒家能够汲取所遇到的一切思想精华，能够将任何思想体系中对我有用的东西拿过来。明代晚期徐光启、李之藻等大儒非常明白这些道理，因而当他们与来自西方的传教士利玛窦等人相遇时，他们与传教士相互钦佩，相互观摩，交流学问心得。晚明遗风才是真正的儒家传统，只是经过两百年满洲人的异族统治，中国人已经弄不清儒家思想、中国文明的真义，反而在这两百年慢慢养成了狭隘的种族意识。

五

文化的交流，新文化的养成，首要在于让文化的载体正面接触，如果没有中西人士的正面接触、和平接触，如果中国人见到西洋人就喊打喊杀，或者西洋人见到中国人就喊打喊杀，那么中西之间将永远相互敌视。不管是中国政治的进步，还是文化的进步，首要的就是要有一种文化交流的雅量，要让中国人和西方人和平共处在同一块蓝天下，相互接触，才能取长补短，才能共同进步。隔离的制度，只会让仇恨延续，文明固化。耆英那一代面向世界的中国人或许没有如此理性认识，但是毫无疑问，他们注意到了这些问题，因而他们竭力主张按照共识，让英国商人像中国人一样在广州生活，在潜移默化中相互影响。

五口通商后，因经济上的实际损失，向来与外国人相处比较融洽的广州人出现极端严重的排外情绪和大规模的自发排外运动。他们不仅利用一切机会冲击在广州的外国人，杀害外国人，而且极为坚定地拒绝外国人入城。

根据《南京条约》第二款规定，五口通商后，中国政府准许英国人连同他们的家眷，寄居在广州、福州、厦门、宁波和上海这五个通商口岸。《南京条约》还规定，英国政府可以在这五个通商口岸派驻领事、管事等官员。他们的职责主要是照料自己的臣民，遇到什么事情，代表英国政府与中国方面进行交涉。

这些规定放在今天，根本不值得一提。中国现在与任何国家建交，首先必须解决这些问题，而且是双边互惠，没有人会对这样的互惠提出任何异议。然而在那个时代则不然，清政府的一些官员认为，根据条约，外国人入住通商口岸是指可以住在"城邑"，并不是指必须或应该住在城里。城邑并不是城里，条约没有给外国人入住城里的权力。

中方官员盯住的这一点也不能说没有一点道理。因为《南京条约》的英译本把中文文本中的"港口""城邑"，一律翻译成了Cities and Towns。这显然有点问题。

按照英国人的理解，Cities and Towns就是指城里，因此英国人按照条约当然有权入住城里，甚至有权在广州任何一个地方居住。换言之，中英两国对条约的这一条规定有理解上的分歧。

其实，《南京条约》的中英文文本都是英国人提供的。英国人在中文文本中将城邑与港口做了区分，港口并不意味着是城邑，城邑并不必然是港口。这是肯定的，也是中国人的通常理解，没有问题。问题在于，英国人在英文文本中似乎并不认为这个区别有多大，这或许是英国人的岛国意识决定的。在英国，大约重要港口都是城邑，稍微重要的城邑一定是港口。城邑与港口在英国人的概念中区别不大，因而英国人就没有在中文中做更细致的分别。

面对这样的差异，中英之间的矛盾是否无法化解，是否必然要重借武力用军事手段去解决呢？显然不应这样想。道理很简单，如果英国人刻意在文字上耍花样，凭借英国人的实力，他们完全可以在《南京条约》签订时就用一种表达方式，不用"城邑"或"港口"，那么中国在那个时候也必然接受。此一时彼一时，中国的一些官员之所以到了木已成舟、米已成饭的时候还来争这样的细节，主要还是内心深处的不平衡，气不顺。

入城，或者不入城，其实无关宏旨。中国人适当闹闹，也不是不可以，因此当英国人将入城的道理以及对双方的好处说明白了，清政府并没有在这个枝节问题上无理纠缠，没完没了。清政府实际上已经同意英国人入城，同意按照英国人的理解及解释执行条约。而且实事求是地说，英国人入城居住必然在城里消费，从纯粹的商业观点看，广州人没有不同意的道理。

然而，广州人就是不同意。当然，这里所说的广州人，并不是一般意义上的广州人，而是广州市的士绅阶层。士绅阶层坚决不同意让英国人住到城里，甚至发誓不惜开战，不惜牺牲。[1]

广州士绅不同意英国人进城居住，并没有多少特别的理由，主要与传统、与习惯有关。在五口通商前，广州一口通商，广州人是最早与外国人打交道的中国人，但是那个时候，广州延续明末清初以来的传统，并不让外国人在城里居住，而是让他们在不参加贸易洽谈时，必须离开广州，退回澳门，或者回国。即便到了十三行时代，十三行在城外，外国人住在十三行，依然不能随便进入城里。

十三行时代，在广州的外国人并不少，他们不能随便进城，而是居住在城外，居住在外国人集中居住的十三行。这究竟是什么意思，其真相究竟如何呢？

一方面，当然有广州人故步自封，将自己的城市看成圣地的意思在，以为外国人随便进出，有伤大雅，不太合乎体统。另一方面，广州人居住的内城缺少公共设施，缺少市政管理，缺少起码的卫生条件，而且缺少改造的可能。因为改造一个旧城，不如建造一个新城更简单、更便宜。所以十三行时代外国人集中居住在广州城外，应该是一个更好的选择，也顺理成章。

然而时间久了，许多事情的真实起因就不清楚了。等到五口通商，条约规定外国人可以进城居住了，或者说，条约没有反对外国人入城居

---

[1]   黄宇和：《两广总督叶名琛》，19页，上海：上海书店出版社，2004年。

住。到了此时，双方都弄不清先前各自所持立场的本来原因了。

外国人由于先前那么多年不入城居住，因此，也对城里产生了一种好奇心。你们越不让我进来，我就越想进来，这是人类很正常的心理。另外，英国人此时毕竟是以胜利者的姿态重回广州，他们莫名其妙地产生一种征服者的心情，但凡先前没有做，或者不便做的事情，他们总是有一种尝试的冲动。过去你们中国人将内城视为圣地，不让我们英国人进入，好像我们英国人进去了，有损你们中国人尊严似的，现在好了，我们可以光明正大地进出广州，入住广州了。

对于广州人、英国人这种复杂的心理情结，两广总督耆英相当理解，也非常同情，他想尽一切办法去调解中外之间的冲突，希望广州人能正确理解五口通商后的好处与问题，不要将五口竞争视为广州的末日，而应该利用这个机会改善广州的基础设施和服务，只要广州的服务、基础设施改善了，广州依然具有其他四口所不具备的区位优势，依然可以吸引更多外国商人和国内商家。

然而，耆英的这些认识无法成为中外共识，英国人不甚理睬，广州人更是不愿意听，中外之间的冲突最终一发不可收拾。

1843年6月26日，耆英与璞鼎查在香港互换《南京条约》批准书。7月22日，中英公布《五口通商章程》及《海关税则》。由此，《南京条约》规定的五口通商进入实施阶段，英国外交官和商人根据这些约定可以入住广州。[1]

或许是因为宣传工作做得不够，或许是因为毕竟是前无古人的事情，广州城的民众在士绅领导下坚定地拒绝英国人进城。英国人觉得这是个原则问题，中国人觉得这是个面子问题。双方僵持不下，入城和反

---

〔1〕　丁名楠等：《帝国主义侵华史》（1），17页，北京：人民出版社，1973年。

入城，成为中英关系史上的奇观。耆英疲于奔命，两边调解，请英国人再宽限两年时间，等中外情绪缓和下来再入城。

用今天的眼光看，耆英的做法并没有错，然而那时朝野内外一片攻击、咒骂耆英的声音。清政府只好委屈耆英，免去他的两广总督之职。

五口通商是鸦片战争之后中英两国的妥协，从后世眼光看，是一个双赢的结果。中国如果按照《南京条约》及其相关文件规定认真执行，随着五口通商逐步实行，随着中国市场逐步开发，随着中国人消费习惯逐步改变，中国终究能够像西方列强一样，具有巨大的市场机会。中英之间、中国与世界之间的贸易不平衡终将被打破，庞大的人口基数、广袤的国土，必将让中国成为世界称羡的新兴市场，中国必将由农业文明的世界第一，转变为工业化时代的世界第一，中国逐渐与世界融合，成为世界市场的一个重要组成部分。

第5章

"跛足"的现代化

一

　　五口通商后，中国完全有机会实现1793年马戛尔尼来华没有实现的理想，即重构中国与世界的关系，引领中国走向世界，引导世界进入中国。对于中国来说，不外乎运用加法，在农业文明的基础上，补上工业化、市场化这个缺憾，让中国人有机会分享工业化带给人类的好处。然而，中国在五口通商后并没有这样做，清政府在享有五口通商好处的同时，继续沉溺于前工业化时代的宁静、惬意中。中国坐失二十年发展机遇，直至下一次被打败，方才大梦初醒，转身向西，踏上现代化的艰难旅程。

　　19世纪中叶，随着五口通商逐步落实，外国商品潮水般涌进中国，中国传统农业、手工业因无法与外国机器工业竞争而陷入沉重危机，生产凋敝，农村开始没落，游民大量增加，长达十几年的太平天国起义席卷半个中国，大清王朝岌岌可危。

为了对付太平天国，救亡图存，清政府决策者采取联合外国以对付太平天国的策略。他们几乎全面采纳魏源二十年前的建议，"师夷长技"，购置洋枪、洋炮，并设厂自己制造洋枪、洋炮、洋船，以及一切来自西方，有助于中国强大，有助于朝廷打败叛逆者的东西。

正当清政府大规模引进西方武器对付太平天国的时候，中国与西方的关系也面临着调整。英、美、法三国利用《南京条约》《望厦条约》等相关条约期满修约的机会，要求清政府扩大开放，一是将通商口岸由十几年前的五个变为更多；二是将通商口岸的制度推向全国，至少应该覆盖长江流域及其以南地区。

事情的起因应该是，当太平天国如火如荼在南部中国大闹特闹时，三国虽然要求中国政府按期修约，扩大交流，但三国对中国的未来似乎并没有足够的信心，他们在要求清政府修约的同时，却在两边下注，也试图与太平天国建立外交关系，以防中国大局突变，各国利益受损。

三国与太平天国试图建立外交关系是自己的权利，也是三国政府对本国资本、利益负责任的表现，无可挑剔。但从中国立场看，三国的做法就太不够意思了，因而三国也就很难让清政府爽快地接受修约，接受扩大贸易，增加更多的通商口岸。这也是清政府的权利。

1855年，美国政府任命传教士出身的伯驾为新的驻华公使，要求伯驾上任后尽快向中国政府提出修约要求。这些要求包括：第一，准许公使入驻北京；第二，无限制扩大通商范围；第三，废止对美国侨民行动自由的一切限制。

伯驾上任途中绕道英法两国，与两国外相协调立场。英法两国政府支持美国的立场，训令两国公使与伯驾一致行动，要求中国政府扩大对外开放，落实贸易自由、行动自由，准许各国公使进驻北京。

三国外交当局的立场取得了一致。1856年5月2日，美国公使伯驾就修约问题向负责大清外交事务的两广总督叶名琛发出照会，其主要内容是：第一，三国派遣使节驻留北京，中国派遣代表分驻华盛顿、伦敦和巴黎；第二，三国贸易无限制扩充到中华帝国全境；第三，全中国臣民享有宗教信仰自由；第四，改良中国法庭。

对于美国政府的这些要求，英法两国有选择地支持，并不是全盘接受。英国公使包令和法国代办顾随紧随伯驾，于5月16日、6月4日分别向叶名琛提交照会，提出类似要求。

叶名琛收到这些照会后进行审慎研究，并报告了朝廷。朝廷指示叶名琛可以选择那些事近情理，无伤大体的一两个问题与英、法、美三国进行谈判，以示朝廷宽宏大量之意。这显然与三国的期待有很大出入。

和平谈判无法解决中外之间的分歧，英法两国寻找机会发动了对中国的进攻。1858年5月20日，大沽炮台沦陷，清政府不得不答应与各国重开谈判。6月26日，清政府与英国签订《天津条约》。第二天，与法国签订类似条约。稍后，与俄国、美国也签订了类似条约。

根据《天津条约》，中国政府接受各国要求，同意建立中外往来的新体制，同意各国公使在北京长时期居住，或随时往来，并规定觐见中国皇帝时的礼节与觐见欧洲各国君主时大体一致。这是一个重大进步，表明中国有了与世界一致的步调，"天朝上国"的思维方式有了些微改变。

对于各国提出的通商、游历、传教的要求，清政府在条约中也有巨大让步，同意各国臣民有权持照前往中国内地各处游历、通商。中国政府答应对英国开放汉口、九江和镇江等"长江三口"，允许英国船只在这些口岸进行贸易。此外，牛庄、烟台、台南、潮州、琼州等处，也逐渐纳入开放口岸，各国商人逐渐从沿海走向内地、内河。

《天津条约》对各国一直要求的税则改革也有调整和削减，外国商品进入内地比过去更方便、更容易，这对于扩大贸易、改变中国经济构成应该说具有一定的正面意义。

二

在很长时间内，人们对《天津条约》相当不满，以为这一系列条约极大满足了列强对中国的需求，是对中国主权的伤害。特别是这场依然以鸦片名义进行的战争，在相关条约中不仅没有彻底解决鸦片问题，禁止鸦片贸易，反而因稍后谈判签订的税率协定，将鸦片贸易合法化了。

其实，鸦片问题并不是清政府关心的重点。清政府对《天津条约》的不满主要是由于这些规定可能有碍于其政治统治，因而清政府在签订不久后就开始寻找废除的机会。

根据《天津条约》第二十六条规定，中英两国应于1858年10月在上海接谈税则修订问题。清政府认为这是一个机会，是"夷务"的一个转折关头。清政府指示谈判代表制订一个一劳永逸的解决方案，这个方案就是以完全豁免外国货物进口税和放开鸦片贸易，以换取列强同意取消《天津条约》。

清政府完全出于政治考量的决定，遭到了负有实际责任的地方官员的普遍反对，尤其是正在与太平军打仗的长江流域的督抚，他们认为这个决定根本不可行。两江总督何桂清指出，大清军队支出的重要来源是关税，如果对外国商品进口税全部免除，势必严重影响目前的军事行动，清政府或许能与各国构建一个新型关系，但太平天国的实力肯定越来越强，到那时，清政府面临的可能就是改朝换代的危机。

　　参与谈判的中方代表桂良、花沙纳也无法认同清政府的主张，以为清政府废除《天津条约》全案的建议简直就是天方夜谭。他们主张，此次谈判能够争取的第一要事可能只是各国公使不要进驻北京，如果能够做到这一条，就算巨大成功。在后来的实际谈判中，"将在外军令有所不受"，他们根本没有将朝廷取消公使驻京、限制内江通商、内地游历，以及赔款、退兵等条件一并提出，而是将讨论重点集中在公使驻京问题上，反复解释公使驻京势必严重伤害清政府的威望，不利于中国政治局势的稳定。中国政治局势不稳定，各国利益也就很难保障。

　　基于这样的分析，英国谈判代表表示将向英国政府建议，假如明年换约顺利，各国满意，《天津条约》各项条款都能得到落实，他们可以考虑将公使安排在北京之外居住，只在公务需要时进出北京。

　　当然，中国方面为此做出了补偿，比如，大幅度降低进出口税则，确立"值百抽五"的税率，免除烟、酒、食品、化妆品等奢侈品的进口税，理由是这些物品只供给外国人使用，并不作为商品向中国人销售。事实上，这种情形很快就发生了改变。来自西方的这些奢侈品迅速成为中国上层社会的时尚和追求。至于鸦片，新税则将之列在洋药名目下，让这个引发两次战争的毒品成为合法贸易中的物品。

　　不过，从总体上说，上海通商条约善后谈判的结果应该说是积极的，特别是条约规定中国海关邀请英、美、法三国洋人帮办税务。这个制度从消极意义上说是外国人控制了中国税源，但从后来几十年的实践来看，为中国带来了现代海关制度，为中国积聚了大量财富。

　　然而对清政府来说，上海谈判并没有实现废止《天津条约》的目标，因而在清政府决策者看来，上海谈判是失败的，至少是不成功的。由此，清政府又在战与和之间摇摆不定。

　　清政府的犹豫不定很可能使已经达成的共识付诸东流。为防止极端后果的出现，谈判代表何桂清上了一个折子，建议朝廷不妨按照现在的条件谈下去，实在不行，等到明年各国北上换约时，聚而歼之，从头开始。

何桂清是稍通"夷务"的两江总督，提出这个建议当然不是真心实意，他不想让朝廷用武力对付外国人，更不想让所有谈判结果付诸东流。何桂清的建议只是一种策略，希望朝廷现在不要在细节上纠缠不清，要重大势、看大盘，注重大节，能和解就和解。

然而，何桂清的建议还是深深触动了年轻的咸丰帝。咸丰帝不想让外国人进驻北京，不想接受《天津条约》的束缚，竟以为可以用武力阻止《天津条约》成为现实。所以在中英上海通商条约善后谈判一结束，咸丰帝就下达命令，练水师，筑炮台，在天津一带设防，期待以军事行动拦截列强强行入京，强行换约。

咸丰帝不愿让外国人进驻北京，不惜准备为此诉诸武力。而列强此次外交的大行动，其实说到底只有一个目标，就是进驻北京，就是要让各国公使将来有机会、有办法与清政府的最高层直接打交道，减少两广总督这样的中间环节，尤其是减少与徐广缙、叶名琛这样极端保守的官僚打交道的次数。中外思路可以说南辕北辙，有着根本的冲突。

根据各自的不同思路，中外都在调兵遣将，重新部署。咸丰帝下令将负责对外交涉的钦差大臣由广州移驻上海，由两江总督何桂清顶替两广总督黄宗汉为钦差大臣，负责办理各国商务。以上海作为一道坚固防线，防止各国公使不听劝阻离开广州长驱直入，直奔京津。咸丰帝的本意是，不但不允许各国公使常驻北京，即便最低限度地随时进京觐见，也绝对不可能。

与此同时，英法两国也在为换约进行准备，也设想了几种可能性。两国政府各自任命了新公使，英国公使为普鲁斯，法国公使为布尔布隆。英国政府给普鲁斯的训令是，为了换约，为了实现公使进驻北京的目标，要不惜一切代价向北京挺进，同意普鲁斯在必要时可以带领一支具有足够人数和战斗力的皇家海军。换言之，英国政府准备重演二十年前的旧戏码，对中国不惜以武力征服。

其实，英国政府虽然意识到换约可能不会很顺利，但他们还是高估了清政府的决心。清政府在获悉英法两国的外交姿态和两国新公使即将来华的消息后，并没有勇气一意孤行，殊死抵抗。清政府一方面调兵遣将部署防线，其实这些都是做给国内人看的，并不具有实质性意义。因为另一方面，清政府的态度开始调整，期待尽量让换约使臣止步在上海，争取在那里完成换约手续。假如不行，清政府也有预案，可以考虑让两国公使进京，但是必须遵守以下约定：第一，必须按照双方议定的路线走，由天津海口进京；第二，公使进京随员不得超过十人；第三，公使及其随员进京均不得携带军械；第四，公使进京后照外国人进京往例，不得坐轿摆谱，不得使用仪仗；第五，换约结束后，公使必须迅即离开，不得以任何理由在京城逗留、久驻。

清政府的退让并没有换来英法两国公使的让步。1859年6月2日，英国公使普鲁斯、法国公使布尔布隆相继离开香港前往上海，在那里与稍早抵达的美国公使华若翰会合。

在上海迎接三国公使的中国大臣为桂良和花沙纳，他们根据朝廷的指示，试图劝说三国公使留在上海谈判换约，尽最大努力阻止他们北上。

然而三国公使主意已定，根本不愿与中国方面就行程进行任何商议。6月8日，英使普鲁斯复照桂良、花沙纳，指责中方推辞延误，不尽早回京准备接待、准备换约，反而在上海这个地方耽搁工夫。普鲁斯声明，去年谈妥的《天津条约》没有再商量、再谈判的空间，而且三国公使已经约定，在进京换约之前，不会与中方就条约问题进行任何谈判，甚至不会与中国方面的任何代表会面。

第二天，英国六艘兵船从上海启航北上，目标直指北京。15日，英使普鲁斯、法使布尔布隆自上海启程。16日，美使华若翰亦北上。与此同时，俄国公使彼罗夫斯基奉命行文军机处，声明他此次前往北京，不仅负责为《天津条约》换约，而且还要就两国边界、通商等事情进行谈判。诸国南北夹击，使清政府陷入外交无援的尴尬处境，可供清政府选择的外交空间越来越小。

眼见得无法阻拦各国公使进京换约，清政府不得已退而求其次，要求各国兵船到大沽后不得擅自进京，各国公使必须按照清军指引，由北塘登陆入京。清政府之所以指定进京路线，主要是因为他们还想在最后时刻保留一点尊严，让各国公使沿着先前各番邦进京朝贡的路线入京。这些行动究竟是否能够刹住列强的威风，清政府自己并没有把握，但他们之所以执意这样做，其实还是要对民众保持自己的威严。

三

1859年6月17日，英国驻华海军司令何伯率领四艘兵船抵达天津海口，准备从那里协助英、法、美三国公使进京换约。

按照中国方面的既定方针，当然不同意三国公使进京，更没有将换约这件事情看得有多么重要。但三国公使不这样认为，他们不惜代价一定要一次性解决过去十几年积累的贸易问题，重建与中国的关系。为此目的，三国还派遣了二十七艘军舰前往支援，似乎预感到此行不借助武力就无法顺利解决问题。

中国方面负责京津防线的是老将僧格林沁。他本来就对《天津条约》非常不满，是力主废约不惜开战的主要人物。僧格林沁建议朝廷撤回谈判代表，主张调动全国兵员、财力，全面抗战，主张不惜一切代价将这些外国人赶出去。

僧格林沁这些蛊惑人心的主张深刻影响了咸丰帝，使咸丰帝觉得在与洋人交往时并不能一味退让。所以在换约交涉发生后，咸丰帝命僧格林沁到天津督办防务。

僧格林沁受命后积极修筑工事，在各个主要水路设置障碍，试图将外国人拦在外海，使其不得登陆，无法进入内河。

何伯率领的英国海军抵达天津海口后，僧格林沁指派武弁化装成乡团与英军联络，探听虚实。英军将计就计，通过这些化装的中国官兵转告僧格林沁，三日内必须将布置在航道里的障碍物自行撤去，逾期不办，联军将按照自己的意志行动。

外国人的强硬立场和最终目标，中国方面一清二楚，何伯的转告只是强化了这些信息。第二天（6月18日），咸丰帝发布指示，对已有计划进行调整，一是责成谈判代表桂良等人星夜兼程火速回京，准备在北京与各国公使谈判换约。二是命令僧格林沁派员通知英法联军将领少安毋躁，不要擅自驶入内河；僧格林沁还可以通知英法公使，即便将来进京，也要从北塘行走；已经抵达天津的英法军队，应该在那里静候桂良等人，一旦桂良等人抵京，立即请三国公使进京。三是军机处通知顺天府衙门为三国公使在北京寻找房屋。显而易见，中国方面面对现实已大幅度调整了规划，中外完全有可能避免因换约而引发意外的冲突。

然而，中外之间相互不信任的时间太久了，最高层的妥协也并不必然意味着中高层就能理解并去执行。英法联军按照自己的思路在大沽口外操练着，尝试突破清军设置的那些障碍。僧格林沁对于联军的行动了如指掌，他将这些情形向朝廷做了报告。清政府重申几天前的指示，嘱咐僧格林沁再次告知联军及各国公使继续等待，一俟桂良等人抵达，即请他们进京。

中国方面的立场被联军严重误解。何伯认为，清军一再传递这样的信息，不过就是一个缓兵之计，他当然不愿就此与中国方面继续周旋。6月22日，何伯强烈要求中国守军撤除障碍物。

联军的强硬态度促使中方立场松动。23日，咸丰帝再谕僧格林沁等人，让他们继续劝说三国公使移泊北塘口外，在那里等候桂良。咸丰帝也不忘交代第二步，假如三国公使不听劝阻，也可以让三国换约专员从北塘移至天津静候。在咸丰帝看来，天津的条件已经不错了，以为这样的妥协应该能够满足各国公使的期待。

无奈，各国公使根本听不进中方妥协的方案，他们给中方的答复是，既不移至天津，也不走北塘，而是要按照自己的意志，堂堂正正地进京，光明正大地换约。

清政府不愿意各国公使进京，不愿意换约，不愿履行已达成的《天津条约》，这些想法都可以理解，但是清政府既不敢明白说出心中的积郁，也不敢用正规军出面拦截各国公使和英法联军，反而使用了比较下作的办法，用军人冒充百姓，以百姓的名义阻断各国公使的进京之路，围堵联军的必经之地。根据马士《中华帝国对外关系史》记载，联军要登岸，有貌似民众的人群起而制止，但当联军要求会见当地军政官员时，这些"民众"则说这儿没有军事的或民政的官员，这条河已经由人民自己出钱加以塞阻，以防叛徒，而守军则仅由民兵组成。这样的说法显然被英法联军识破了。

我们或许可以理解咸丰帝不愿与外国人打交道的心理，但无论如何让官兵充当老百姓去糊弄外国人，确实有点过了。战争并没有爆发，中方的炮台依然在那儿，中方的军舰也在那儿，只是没有了士兵，没有了旗帜，这让英法的职业军人感到可笑、可气。

如果说联军或三国公使先前还有一点妥协的意愿，可以商量如何进京、怎样换约，现在他们面对一群找不到头目的"民众"，实在不愿继续妥协了。英国公使普鲁斯、法国公使布尔布隆认为，他们前往北京的目的、大致行程，早已向中国方面做了通报，为了让中国皇帝对扩大通商建立足够深的印象，他们必须前往天津，必须让英法的旗帜在天津飘扬。必要的话，通往天津的路，他们有办法打开。

英法联军之所以执着地要用强硬办法对付中国，还有一个细节，是因为他们认为在清政府内部存在着一个主和派、一个主战派。他们的强硬，既是敲打主战派，也是支持主和派。他们认为主战派希望僧格林沁将联军拒绝于外海，因此，联军只有击败主战派的僧格林沁，只有进入中国内海、内河，清政府内部的主和派才有机会抬头，中外和解才有可能。

有了这样的认识，中外在大沽口外的对峙、僵持就不可能持久。6月24日，英法联军向清军发出最后通牒，要求清军尽快给联军让开道路。

联军的通牒没有获得清军的回应，因为在联军面前并没有清军，只有"老百姓"。当天夜里，联军派出小船进入海口，用炸药轰断拦截河口的大铁链、大棕缆。当然，清军在下半夜又悄悄修复了。

第二天（25日）上午十时，英国驻华海军司令何伯下达进攻命令。联军当时所要克服的障碍物，就是横亘在河口航道上的一排铁桩，铁桩里面还有一道大铁锁。其设置恰好留了一条直接为南岸炮台所控制的通道；再往里，又有一道大水栅横在航路上；更往里，在上边的南炮台和下边的北炮台之间，放置了许多笨重的浮木。这些浮木构成梯形，根根相接，堵死了通道。在这些巨大的障碍物之后，就是南北两大炮台群，夹住了一个狭长通道，形成易守难攻的格局。

对于联军的动向，中国守将僧格林沁相当清楚，他就是要让联军主动进攻，然后聚而歼之。所以，当联军军舰兵临铁桩外，清军依然不动神色，眼看着联军花两个小时用军舰拉断了十多个铁桩。

僧格林沁或许感受到了联军的决心，他此时派员持天津道照会晓谕劝阻，但联军不准信使接近，更不愿接受照会。联军主意已定，各战舰蜂拥而至，冲过铁桩，直撞铁链，但两次均被拦住，无法跨越。联军随即开炮轰击炮台，僧格林沁见状，下令大小炮台开炮回击。

一场原本可以和平进行的换约活动，终于演变成武装冲突。

激战中，联军损失惨重，只好败退回到南方。当然，不论是英国人，还是法国人，他们都不会善罢甘休，一定还会卷土重来，一定会报复，会让中国付出相当大的代价。

四

经过接近一年的准备，1860年夏，英法联军在山东烟台一带集结了大约二百艘军舰和两万名以上的士兵，以期远征北京，用武力迫使清政府屈服。是年8月，联军在北塘登陆，由此开始向天津进攻。9月初，联军占领天津和大沽，继而向北京进逼。咸丰帝先是宣布御驾亲征，结果却在匆忙、慌乱中逃亡热河。10月7日，英法联军洗劫了圆明园。10月24日，恭亲王奕䜣受咸丰帝全权委托在北京与英国方面签订中英《北京条约》，第二天，与法国人签订《中法条约》，并与两国交换了有关《天津条约》的批准书。长达四年之久的第二次鸦片战争以中国完败而告结束。

根据《北京条约》的规定，清政府终于同意各大国在北京设立常驻使馆，相应地，中国也承诺将尽快在各大国首都设立自己的公使馆。这是中国与世界交往的真正开始，尽管开始得不是那么愉快。所谓"三千年未有之大变局"，其实就在这里发生了一次非常重要的裂变，中国发展、转型的速度，因为与西方直接联络而极大加快。

在《北京条约》中，清政府承诺将天津向外国人开放，天津的发展从此进入一个新的阶段；清政府同意英国的要求，将九龙半岛南部连同邻近的昂船洲一起割让给英国，扩大了香港的面积。这当然是中国与西方早期交往中没有经验而导致的耻辱，等到中国与西方交往经验丰富了，等到中国弄清究竟应该怎样与西方交往了，纯粹割让领土的事情就很少发生了，更多时候是采取比较纯粹的商业原则，如定期租借。

《北京条约》如果一定要说耻辱，当然还有战争赔款，英法两国各得八百万两白银。回望这次战争的全过程，中国原本可以不战，原本可以顺畅地为《天津条约》换约，这样不仅可以避免战争，而且可以使中国对外部世界的开放提前若干年，让中国人对外部世界的心态更平和。

战争对于任何一方都不是最好的选择，中国在被打败之后还是选择了变化。这不是中国人民太愚昧，其实是统治者太自私。这是近代中国历史留给后世的最大教训。

《北京条约》及先前的《天津条约》对中国来说，最主要的还不是那些具体的损失及赔款，而是这两个条约彻底打碎了中国自以为是的封闭体制。朝贡体制、宗藩体制对中国来说将渐渐成为遥远的记忆，而新的条约体制逐步建立，中国在经历了二十年的蹉跎徘徊后终于驶入向西方看齐的轨道，中国人终于睁眼看到了世界，终于知道中国与世界之间存在着多大的差距。中国对世界也不再是局部的"开放"，实质上已经是全国范围的"放开"，外国资本、外国技术、外国人员在条约保护下可以在中国内地自由出入。中国的外交体制由此逐步演变，先是顺应要求成立专门处理外交事务的总理各国事务衙门，继则在外交礼仪、外交体制上逐步与世界"接轨"。如果从1793年马戛尔尼访华算起，中国在经历了六十多年的折腾之后终于找到了一个比较正确的方向。

1861—1900

文明的半山腰

第6章

文明的包袱

一

两次鸦片战争使中国人逐步改变了对西方的态度。第二次鸦片战争结束之后不久，咸丰帝连惊带吓，加上身体透支过度，于1861年8月22日在热河发病去世。咸丰帝留下一个龙种同治帝，同治帝的生母就是二十五岁的慈禧太后。慈禧太后和慈安太后共同看护着四岁的小皇帝，成了真正的"孤儿寡母"，任人欺凌。咸丰帝任命的八个顾命大臣个个都拥有巨大的权力，他们确实没有将两位太后和小皇帝放在眼里。

两位太后也不是甘愿让人欺凌的主，更何况她们是小皇帝的母亲。在料理咸丰帝后事的同时，她们加紧与被顾命大臣排斥的恭亲王奕䜣联系。9月5日，恭亲王奕䜣抵达热河行在，与两宫太后密谋，旋促山东道监察御史董元醇奏请两宫太后权理朝政并另简亲王辅政。董元醇指出，现值天下多事之秋，皇帝陛下以冲龄践阼，宜明降谕旨，宣示中外，使海内咸知皇上圣躬虽幼，皇太后暂时权理朝政，左右并不能干预，庶人心益加敬畏，而文武臣工俱不敢稍肆其蒙蔽之术。至于顾命大臣体制，董元醇并没有直接批评，但他建议在顾命大臣之外增加一位亲王。他说，现时赞襄政务，虽有王大臣、军机大臣诸人，臣以为当更于亲王中简派一二人，令同心辅弼一切事务，俾各尽心筹划，再求皇太后、皇上裁断施行，庶亲贤并用，既无专擅之患，亦无偏任之嫌。应该承认，董元醇的建议就是要打破八个顾命大臣垄断朝政、为所欲为的格局。

董元醇的建议引起八大臣的强烈反对，但获得了两宫太后的认同与支持。9月15日，两宫太后召见赞襄政务王大臣，命即照董元醇所奏执行。不料赞襄政务王大臣载垣等勃然抗论，以为不可，强调他们这几位顾命大臣是赞襄皇上，不能听命太后，并表示请太后看折是多余之事，以为本朝无太后垂帘听政的惯例。各位顾命大臣拂袖而出，责成军机处拟旨驳斥董元醇。

对于军机处拟的这份文件，两宫太后扣住不发。两宫太后与载垣等人的矛盾已经到了不可调和的程度。16日，在载垣等人的跋扈要求下，朝廷还是发布了军机处就的那份文件，重申清朝向无皇太后垂帘听政的惯例，大清国的一切事务还是要按照先前的规矩由各位赞襄大臣协助皇上处理。载垣等人在第一个回合中略占上风。

此事当然不会就此结束。10月21日，两宫太后以小皇帝的名义在热河行宫让醇郡王奕譞偷偷拟就一份文件，将载垣等三人解任，以备咸丰帝的灵柩回京后即刻颁布。

26日，咸丰帝的灵柩从热河起驾，两宫太后偕小皇帝由间道回京，命载垣、端华等随扈，肃顺、奕譞等护卫灵柩后发。

10月31日，胜保奏请皇太后亲理大政，以为载垣、端华、肃顺等揽君国大权，以臣仆而代纶音，挟至尊以令天下。为今日计，非皇太后亲理万机，召对君臣，无以通下情而正国体；非另简近支亲王佐理庶务，尽心匡弼，不足以振纲纪而顺人心。胜保的这份密折为最终解决皇权危机指出了方向。

第二天（11月1日），两宫太后抵京，迅即召集先行回京的奕䜣密谋对策。11月2日，奕䜣示意大学士贾桢、周祖培、沈兆霖、赵光等奏请皇太后亲操政权。根据这些建议，两宫太后以小皇帝的名义下令王大臣等讨论办法。当天下午，两宫太后以小皇帝的名义下诏，历数载垣、端华、肃顺等人罪状，以为上年海疆不靖，京师戒严，总由在事之王大臣等筹划乖方所致。载垣等既不能尽心与各国议和，徒以诱获英国使臣，以塞己责，以致失信于各国。现在总算由总理各国事务衙门王大臣等将各国应办事宜妥为经理，都城内外安谧如常。这就将去年中外冲突的责任一股脑推给了载垣等人。

至于内政，谕旨指责载垣、端华、肃顺等朋比为奸，总以外国情形反复为由，竭力反对咸丰帝回銮。小皇帝还说，自己御极之初，即想治载垣等人蒙蔽欺君之罪，只是念其为顾命大臣，故暂行宽免，以观后效。不料他们太过分，竟然对董元醇的建议大加驳斥，已无人臣之礼。在拟旨时又阳奉阴违，擅自改写，竟然以皇帝的名义颁布，反对皇太后过问国事。

有了这些罪过，朝廷即令载垣、端华、肃顺解任，景寿、穆荫、匡源、杜翰、焦佑瀛等退出军机处。不久，又将肃顺等三人革职拿问，三人中有的自尽，有的问斩。

11月3日，朝廷任命二十八岁的恭亲王奕䜣为议政王，掌管军机处；大学士桂良、尚书沈兆霖、侍郎宝鋆在军机大臣上行走。在人事上，大致完成了布局，构建了一个比较新的执政团队。

7日，清政府下诏废除祺祥年号，以明年为同治元年。一个全新时代终于在经历了腥风血雨后开启。此后三十年，史称"同光中兴"，又称洋务新政，是晚清数十年中比较好的一个时期。

洋务运动是近代中国最早出现的自强运动，是中国现代化的最初尝试，它在思想文化层面的影响是打开了国人眼界，强化了国人的危机意识，使中国人第一次在事实面前承认自己落后，并激励国人学习西方，赶超世界。

比较奇怪的是，清政府统治核心慈禧太后、恭亲王奕䜣只是开启了一个全新时代，他们是在非法的，或者说是在违背了大行皇帝遗嘱或既定方针的前提下开始了一个新的举措。这就是中国历史的怪异之处：非法的或非常态的政治选择，却有可能带来一次巨大的历史进步。

慈禧太后、恭亲王的贡献是拱手无为，释放社会，不是他们领导中国做了什么，而是他们放开了束缚国人手脚的绳索，允许国人比较自由地去探索。

还有一个值得注意的迹象是，慈禧太后、恭亲王等满洲贵族，经过太平天国运动，清楚地看到了汉人士大夫的力量，也清楚地看到了汉人士大夫并不是过去想象的那样与满洲人视若仇雠，势不两立。经过两百年的接触、融合，满、汉之间的心结当然还有，但真实情形应该比估计的小得多。所以在洋务新政开始后，清政府前所未有地信赖汉人士大夫，重用汉人士大夫，曾国藩、李鸿章、左宗棠等人，都通过镇压太平军和开办洋务新政成为大清国的柱石。

二

我们过去不太好把握曾国藩这一代汉人士大夫的政治立场和历史贡献，以为他们去镇压太平天国是天大的罪恶，是刽子手。其实，这种看法是非常"小众"的。

曾国藩那一代汉人士大夫对于那一类打着洋教招牌的人深恶痛绝，他们认为这是对中国文明的巨大污染。曾国藩的《讨粤匪檄》以为洪秀全独创的新宗教并不是真正的宗教，"举中国数千年礼义人伦诗书典则，一旦扫地荡尽。此岂独我大清之奇变，乃开辟以来名教之奇变，我孔子、孟子之所痛哭于九原"。所以，曾国藩号召士大夫："凡读书识字者，又乌可袖手安坐，不思一为之所也？"

在镇压太平天国的过程中，汉人士大夫地位上升，曾国藩和他的部将渐渐成为大清国政治上的中坚力量，成为主导此后中国政治的主要人物。也正是在这个过程中，曾国藩、李鸿章等人看到了西方文明的价值，即便从镇压太平天国的有效性着眼，他们也认为必须毫不含糊地学习西方，必须开始中国的现代化运动。

在两次鸦片战争之后，中国面临着非常复杂的困难。中国要突破旧有藩篱，走向世界，就必须破除传统观念中的"夷夏"界限，既尊重中国旧有文化传统的价值，又充分吸收全人类文化遗产和科学创造，使古老的中国文化在新的历史条件下注入生机，焕发青春。就此而论，曾国藩、李鸿章、左宗棠那代人具有非凡的眼界，他们既看到传统文化特别是儒家精神是中国人的安身立命之所，又看到西方科学技术也是中国进一步发展所必须倚重的东西。为此，那一代引领社会前进的政治精英并不主张盲目排斥西学、西技，而是主张努力学习与掌握西学、西技。

对于魏源多年前提出的"师夷之长技以制夷"，曾国藩表示赞同，并进一步发扬与完善。当魏源在世时，其著作《海国图志》与徐继畬的《瀛寰志略》一样，虽然在一部分知识人中获得了回应，但并没有引起政治高层的重视，徐继畬甚至还因为编写这部关于外国地理的著作受到弹劾，被撤销福建巡抚职务。但第二次鸦片战争之后，中国内外环境发生了巨大变化，魏源、徐继畬的思想主张方才逐渐引起政治高层的注意。

曾国藩认为，魏源"师夷之长技"的思想虽然具有文明交流中不该有的极端功利主义倾向，但这种思想在当时的中国非常重要。当时的中国面对非常复杂的局势，近乎内外交困，购买洋枪洋炮，实为救时第一要务。中国也曾伟大过辉煌过，但那都是过去，值得自信，但不值得夸耀。世界发展到今天，中国已经被西方远远抛在后面，双方相差了一个时代。中国如果不能借用西方的发明"助剿济远"，就无法真正摆脱"粤匪"洪秀全带来的巨大困难，"得纾一时之忧"。这是中国必须学习西方的重要理由。

在曾国藩看来，学习西方的成功经验，学习西方的科学技术，是中国未来发展的必由之路，"将来师夷智以造炮制船，尤可期永远之利"。基于这样的思考，曾国藩领衔奏请选派幼童出洋留学，鼓励中国科学家借鉴外国技术，依靠中国人自己的力量发展近代工业。1866年，江南制造总局所造出的中国第一艘现代动力轮船试航成功，曾国藩喜不自禁，以为朝廷不惜巨款，不责速效，得以从容集事，中国自强之道或基于此。正是在曾国藩等大臣的鼓动、促进下，一场以技术现代化为目标的洋务运动得以在19世纪中期的中国轰轰烈烈开展。

正如曾国藩所意识到的，魏源"师夷之长技以制夷"的口号具有明显缺陷，带有极强的雪耻意识、自卑心理。学习西方，就是学习西方，为什么一定要学好之后去"制夷"，为什么不能与世界同步发展，共同进步呢？

曾国藩等人意识到了洋务新政的内在矛盾，但他们那代人并没有办法真正解决这个矛盾。他们那代人开创的洋务事业和清王朝的中兴运动，实际上就是沿着这条有着内在矛盾的轨道前进的。经过几十年的奋斗，洋务运动不仅没有抵挡住外国列强的侵略，反而在中法战争特别是甲午战争的冲击下一败涂地，持续几十年向西方学习换来的却是割地赔款。中国人不得不再一次冷静地思索向西方学习的利弊得失，重新探索中国发展之道。

三

其实，早在洋务运动兴起之初，就已有人预见到后来将要发生的危机。曾国藩注意到"师夷之长技以制夷"不是长远之举，主张中国人直接掌握西方科学技术。但是，曾国藩不明白在中国政治体制、文化模式、社会心态等没有发生相应变化的情况下，西方的科学技术并不可能真正在中国生根。事实上，只有改革中国既有体制、文化方面的弊端，容受广义的西方精神、体制和文化优长之处，才能真正为中国开出一条新治道。

1862年开始担任李鸿章幕僚的冯桂芬，在其准备出版的《校邠庐抗议》中认为中国与西方相比，其落后之处"约有数端：人无弃材不如夷；地无遗利不如夷；君民不隔不如夷；名实不符不如夷"〔1〕。这四方面囊括了中国内政、外交、教育、政治制度。冯桂芬提出，中国只有进行全面改革，才能做到"用西人而不为西人所用"〔2〕。

很显然，冯桂芬的思想上承龚自珍、林则徐和魏源，下启康有为、梁启超的维新事业。然而也应看到，冯桂芬虽然意识到中国的全面危机，注意到向西方学习，但他所强调的学习内容仍然局限在坚船利炮

---

〔1〕　冯桂芬：《制洋器仪》，见郑振铎：《晚清文选》，106页，上海：上海书店出版社，1987年。

〔2〕　冯桂芬：《约堂算学杂记序》，见《显志堂集》卷一，13页，光绪二年校邠庐刊本。

等技术层面，"有待于夷者独船坚炮利一事耳"，而对西方政治体制、文化思潮，冯桂芬那个时代的绝大部分人仍不屑一顾，依然无法忘情中国传统，以为中国未来必须以儒家伦理为依归，"以中国伦常名教为原本，辅以诸国富强之术"[1]。

抱有这种愿望的在当时并非冯桂芬一人，可以说当时主张向西方学习的先进知识分子都难以忘怀中华文化，都试图将中西文化进行沟通与融合，只是程度深浅不同而已。较为激进的郑观应一面不满意于洋务派只知学习外国坚船利炮的科学技术，将体用分为两端，认为西方国家也有他们自己的体与用，轮船、火炮、铁路等工艺技术只不过是"用"，而"论政于议院，君民一体"的君主立宪政体才是他们的体。中国学习西方，应从根本处入手，否则，"遗其体而求其用，无论竭蹶步趋，常不相及"，即使做到"铁舰成行，铁路四达"，中国也只能永远落后。他朦胧地意识到，中国要获得真正的进步，必须解决"体"的问题。郑观应强调建立议院制度，以为能够解决体用两端的毛病，但在观念形态上，在涉及中国传统文化与西方近代文化的冲突问题时，他又总是希望回归到"圣之经"上，并明确提出："中学其本也，西学其末也。主以中学辅以西学。知其缓急，审其变通，操纵刚柔，洞达政体。教学之效，其在兹乎。"[2]这种认识无疑反映了传统文化在当时知识分子心理上的积淀和影响。

"中体西用"的主张表明在中国传统文化破裂氛围中成长起来的时代精英，已部分认可西方文化，承认西方文化有弥补中国文化的价值和

---

[1]　冯桂芬：《采西学议》，见郑振铎：《晚清文选》，107页，上海：上海书店出版社，1987年。

[2]　郑观应：《盛世危言·西学》，见《郑观应集》上册，276页，上海：上海人民出版社，1982年。

作用，但又对中国传统文化就此败下阵来不胜悲哀，希图能在新形势下使传统文化起死复生。在这个意义上说，"中体西用"的口号既是中国传统文化的一曲挽歌，也是19世纪下半叶中国人对中国文化精神的重新建构和重新解释。

梁启超1899年在《自由书》中写道，"中体西用"的思想严重束缚了中国人，是甲午战败的根本原因。他相信这种思想"不三十年将化为灰烬，为尘埃野马。其灰其尘，偶因风扬起，闻者犹将掩鼻而过之"。

然而，一百多年过去了，中国并没有完全放弃"中体西用"的路径依赖。这究竟蕴含着怎样的道理，当然不是梁启超这样彻底否定所能解释的，因为"中体西用"虽说只是一个概念，但其前后期并不是同一个意思。

中国是在经历了两次鸦片战争的打击之后被迫踏上世界一体化道路的，之所以被打两次方才觉悟，而不像其他"后发国家"那样面对西方工业文明迅即拥抱，主要还是因为中国文明底蕴太深厚了。文明传统原本是个积极因素，到了这个时候反而成为前进的包袱。

在16世纪之前很长时间，中国文明确实有资格傲视全球。但当英国工业革命发生后，人类进入另外一个阶段，巨大的产能过剩迫使工业资本寻求海外市场，中国被迫卷入世界一体化，其实就是被硬拉着从农耕文明走上工业文明。

然而那时的中国并没有人明白这个道理，他们认为，中国的落后只是暂时的、局部的，中国只是在科学技术上不如人，要论精神文明，中国人的名教伦理远迈西洋。所以那时稍有眼界的中国人如冯桂芬，虽然承认中国的失败，但认为这种失败并不说明问题，他耐心劝告大家"以中国伦常名教为原本，辅以西洋诸国富强之术"。这就是"中体西用"发生之初的情形。

显而易见，"中体西用"在近代中国早期具有进步意义，这种思想就是劝告中国人不要怕西方思想文化的负面影响，相信中国文明在与西洋文明充分接触后，一定能够重构一个新体系。这种劝说对减弱反对者的压力相当有效，这些反对者不由自主地想，既然坚守了"伦常名教"，那就学点"奇技淫巧"吧。

中国走向世界的历程就这样开始了，虽说勉强，但经过十多年的探索，还是非常有效的。中国的科学技术获得新的活力，经济实力也获得相当大的提升。

"中体西用"为中国打开了一道方便之门，但这种做法确实也遗留了相当多的问题。到了19世纪70年代，思想界已有相当一部分人不再满足于"中体西用"这种模式，他们认为应该随着新经济、新技术成长，逐步加大向西方学习的力度。他们渐渐意识到，使西方成功的并不仅在科学技术，更不仅在坚船利炮，西方的强大有本有源，这个本源就是西方的机制、体制为其发展提供了可能与保障。这些思想者在19世纪70年代就建议清政府适度扩大"中体西用"的内涵，逐步将西方发展最本质的东西包容进去，比如，西方的法律体系、议会体制等，都是可以尝试的东西。

经过三十多年的发展，中国的经济构成已经发生了巨大改变，近代化的工业基础逐渐成形，一个新的社会阶级即中国资产阶级也在缓慢成长，中国的政治架构尤其是法律制度经过三十年的调适，也在向世界靠拢。应该说，一个全新的中国是可期的，世界各国以平等身份待我，也不再是遥不可及。

然而，就在中国按照自己的发展节奏按部就班前行时，士大夫阶层和军方鹰派却觉得中国已经很了不起了，觉得三十年前各国都有点对不住中国，执意复仇，发誓像列祖列宗那样开疆拓土，弘扬国威。于是，中国在洋务运动进行了三十四年时改变了韬光养晦的既定政策，为了朝鲜与日本大打出手。短短几个月，清军就原形毕露，大清国"同光中兴"的神话很快消失得无影无踪。

四

中国三十年高速增长依然不敌同期发展的日本，战争结束后中国人痛定思痛，以为都是先前"中体西用"惹的祸。因为中国没有像日本那样转身向西，脱亚入欧，没有像日本那样追慕西方，没有在远东建设一个"西方强国"的企图和勇气，所以中国在1895年改变了先前几十年的发展方略，转身向东，追随日本，进入"维新时代"。此后，维新、新政、君宪、宪政，再君宪，不一而足，其实都是亦步亦趋模仿日本。1895年之后的短短十几年，大清国就成为历史，中国的道路发生根本的转向。

中国在1895年的转向是好还是坏，无法评说，因为历史没有办法假设。假如我们不再以"线性进化论"去分析历史发展，我们应该承认中国放弃洋务新政实在可惜。中国在那个时候之所以不期然放弃洋务既定方针，不期然转身向东，又与之前几十年清政府始终没有说清中国未来的目标和方向有关。

根据清政府在19世纪60年代确定"中体西用"路径时的看法，中国之所以不必像日本那样转身向西，全盘西化，脱亚入欧，并不是中国不愿学习西方，而是中国具有悠久的历史文化传统，有自己的政治架构，中国所缺的是近代科学技术，在西方工业革命之后中国没有适时跟上，所以，中国不需要在政治架构上大动干戈。中国的未来发展只需要做加法，不需要或者说很少需要做减法，即中国应该增加自己文明形态中所不具有的西方元素，但没有必要像日本那样与传统决裂，从头开始。

中体西用的理由在那时是充足的，中国人在整个洋务运动时期充满了自信，所以当日本使者19世纪70年代向中国方面传递明治维新思路和做法时，中国人并不认为日本的做法值得中国仿效。

事实也确实如此。中国的洋务运动利用国家资本主义力量谋取发展，短短几年时间，中国就能有效消化西方高科技，转化西方高科技，并使之成为中国发展的有效力量。根据不完全研究，在19世纪70年代初期，利用西方技术，中国的现代轮船制造业、军械制造业等，已经从无到有，从小到大，赶上了西方的制造能力。金陵机械制造局、江南制造总局、轮船招商局、福州船政局、汉阳铁厂、湖北织布局等一大批具有西方元素和中国特色的现代企业，发展迅猛，成为世界资本主义发展史上的奇迹。

除了实业发展，洋务新政也注意与世界发展的一致性，创设总理各国事务衙门，总管各国对华投资、交涉等事务；创设同文馆，培养外交人才、科技人才；派遣幼童出洋留学；派遣驻外公使，分布在世界各大国。

应该说，中国在洋务时期对"中体西用"的理论和体制足够自信，因为毕竟短短三十年它就使中国面貌发生了根本改变，创造了资本主义发展史上的奇迹，也是中国历史上的奇迹。

然而，为什么经过了一场并非毁灭性的甲午战争，中国人就集体转向，集体不再认同先前的道路、理论和体制了呢？这里面的原因肯定不止一端，但大致说来，不外乎先前并没有从理论上解释清楚洋务新政的内涵。

洋务新政不论具有怎样的中国特色，就其根本目标而言，就是回应西方，与世界一致。中国没有像日本那样从一开始就转身向西，没有采用休克疗法，没有先进行政治改革，重建制度，再发展经济和科技，而是利用国家资本主义，用加法迅速增加中国的物质财富，用国家资本主义的力量迅速缩小中国与世界的差距。

但是，中国并不是因为发展就要脱离世界发展的主航道，就要另搞一套。清政府应该在洋务新政发展早期，至少在19世纪80年代中国新一代知识人觉醒的时候就清晰解释。这一代知识人已经知道世界，知道西方富强的根本在体制，知道民主制度、议院制度，知道君主立宪、民主共和。当此时，清政府如果有意识放松对社会的管控，有意识释放新知识人的言论空间，有意识放宽对资本的管制，有意识在国家资本主义之外培植更多的非国家资本主义。换言之，1895年走向维新之后的政治、经济、文化、教育、社会方面的举措，在洋务时期都能得到尝试和自由发展，那么可以相信，由清政府主导的洋务新政方才有真正意义的道路自信、理论自信和制度自信。不敢充分释放社会潜能的体制肯定不是自信的体制，不能充分容纳各种发展方式的道路肯定不是自信的道路。同样，置各种不同意见于不容讨论地位的理论，肯定不是真正自信的理论。因此，当三十年洋务没有经得起甲午战争的考验之后，人们不是对先前道路给予理性反省、善意同情，肯定其成功与意义，找到其不足之处，并予以设法弥补，而是弃之若敝屣，一切归零，重新开始。这是非常可惜的，是中国历史发展中最大的消耗，也是对国家的不负责任。

从现在的眼光看，洋务新政确立的中体西用富强道路并不错。清政府应该在那个时候明白告诉知识人，中国的事情必须一步一步地走，中国不会拒绝一切好东西，中国不会因为是西方的东西就不接受西方的体制、思想和道路。中国文明之所以伟大，就是因为中国文明从来不拒绝外来的东西，中国从黄河一隅走到今天的四至，就是因为包容，因为吸纳，因为不拒绝外来文明。

第7章

宗藩解体

一

　　19世纪60年代开始的洋务新政在一定程度上挽救了中国的危机。中国在被迫步入现代化和世界经济一体化的潮流中，通过向西方学习的洋务运动，在一定程度上恢复了生机，获得了新的活力。更重要的是，由于这场运动就是要通过学习西方"寻求富强"，因而人们格外看重达尔文的进化论，尤其是"物竞天择适者生存"的"丛林法则"，甚至不再相信道义，不再相信公理，不再相信正义，只相信力量，只相信实力。所谓"落后就要挨打"，一语道尽近代中国人对西方文明的狭隘理解。

　　其实，这些理解是有问题的，是对中国文明基本精神的彻底颠覆，也给近代中国，乃至现代中国带来了许多问题。

　　中国文明昔日辉煌中最不可思议的，是中国究竟凭借着什么样的力量从黄河流域某一个小地方逐步扩展，逐渐成为一个庞大帝国的？而且，从历史事实层面说，中国虽曾发生过许多次征战，但这些征战并不像后期帝国如清朝中期以开疆拓土为目标。借用现代政治术语说，中国文明的"软实力"究竟是什么？

其实，中国文明的"软实力"就是"以夏化夷"。只是在过去很多年，我们对这个概念理解有误，以为这个概念表明了主流群体的傲慢与狂妄。这种认识显然是不对的。

黄河流域的中国文明，是一种农耕文明。相对于周边族群的生存状态来说，农耕文明是一种比较稳定的文明形态、生存方式，久而久之，也就成了周边族群争相效法的对象。周边族群以"夷"的身份长时期受到"夏"的熏染，中国文明楷模的力量渐渐引起周边夷族不断内向。所谓"以夏化夷"，其实就是主流文明不断影响着周边的边缘文明、非主流文明，渐渐凭借"软实力"不断扩大着自己的"文明边疆"。周边"夷族"的"边缘文明"渐渐被主流文明所同化和征服，"生番"渐渐变成"熟番"，中国的政治地理、经济地理都在这个过程中柔性扩展。

中国文明这种柔性扩展的态势直至明清更姓易代时都没有中断，接续朱明王朝统治中国的满洲人，在朱明王朝其实就属于"周边夷族"，属于"生番"。所谓"满洲"，按照清朝官方文献的说法，就是明朝周边的一个部族，一个族群。满洲人的文明长时期受到中原文明熏染，满洲部族首领接受中原王朝册封。及至中原大乱，群雄并起，满洲人入关，武力平定李自成的农民军，定鼎中原，完整接受了大明王朝的政治遗产。

满洲人的文明根底毕竟尚浅，满洲人也没有充分理解中国文明的"软实力"，没有用这种软实力去积极影响周边，而是沿用满洲人征服的传统，去扩大政治边疆，维护中原王朝的法统和政治遗产。

实事求是地说，中国文明在满洲人统治的很长时间里近乎中断，但先前积累下的成果一直被清朝继续享用，先前那些与中原王朝建立朝贡关系的周边族群，继续以大清王朝为中原正朔。这就是历史上所说的宗藩体制。

宗藩体制是中国政治上的特殊现象，这个现象类似于现在还存在的英联邦殖民地的情形，但又不完全一样。作为宗主国，中原王朝不会干预藩国的内部事务，更不会对藩国动用武力。藩国寻求宗主国的政治保护，一旦藩国遇到了什么外部危机，或内部纷争不可化解，方才请宗主国介入。宗主国只是在履行一种道义责任，只是在实行传统中国的"王道政治"。

藩国就是"生番"，他们在中国文明长时期熏染下慢慢形成内向力量，在不知不觉或遇到某种突发事件时，自然而然加入中国文明大家庭，成为中国文明的一部分。这就是中国"政治边疆"从黄河领域一个弹丸之地扩充至庞大帝国的全部奥秘，用孔子的话说，就是"以夏化夷"。

中国文明的"软实力"在满洲人定鼎中原之后确实丢失了，但中国文明的边疆依然在惯性中继续扩大，周边族群继续奉中原王朝为正朔，遇到自己难以解决的问题，还是习惯于向中原王朝求救。大清王朝在升平时代也乐于扮演这样的角色，毕竟朝贡体制、宗藩体制对谁都有好处。宗主国只是履行政治上的保护责任，藩国也只是在道义上尊奉宗主国，只要在逢年过节、重大活动中想到宗主国就行了。中国如果在这种轨道上继续发展，可以相信，不仅中国文明的边疆会持续扩大，经济的、政治的边疆也会持续延伸。

然而，这个趋势到了清代中晚期被彻底打断。经过两次鸦片战争，中国人突然悟出两次战争之所以失败，是因为中国的冷兵器无法对付洋人的坚船利炮。"落后就要挨打"，似乎是那时中国人的一个共识。

　　其实，这个认识错解了近代中国问题的本质。西方势力的东来，从本质上说就是马克思说的，只是西方工业革命的后果。工业革命导致巨大的产能过剩，西方工业资本需要巨大的市场去消化产能，这是资本的本质。只是由于中国传统社会是分层体制，士农工商各个阶层的流动性始终很差，上层社会对西方工业革命的产品有兴趣也有消费能力，只是这个市场太小了，不足以满足西方工业家的要求。而中国庞大的下层社会的民众向来信奉节俭原则，一代又一代的中国人不要说对工业品没有消费能力，即便对农产品，也只是满足最低限度的温饱诉求，根本没有追求享受的冲动。

　　特殊的社会构成使清朝统治者坦然拒绝了西方人和平通商的要求，这就必然导致双方的贸易失衡。对于这样的贸易失衡，清朝统治者大约无心解决，因为在满足了自己对西方工业品的需求后，又能用中国的初级产品换来白花花的银子，统治者当然乐在其中。

　　那时的统治者不知道贸易平衡对国际资本的意义，不愿意开放市场扩大内需，不愿意改变中国老百姓的生存方式，这才是近代中国问题的本质。然而统治者在经历了两次鸦片战争之后悟出"落后就要挨打"的道理，剩下的任务只有一个，就是拼命发展自己，富国强兵，遵循"丛林法则"，相信弱肉强食，相信物竞天择。

　　中国要发展，中国要转型，中国在西方工业革命之后确实应该与世界同步，完成从农业国向工业国的转型。这些都不错，都是中国应有的方向。但是，中国是否应该在发展的同时，放弃自己的"王道责任"，走上孤立主义道路呢？现在看来，中国在19世纪中晚期的选择，可能还有重新探讨的空间。

二

自从开始洋务新政，中国政府数十年的指导思想就是尽量少地介入国际的、多边的，甚至双边的纷争，最大限度地为富国强兵赢得外部和平的环境。因而自1860年始，中国外交战略处在守势，对列强的要求尽量满足；对于周边藩国，鼓励他们像中国一样发愤图强，富国强兵。应该说，这个外交战略在大层面并没有错，错就错在当藩国出现困难时，作为宗主国的清政府没有尽到政治责任，因此逐渐失去藩国的信任，渐渐走上自我孤立的道路。

孤立主义苗头最先见于琉球危机。琉球群岛是太平洋上的一颗明珠，在中国古文献中被称为蓬莱、瀛洲等。琉球与中原王朝有着悠久的关系，很早就接受了中原王朝的册封。

然而，随着明治维新的开展，日本国力强盛起来，遂开始觊觎琉球王国，试图强制让琉球成为日本的藩国。

对于日本的要求，琉球当然不认同，毕竟中原王朝文化深厚，国力强大，何况琉球与中原王朝已有几百年的宗藩关系，没有任何必要舍大就小。琉球坦然拒绝了日本的要求。

琉球王国敢于拒绝新兴强国日本的要挟，凭借的就是与中原帝国久远的宗藩关系。他们相信老大帝国保护琉球不过就是一句话，多年朝贡往来为的就是这一天。

然而时移世界，此时的中原王朝确实让琉球人失望了。当琉球代表奉命往见中国政府代表李鸿章，对李鸿章哭诉原委后，李鸿章并没有满足琉球所提出的对日交涉的要求，以保全琉球，更不要说履行宗主国的责任率有道伐无道了。中国的态度在某种程度上鼓励了日本，稍后，日本不是要求琉球成为日本的藩国，而是直接吞并了琉球，"废藩置县"，将琉球变成了日本的冲绳县。

李鸿章之所以不愿履行宗主国的政治责任，主要还是因为清政府此时的既定方针就是发展自己，不愿多事。只是这种自私的孤立主义外交使周边藩国非常失望，他们都在担心大清王朝何时会出于自己的利益抛弃他们。

琉球是远离中国本土的一个岛屿，位于太平洋上，对于后世中国的海洋战略影响巨大，但在当年确实没有谁想到这是未来中国的一个重要屏障，是战略要地。作为面向大海的远东国家，那时的中国人以为屏障主要在陆地。

中国的四周除了一面环水，其他三面陆地接壤的国家基本上都是中国的藩国，这既是中国的战略屏障，从文明视角说，又是向往中原文明的"周边夷族"。这些周边夷族对中国文明高度期待，也长期受到中国文明影响。

然而，琉球的结局让这些周边藩国非常震撼，让这些藩国意识到不发展不进步，就有可能亡国，所以面对西方势力的东来，面对西方工业革命后资本及贸易的巨大压力，他们只能根据各自情况自主选择。大致上说，这些藩国对中原王朝不再指望，只能独自消化来自西方国家的压力。

至19世纪80年代，中国内外环境发生了微妙的变化。列强不再满足两次鸦片战争所获得的市场准入条件与范围，他们试图依靠军事实力进入中国内地，将整个中国都纳入他们的市场体系。为此目的，外国势力不断在中国边境集结、窥视、示威、蚕食，北有沙俄，南有法国，西有英国，东边则是日美两国对台湾地区和朝鲜的觊觎、窥视和骚扰，并最终导致了19世纪80年代的中国边疆危机和外交危机。

三

中国的边疆危机和外交危机因越南问题而起。基于历史原因，越南在历史上较长时间内都是中国的附属国，只是后来因中国自身危机无暇顾及越南，而恰当此时法国势力东顾，遂使越南有意脱离中国的控制。这在中国因一系列危机而无暇兼顾时，也就不能不予以容忍。但是到了19世纪80年代初期，中国因洋务运动而使自己的综合国力有了一定程度的恢复。当中国的国力足以应付（其实是自认为足以应付）某些外交危机的时候，大清王朝的统治者自然不能继续容忍越南企图脱离中国，顽强地要把越南留在自己的政治、军事和经济的势力范围内，从而引发了与法国的矛盾冲突。法国的政治、经济势力正在东向，其初期目标就是要将越南等中国南部藩属纳入自己的殖民体系。

法国对越南的觊觎很早就已经开始了，但真正着手进行实质性的占领与控制还是在1858年与中国达成《天津条约》之后。1859年，法国军队占领西贡，之后不久又相继兼并了越南南部诸省，拥有对越南南部地区的实际控制权。中越之间的宗藩关系受到严重的影响与挑战。

1874年，法国政府与越南当局在西贡订立和亲条约。通过这个条约，法国表面上承认越南独立，实际上是将其降为法国的保护国。条约宣称法国有义务保卫越南政权不受外国侵犯和干扰，并唆使越南国王将刘永福和黑旗军从河内附近及红河三角洲赶出去。对于法国迫使越南签订的这个条约，清政府虽然无力干涉，但是清政府坚持越南为中国的附属国这一原则，始终不承认法国和安南当局签订的条约。

从中华帝国自古以来所信奉、遵守和执行的宗藩政策而言，清政府此时所执行的政策显然有其无法自圆其说的矛盾之处。因为从宗藩体制所具有的伦理观念说，藩国有难，宗主国无论如何都要出手相救，即便因为自身力量的原因无法相救，也必须获得藩国的充分理解。很显然，清政府此时已无力奉行宗藩体制下的王道政治，无法履行宗主国对藩国的保护责任。与宗藩体制下的伦理观念相反，清政府此时与法国冲突、斗争，在很大程度上已不是对藩国尽责任、守义务，而是近代"霸道政治"伦理中对势力范围的争夺。清政府政策中的最大矛盾，是希望或者说期待王道政治与霸道政治两者兼顾。

法国对越南的军事占领也引起了越南政府的忧虑，为了抵抗法国的侵入，越南政府加强了与清政府的联系，既向中国政府进贡，又请求驻扎在中国和越南边界上的非正规中国军队黑旗军给予援助。1882年，黑旗军开始与法国军队作战。翌年，清政府又秘密派遣正规军进入越南协同作战。

对于法国的企图，清政府当然看得很清楚，一旦法国完全控制了越南，肯定会对中国南部地区构成相当大的威胁。然而问题在于，当中国军队现代化的任务尚未完成，在中国的海防计划尚没有落实的情况下，中国是否有必要为越南这一附属国不惜与法国这样的西方强国开战，却成了清政府内部持久争论的问题。主持朝政的恭亲王奕䜣和直隶总督兼北洋大臣李鸿章素来被认为是最具有国际视野，最懂得近代国家外交原则的人，其实转换一个说法就是，正是他们两人比较多地认同近代国家的"霸道政治"，而不再主张中国在无法解决自身问题的前提下为周边藩国履行责任和义务，因此他们均认为中国此时应该尽量避免与法国开战，应该尽力以谈判为手段解决中法之间的冲突，既维护越南的利益，也不使中国在这一过程中损失过多。

作为务实、相对比较清醒的政治家，恭亲王奕䜣、北洋大臣李鸿章等人太清楚中国的真实处境和实力，中国社会经济实力、国防实力经过鸦片战争和太平天国等一系列事件的消耗，几乎丧失殆尽。自19世纪60

年代初开始的洋务运动虽然使中国的状况有所改善，国力有所提升，但那毕竟只是相对于原有落后的基础而言，而且时间也太短，无法与西方老牌资本主义、帝国主义国家相比，当然也就不足与西方强国言战，更不要说正面交锋，中国的正确选择就是尽可能地争取更长的和平时间发展自身。于是，恭亲王奕䜣与李鸿章等人制定了一个"明交暗战"的战略方针，派一些正规军队驻扎在镇南关外谅山一带，在国际社会上表现出只求保境，而不愿与法国决战的姿态，争取国际社会的同情与支持。另一方面，清政府也暗中派一些非正规军队深入越南北部援助黑旗军，以期在实际效果上给法国军队以打击，至少让法国军队不能顺利地为所欲为。

平心而论，恭亲王奕䜣、李鸿章等人制定的策略从现代国际关系学的角度看，也不失为一步可以一试的"好棋"。无奈，在传统爱国主义心态的支配下，国人不能容忍政府在边境告急的情况下故意沉默。而且，清政府内部相对比较边缘化的所谓清流党人，或许是因为二十多年的洋务运动已初见成效，或许是基于传统的宗藩观念和道义力量，对法国的扩张行动颇为不满，他们共同谴责恭亲王奕䜣与李鸿章的绥靖政策只会鼓励法国人更加贪得无厌。

清流派的观点深深地影响了清政府的决策者，使清政府在战与和之间摇摆不定。"荣誉要求捍卫一个朝贡国，可是畏惧心理却不允许它去和一个西方头等强国打仗"[1]。1882年12月，李鸿章代表清政府与法国驻华公使在北京进行谈判。清政府同意从越南北部撤回黑旗军，并在法国承诺放弃侵占越南北部的企图后，允许法国经过红河流域和云南进行过境贸易。双方还约定，中法两国政府共同保证越南的独立。这样一

---

〔1〕　〔美〕费正清：《剑桥中国晚清史》下，119页，北京：中国社会科学出版社，1985年。

来，越南就由先前中国的附属国一变而成为中法两国的共同保护国。

1882年的协定部分解决了中法两国在越南问题上的冲突，中国虽然放弃了对越南的完全宗主权，但毕竟没有诉诸武力与法国开战。而且，当时中国的国力并不足以支持中国拥有更多的宗藩国家，放弃对某些周边国家的宗主权，也是中国建设现代民族国家过程中必须付出的代价。然而，1882年的《北京协定》并不被1883年年初上台的法国新政府所接受，法国新政府决定对中南半岛实行更为直接的殖民统治。1883年5月，法国议会通过对越南北部进行军事远征的战争计划，中法关系陷入紧张状态。同年8月，法国军队开始在红河盆地对黑旗军作战，并很快突破黑旗军的防线。8月25日，法国与越南当局签署新协定，越南政府自认为是法国的保护国，声明中国不得再干涉越南事务，完全否认中越之间的宗藩关系。这对大清王朝的信誉无疑是一沉重打击。

黑旗军的失败尤其是越法新协定的签署极大地激怒了清政府中的主战派，二十余年的经济发展尤其是军事实力的提升使这些主战派底气十足，他们无法接受丧失越南的事实。曾纪泽明确向清政府表示："越南本属中国，理应全境保护。"[1]他认为中国如果放弃在越南的利益，那么法国以及其他西方强国就会乘机从南方直入中国本土，对中国进行商业和政治渗透，南部中国就要为此付出很大的代价，不符合中国的国家利益。所以，清政府的主战派在批评李鸿章求和政策的同时，坚决要求派兵支持刘永福和黑旗军，收复失地，恢复和巩固中国对越南的宗主权。而恰当此时，越南政府内部的一批亲中国的军政大员发动政变，并请求中国政府出兵援越抗法。

主战派的要求和越南政府的请求，获得了清政府最高统治层的回

〔1〕 中国史学会：《中法战争》（5），80页，北京：新知识出版社，1955年。

应。清政府决定以武器弹药支持黑旗军，并从云南和广西调正规军五万人入越作战。1884年3月，中法军队在北宁附近交战，仅有一万六千人的法国军队竟然挫败了五万人的清军。中国军队失败的消息传到北京，慈禧太后利用外部危机解决内部危机，乘机罢免了恭亲王奕䜣的职务，委派李鸿章与法国代表谈判，寻求解决方案。5月11日，李鸿章与法国海军上校福禄诺在天津达成协议。根据这个协议，清政府承认法国与越南签订的所有条约，中国驻越南的军队立即撤回；而法国则承诺不向中国要求战争赔款，保证中国南方边界不受侵犯，并承认中国在越南的势力，同意在将来与越南缔结任何条约时不使用有损于中国威望的字眼。

《李福协定》或许是李鸿章心目中解决越南危机的一个比较好的办法，但是这个协定却遭到了清流党人的激烈反对，他们要求清政府追究李鸿章的责任。该和约本为预备性条约，正式签订应该在三个月之后。可是法国方面在该和约商定后就要求中国驻越南的军队执行和约，从越南撤出，因此必然遭到中国军队的拒绝，6月23日，中法军队再次发生冲突，战事又起，尚未发生效力的《李福协定》无果而终。

占领越南并不是法国在远东地区进行军事行动的终极目的，法国主要是希望能够以越南为跳板，将势力渗透到广大的中国腹地。所以，和约的无效及军事冲突的再起使法国更有了战争借口。1884年7月12日，法国政府向中国政府发出最后通牒，要求中国立即执行《李福协定》，并索赔大笔战争赔款。法国的强硬态度并没有改变清政府的立场，清政府迅即调任主战的清流党领袖张之洞为两广总督，张佩伦会办福建海防，摆出不惜与法军决战的姿态。8月23日清晨，封锁闽江口的法国军舰以突袭的方式攻击福州，仅仅一个小时就击沉中国十一艘兵船，并将1866年以来由法国人帮助建造的马尾船厂彻底摧毁。10月1日，法国海军陆战队在台湾地区基隆港成功登陆，23日宣布封锁台湾岛。

与福建战线的情况相反，在越南本土，中国军队在经过几次失败后，又向越南派遣了大量援兵。新任将领冯子材指挥有方，中国军队遂于1885年3月重新占领谅山，并准备向北宁、河内发动攻势。中国在军事上又获得了优势地位。

中国并没有趁军事上的优势乘胜追击，扩大战果，相反，因为北部边疆危机的再起及朝鲜问题的困扰，清政府决定乘谅山大捷的机会争取与法国和谈，以便赢得体面的结果。1885年6月9日，李鸿章与法国驻华公使在天津签订条约，中法战争至此结束。根据这项条约，中国承认法国与越南签订的所有条约，法国则撤走在台湾地区的军队。中国不必向法国支付战争赔款，然而中国对越南的宗主权至此彻底丧失。

中国的"不败而败"表明二十余年的洋务新政不堪一击，经不起考验，外交、政治和技术上的"有限现代化"根本不足以支持中国抗击列强，中国南方的朝贡国只好一个接着一个丧失。1885年，英国效法法国入侵缅甸，迫使缅甸脱离中国而沦为英国的保护国。这样一来，中国的南部边界实际上已面临着英法两国的共同威胁。

四

逐步放弃对越南、缅甸等南部附属国的宗主权，是清政府不得不选择的丢卒保车战略。早在中法战争爆发之前，清政府内部已有相当一部分人充分意识到中国真正的危机并不是来自边远的南方，而是除了国内的骚乱外，主要来自毗邻京畿的北方，中国如果丧失对朝鲜半岛的宗主权，就将失去京畿的重要屏障。因此，包括恭亲王奕䜣及李鸿章在内的许多满汉大臣真正关切的是京畿周边华北和东北地区的和平，他们不愿意在越南这块"无用之地"上与法国人决战，以免列强从北方尤其是从朝鲜进入中国。这也是清政府为什么在谅山大捷后急于与法国和解的一个理由。

对清政府来说，朝鲜不仅是重要的朝贡国，而且具有不可替代的战略地位。它是中国北部的一个重要屏障，在一定程度上隔离了来自日本及俄罗斯的威胁，清政府无论如何不能掉以轻心，更不能容忍其像越南、琉球那样无端丢失。自古以来，朝鲜与中国的关系就非常密切，自清朝建立后，朝鲜与中国的关系更加密切，它除了偶尔与日本有过往来外，与西方其他国家并无交往。不过随着中国与日本相继向西方国家开放，朝鲜也逐步受到西方国家要求贸易、传教、建立外交关系的压力，法国、美国都曾不惜以武力相威胁，然而都在朝鲜的反抗下未能成功。

面对西方的不断施压，中国早已自顾不暇，更无力保护朝鲜。自1867年始，中国政府有意识地劝导朝鲜与西方国家和解，建立适当的条约关系以抗衡日益强大的日本。对此，朝鲜方面并没有给予积极回应，它既不愿意向西方开放，更对日本的维新运动不屑一顾，以为日本脱亚入欧，与西人交好，不过是化为夷狄，与禽兽无别。朝鲜坚守不与日本交往的原则，宣布"与日本交际者处死刑"。清政府出于自身利益的考量一再劝告朝鲜与西方接触，让朝鲜政府感到非常不舒服，这对中朝宗藩关系无疑投下了阴影。

朝鲜的冷淡使通过维新运动正在提升国力的日本甚为不满，日本政府遂于1875年准备以武力敲开朝鲜的大门，并为此专门委派使者前往中国试探清政府的反应。而清政府此时正穷于应付各种外交危机，根本无力东顾，只得告诉日本，说朝鲜虽是中国的藩属，但其内政、外交从来悉听自为。清政府的这一回复显然与其宗主国的地位不太相称，无疑是在推卸自己的保护之责，是一种角色混乱。

明确了清政府的态度后，日本决心以武力促使朝鲜开放，而清政府为避免冲突，遂指令朝鲜与日本进行谈判。1876年2月24日，日朝《江华岛条约》签订，日本承认朝鲜为自主之邦，享有与日本平等的权利；双方同意建立外交关系，互派使节；朝鲜同意向日本开放三个通商口岸，日本在这些口岸享有领事裁判权。由于中国没有履行宗主国的权利维护朝鲜的利益，因此中国在朝鲜的影响力明显下降。

清政府当然不甘心就此放弃朝鲜，特别是日本吞并琉球后，清政府对来自东邻日本的威胁更加敏感。为了抵消日本对朝鲜的影响与控制，清政府在无力履行或不愿履行宗主国权利与义务的前提下，决定推动朝鲜对西方国家开放，试图借助于西方各国的均势抵消或减弱日本的影响。这一政策选择毫无疑问是放弃了宗主国的权利，当然也就放弃了宗主国的王道政治伦理。清政府对朝鲜的帮助与劝告，实际上只是一个友邦的做派，不再具有宗主国的风范。

1882年，主管朝鲜事务的李鸿章派员促成朝鲜与美国谈判，美国承认朝鲜的独立，双方同意建立外交关系，互派使节；朝鲜同意美国在通商口岸设立领事馆。此后数年，中国还促成朝鲜与英国、法国、德国签订了类似协议，在一定程度上促成了朝鲜的对外开放及现代化进程。中国在朝鲜的影响也因此而明显有了上升的趋势，朝鲜依然自认为是中国的藩属。

日本对中国在朝鲜影响力的上升心有不甘，其驻朝公使努力在朝鲜政坛培植亲日派。1884年12月，朝鲜内部的亲日派在日本的支持下，乘中国忙于中法战争无暇东顾的机会突然发动政变，中国驻朝军事将领袁世凯迅即出兵镇压，平息了叛乱，中日两国因朝鲜问题发生正面冲突。为了协调中日两国在朝鲜问题上的矛盾，李鸿章与日本政府专使伊藤博文于1885年4月18日在天津缔结条约。由于此时中国政府和李鸿章的精力都用在中法战争上，因此在朝鲜问题上不得不向日本让步，使先前中国为朝鲜唯一宗主国的权利改由中日两国分享，日本取得了向朝鲜派兵的权利，这就为后来的中日冲突埋下了伏笔。

日本的姿态引起了清政府的注意，为了防止可能发生的事件，清政府派员到朝鲜推行洋务政策，企图以"以夷制夷"的手段借助列强牵制日本。结果却使朝鲜成为各国势力角逐的场所，使朝鲜和中国更加受制于美国和日本，并逐步形成英、美、日三国联合的态势。

从中国统治层看，慈禧太后和李鸿章不是没有看到日本的野心，但他们盲目乐观，相信中国海防和军事实力经过二十多年洋务新政的刺激、发展，"已有深固不摇之势"。同时一厢情愿地寄希望于中日一旦发生冲突，由英、俄出面排解。中国从一开始就在外交上处于被动地位，听凭各国摆布。

虽然日本通过1885年的中日条约从中国分享了在朝鲜的权益，但鉴于当时的国际格局尤其是列强对朝鲜的觊觎，日本并没有立即设法清除中国在朝鲜的势力。相反，日本竭力鼓动中国加强对朝鲜的影响，期待由中国抵制西方对朝鲜的插手。然后待日本的经济及军事实力进一步加强，再由日本与中国正面交涉，这样就可以确保日本在将来的朝鲜事务中只与中国打交道，而不必牵涉到西方的利益，最大限度地减少日本可能遇到的障碍。

日本的战略似乎并未引起中国的警惕，日本在分享了中国对朝鲜的保护权后的退让，在很大程度上满足了李鸿章的虚荣心，他遂委派极其能干的亲信袁世凯为驻朝全权代表。经过几年的努力，袁世凯在相当程度上控制了朝鲜的宫廷和政治、经济决策事务，在一定程度上恢复了中国对朝鲜的控制力。袁世凯的强势与中国影响的扩大确实抵消、遏制了西方对朝鲜的觊觎，但却正中日本的下怀。而且，日本始终没有放弃或削弱自己在朝鲜的活动，其驻朝鲜使团积极培植亲日派，力图将朝鲜变成日本独享的保护国。1894年3月28日，朝鲜亲日派领袖人物金玉均在上海被另一朝鲜人刺杀身亡，其尸体被朝鲜政府运回后凌迟示众以警示那些亲日派。这一事件在法理上虽说与日本无关，但日本朝野无不认为这一事件是对日本权益的冒犯，极端好战分子呼吁不惜以战争维护日本的尊严，玄洋社等秘密组织则竭力鼓动曾被朝鲜当局镇压而被迫转入地下的东学党策动反政府运动，以便浑水摸鱼，进而取代中国控制朝鲜。

在日本的鼓动下，东学党利用群众自发抗议官僚贪污的情绪，于1894年4月初发动反政府运动。此时的朝鲜政府具有明显的亲中倾向，当东学党发动的反政府运动日渐扩大之后，他们束手无策，只能向中国政府求援。6月1日，朝鲜政府向中国驻朝鲜总理交涉通商事宜大臣袁世凯秘密表示了求援要求，希望清政府派遣军队协助平定东学党的反政府运动。对于朝鲜的求援，清政府也曾有所犹豫，然而日本方面在获悉这一消息后，却支持中国采取积极行动，并向中国政府暗示日本无意干预此事。对此，中国政府尤其是李鸿章信以为真。6月4日，李鸿章奏请派遣直隶提督叶志超、太原镇总兵聂士成率淮军分批进入朝鲜，开抵牙山。6日，中国政府按照1885年《天津条约》的约定，将出兵朝鲜的决定告知日本。

中国的决定正是日本政府所期待的，因为只有如此，日本政府才能名正言顺地向朝鲜派兵。1894年6月2日，日本政府决定派遣一个混成旅团前往朝鲜。5日，日本在参谋本部内设立大本营，直接隶属于日本天皇，并决定继续向朝鲜派兵。

当中日两国军队向朝鲜集结的时候，朝鲜政府已基本平息了东学党的反政府运动，朝鲜局势趋于平静，中日两国驻军朝鲜的理由都不复存在，因此清政府建议中日两国军队同时撤走，朝鲜也要求日本撤军。然而日本根本不理睬中国与朝鲜的要求，除了源源不断向朝鲜派兵外，还于6月16日向中国政府提出，为了防止朝鲜再度发生内乱，必须改革朝鲜的内政，试图以武力把朝鲜变成日本的殖民地。另一方面，日本借机向朝鲜大规模增兵，但在表面上继续释放不再增兵的烟雾，麻痹中国政府，使中国驻朝鲜军队在思想上解除了武装。

对于日本的真实用意，慈禧太后和李鸿章等人并非茫然无知。李鸿章按照既定方针一面寄希望于国际社会的干涉，避免中日冲突，争取和平；另一方面，在主战派的促使下，也制订了一套作战方案，加紧调军队进入平壤，暂时放弃朝鲜南部地区，背靠中国，固守北方，形成中日两军对峙格局，与日本一决雌雄。就军事布局看，李鸿章的方案无可厚非，是当时形势下的唯一选择。只是未容实现这一布置，日军就先下手控制了朝鲜政权，并对中国不宣而战。

6月21日，中国政府拒绝了日本要求朝鲜改革内政的建议。第二天，日本御前会议决定与中国绝交，向朝鲜增兵，由日本单方面迫使朝鲜进行内政的全面改革。6月28日，日本要求朝鲜宣布对中国完全独立。7月17日，日本御前会议决定对华开战，并要求朝鲜废除与中国的一切条约，促使中国从朝鲜撤军，并限22日答复，逾期不复，日本即采取断然措施。7月22日，日本军队进占朝鲜王宫，将王室成员带到日本使馆，囚禁国王，威逼国王生父大院君出任朝鲜国王摄政，组织政府。25日，大院君被迫宣布废除中朝条约，并"委托"日本驱逐驻扎在朝鲜的中国军队。同一天，日本巡洋舰采取突然袭击的战术在朝鲜附近海面击沉运送中国士兵的英国商船高升号。27日，朝鲜国王迫于压力于日本使馆宣布对中国作战，要求日本将中国军队从朝鲜驱逐出去。29日，日军向聂士成部发动进攻，迫使聂士成部会同先期撤离的叶志超部辗转后撤至平壤。李鸿章设计的战略布局以出人意料的方式完成。

8月1日，中日双方同时宣战，甲午战争正式爆发。日军向平壤进攻，左宝贵率部抵抗，壮烈牺牲。叶志超被迫放弃平壤，率部后撤至鸭绿江。平壤战役以中国军队失败而告终。9月17日，北洋舰队和日本联合舰队在黄海海面展开激战。根据李鸿章的事先计划，北洋海军的战略方针是退敌于国门之外，所以北洋海军坚持守口，不敢贸然出战，以便保持"猛虎在山之势"。在这个战略大背景下，日本海军轻而易举地获得了海面控制权，使北洋海军坐困于港内。面对如此不利的战术态势，北洋海军将士不甘束手待毙，不得已出海作战。致远号巡洋舰"身负重伤"，管带邓世昌鼓轮猛冲求撞敌舰；经远号巡洋舰管带林永升和全舰将士坚持战斗，与舰俱毁。其后，北洋舰队经旅顺口撤退至山东的海军基地威海卫。11月，日军由陆路攻占大连和旅顺口，进而向辽东半岛推进。翌年（1895）2月，日军抄后路攻陷威海卫。这一系列事件使中国海军损失惨重，中国经三十余年"自强运动"创建的号称"亚洲第一"的北洋舰队至此全军覆没。

平壤、黄海战役的失败，彻底粉碎了清政府、军队、人民的信心与信念，而日本军队在一连串胜利的激励下，海陆并进，长驱直入，直取中国腹地。在这种形势下，清政府别无选择，只能接受美国政府的暗示，向日本求和。

如果就中日双方的实力看，中国虽然在平壤、黄海战役中损失惨重，但战场既然已延至中国本土，如果清政府能依靠广大民众和纵深腹地坚持抗战，恐怕日本也难坚持太久，以时间换空间，战争态势必然随着时间而变化。无奈清政府被日本一连串的突然袭击打晕了，更不可能看到民众的力量，只能屈辱求和。

失败的中国已无外交可言，日本政府竟然拒绝承认户部侍郎张荫桓、湖南巡抚邵友濂为全权议和大臣，指名要求清政府委派位尊权重的李鸿章前往日本进行善后谈判。经过一段紧张、惊险的讨价还价，中日两国政府于1895年4月17日签订《马关条约》。

根据条约，清政府承认朝鲜享有完全的独立自主，不再向中国朝贡。至此，历时几代有余、奉中国为宗主国的东亚宗藩体制完全解体。除此之外，中国不仅要向日本支付大量的战争赔款，而且要割让辽东半岛、台湾及其附属岛屿；向日本开放沙市、重庆、苏州、杭州，允许日本政府在这些口岸设立领事馆，允许日本臣民在这些口岸自由从事各种制造业及贸易。后来，由于俄、德、法三国的干涉，《马关条约》的内容略有调整，日本放弃了对辽东半岛的割让要求，中国为此必须增加一笔"赎辽"的巨额款项。甲午一战之败，使此前被清政府官员常挂在嘴边的"自强（洋务）运动"之成效原形毕露，中国的软弱无能使国际地位更趋低落，中国在与西方列强打交道时更处于不利地位。

第8章

走进维新时代

一

　　中国在甲午战争中败于自己本不以为然的东邻"蕞尔小国"——日本，尤其是《马关条约》的签订，对于先前以天朝上国自居的中国来说无疑是空前的奇耻大辱。中国知识分子和政府中的相当一部分开明人士开始意识到，先前几十年的洋务运动实际上是一次跛足的现代化运动。这一运动虽然在一定程度上恢复了中国的经济，逐渐开始了中国的经济现代化历程，并使中国的综合国力有所提高，但由于这一运动没有从政治上触及几千年的传统政治体制，没有为现代化打下坚实的基础，经济上的些许成就实际上脆弱不堪，因此当中国面对经过现代化全面改造后的日本这一小国的打击后，几十年的军事积累顷刻之间化为乌有。

　　罕见的奇耻大辱震动了国人。据谭嗣同在当时所写《题江建霞东邻巧笑图诗》的描述：

> 世间无物抵春愁，
>
> 合向沧溟一哭休。
>
> 四万万人齐落泪，
>
> 天涯何处是神州？

震动之后便是怀疑、困惑与愤怒，人们开始怀疑清政府长时期以来奉行的基本国策的正确性，困惑何以堂堂的中华帝国竟然败在日本这一弹丸岛国之手，愤怒清政府的无能。这既是民族精神的大觉醒，也是此后中国一变再变的起点。梁启超在《戊戌政变记》中说：

> 吾国四千年大梦之唤醒，实自甲午战败割台湾偿二百兆以后始也。我皇上赫然发愤，排众议，冒疑难，以实行变法自强之策，实自失胶州、旅顺、大连湾、威海卫以后始也。……及乙未之役，（康有为）复至京师，将有所陈，适合议甫就，乃上万言书，力陈变法之不可缓，谓宜乘和议既定，国耻方新之时，下哀痛之诏，作士民之气，则转败为功，重建国基，亦自易易。书中言改革之条理甚详。既上，皇上嘉许，命阁臣抄录副本三份，以一份呈西后，以一份留乾清宫南窗，以备己览，以一份发各省督抚会意。康有为之初乘宸眷，实自此始，时光绪二十一年（1895）四月也。

很显然，甲午战争的失败，唤醒了国人的种族主义情绪。不论清朝统治者，还是康梁维新派，或一般民众，都已深刻地意识到中国已经到了最危险的关头。据苏继祖《清廷戊戌朝变记》的记载：

　　（光绪帝）日夜忧愤，益明中国致败之故，若不变法图强，社稷难资保守，每以维新宗旨商询于枢臣。

再据《字林西报》当年的记载：

　　关于在北京所发生的事情，以及过去这几个月这些事情在外省所发生的影响，我们听得愈多，看得愈多，就愈觉得应该为中国惋惜。五十年来，凡是熟悉中国情形及其需要的外国人，莫不希望——虽然常常是失望的——中国能够摆脱他的旧桎梏，如同日本一样焕然一新，也能致力于改革，澄清吏治，采用西洋科学与机械技术等。就在今年，一个真正的奇迹出现在北京。年轻的光绪帝，从小就被育于深宫，被故意与外面隔绝，一向都被认为是一个傀儡，是他那位意志坚强的伯母的被动的工具，竟突然表现出他自己是一个有智慧的人，是合适的统治者，对于他的国家之被击败于日本之手感到耻辱，亟于要采用一切维新的政策，以期使这种耻辱不再发生。他阅读翻译的外国书籍，集合一些年轻的改革家在自己的身边，并且颁布了一系列的改革命令。这些命令，像我们在前面所指出的，没有一个不切适用。换句话说，都是具有实行的可能性的。如果能彻底实行，无疑将为中国带来真实的利益。

　　显然，光绪帝和他的臣民在巨大的耻辱面前，表面出强烈的种族主义情绪。对于战败的中国来说，种族主义情绪的唤醒确乎必要。"知耻而后勇"，如果以合适的方式，推动这种种族主义情绪，举国一致，发愤图强，那么，亡羊补牢犹未晚，中国终有雪耻的一日。用顺天府尹胡燏棻的话说："但求皇上一心振作，破除成例，改弦更张，咸与维

新，事苟有益；虽朝野之所惊疑，臣工之所执难，亦毅然而行之，事苟
无益；虽成法之所在，耳目之所习，亦决然而更之，实心实力，行之十
年，将见雄长海上，方驾欧洲，旧邦新命之基，自此而益巩，岂徒一雪
割地赔费之耻而已。"〔1〕从这种认识出发，年青一代的中国知识分子
和开明官僚在清政府的默许下，开始组织各种各样的学术团体，创办以
开民智、鼓民力、新民德为基本宗旨的各种各样的近代期刊，各种新
式教育形态也在酝酿之中，中国开始走上不同于洋务运动的新的变革
之路。

二

在体制内的开明官僚中，天津海关道盛宣怀无疑是比较早地意识
到中国应该实行维新变法的明白人之一。他在1895年4月28日致信署直
隶总督兼北洋大臣王文韶，以为我大清国目前的兵力、实力，都确实不
足以谈什么毁约再战，朝廷的上策就是老老实实接受《马关条约》。当
然，我大清国也不能沉溺于马关议和的约束中，否则也很难维持一个持
续的和平环境。朝廷若能远效越王勾践、吴王夫差，近师普鲁士和法
国，隐忍目前，发愤图强，十年生聚，壮大自身，何愁不能报此一箭之
仇，何愁不能重新振兴？〔2〕

两天后（4月30日），盛宣怀致信翁同龢，表达了相同的意思，强
调所谓自强之道，不外乎培育人才、发展经济、整军经武这三件大事而

---

〔1〕　沈桐生辑录：《光绪政要》卷二十一。

〔2〕　《盛宣怀致王文韶函》，见《甲午中日战争——盛宣怀档案之三》下，434页，上海：
　　　上海人民出版社，1982年。

已。他劝翁同龢一定要抓住这个机会去积极地影响皇上，影响朝廷，抓住时机，变法图强，不要再坐失良机，以免后悔莫及。[1]

　　当然，在盛宣怀的心目中，最有资格有能力主导变法全局的只有李鸿章，尽管李鸿章当时正蒙受着国人的普遍指责，盛宣怀依然认为大清国的未来还是需要李鸿章这样的人去管理。因为在他的意识中，真正对国际大势有正确理解的高官委实不多，而李鸿章就是这少数清醒者之一。5月5日，盛宣怀致信李鸿章说，马关议和不论引起多少争议，这都是一件大事，拯救了大清，挽救了时局，所以对那些不负责任的夸夸其谈，中堂大人实在不必介怀。然而，丧师失地之后，我大清即便不做立马收复计，亦当仔细考虑怎样善后，怎样发展。盛宣怀认为，我大清国要想发愤图强，就必须进行改革。而改革的大致思路，他认为在中央政府层面，除了吏治、礼制、刑政可以暂时不动外，户政、兵政和工政等必须进行改革。盛宣怀强调，变法维新的决定权固然在于朝廷在于皇上，但开诚布公、集思广益，征求各方意见等具体工作，除了李中堂李大人外，还有谁能够做得到呢？他建议李鸿章不要错过这个机会，应该系统考虑变法维新的可能性及具体步骤，然后向朝廷提交一个方案，促使朝廷尽早启动各方面的变革。假如朝廷无意于此，或者听而不行，那么，盛宣怀建议李鸿章慷慨乞休，不再迁就，这也算对得起三朝厚爱而谢天下[2]。

　　盛宣怀无疑是敏锐的，但他对朝廷对光绪帝的判断可能还不是很准确，朝廷对于这次战场上的失败其实已有很深的反省，之所以接受恭亲

---

〔1〕　同上，438页。

〔2〕　《盛宣怀致李鸿章函》，见《甲午中日战争——盛宣怀档案资料之三》下，440页，上海：上海人民出版社，1982年。

王奕䜣、孙毓汶等大臣的建议，委派李鸿章前往日本议和，且不惜代价议和，其实就是对先前鲁莽开战的反省。到了《马关条约》用宝岛台湾和澎湖列岛来换约，光绪帝的内心当然比谁都痛苦，毕竟割去的台湾和澎湖都是大清列祖列宗通过征战得来的，现在一场战争竟然将之丢弃。

中日烟台换约第三天（5月11日），光绪帝发布了一道御旨，解释朝廷不得已批准和约的原因和苦衷。诏书表示，近自和约定议，廷臣交章论奏，大都以为地不堪弃，费不堪偿，仍然要求朝廷废约与日决战，希望以此维系人心，支撑危局。仔细体察这些言论，固然出于忠愤，只是对于朝廷为什么这样处理，对于朝廷决策之艰难，并没有真正体会和理解。光绪帝在诏书中强调，此次处理战争善后，充分考虑了各方面因素，虽然说不上万无一失，熟筹审处，但确实考虑周详，计划周密。因为自去年仓促开衅以来，征兵调饷，不遗余力，而将少宿选，兵非素练，纷纷召集，于是以致水陆交手，战无一胜。待到日军直奔我大清本土，关内外情势更加迫切更加严重，日军北则径逼辽沈，南则直犯畿疆。沈阳为我大清龙兴之地，列祖列宗陵寝重地，京师则宗社攸关。加以天心示警，海啸成灾，沿海防营多被冲没，战守更难措手。于是宵旰彷徨，临朝痛苦，将一和一战，两害相权，而后幡然定计，下定决心将我大清带出苦海，结束战争。

很显然，这份诏书对战争责任的检讨是不真诚也是不深刻的，不过足以表明朝廷有意以此为契机从头来过。诏书希望我君臣上下艰苦一心，痛除积弊，于练兵、筹饷两大端实力研求，亟筹兴革；毋生懈志，毋骛虚名，毋忽远图，毋言积习，务期事事核实，以收自强之效。由此可以看到，不管怎么说，朝廷有了急切改变现状的想法和期待。

根据郑孝胥1895年5月15日的日记，张之洞指使张佩伦致电李鸿章，指责李鸿章就是当今的崇厚，擅自做主，致使国家蒙受重大损失，要求李鸿章引咎辞职，且急图补救之道。对于张佩伦的指责，李鸿章非常坦然，他在复电中表示，我李鸿章此次马关议和，与崇厚根本不同，我事事奉旨而行，这些档案都有保留。中国今日非变法不足以自强，只是这个道理和怎样变法，哪儿是你张佩伦这种书生所能懂、这些腐论所能补救？从李鸿章回复张佩伦的电报中可以看到，李鸿章也要急切变祖宗之法。

张之洞、李鸿章之间存在着很深的芥蒂，不过他们从内心深处都赞成抓紧时间进行改革，这一点当然也很容易被光绪帝所理解。于是在马关议和善后事务告一段落，台湾移交大致有了头绪之后，朝廷中的改革呼声越来越强烈，改革的气氛也就越来越浓。就连先前一向比较守旧比较正统的翁同龢，也发现光绪帝的态度在变化，朝廷中的风气在转向。于是他也开始认为，大清大约真的要有一次变法才能化解危机，旧法可能真的不足恃了，大清如果不变法，不大举，可能真的无成了。

翁同龢的这种认识，当然不能说就是机会主义迎合光绪帝、迎合时务。他确实是个不堪的守旧者，不过由于他当时毕竟担负着朝廷中的许多具体事务，因而他也比较早地有了这些必须变革的切身感受。马关议和还没有头绪时，翁同龢就开始考虑战后的改革与重建问题。他在那个时候同盛宣怀、胡燏棻、伍廷芳等人的通信中，曾讨论如何改革户政、兵政、工政，以及发行印花税、开设银行、办理邮政、修筑铁路等实际问题。翁同龢提及的这些事务，其实都是洋务思想家多年来一直建议而政府不及实行的。现在，翁同龢觉得机会成熟了，于是将陈炽的《庸书》、汤震的《危言》等著作推荐给光绪帝，希望光绪帝能够从中获得某些启发。

此后不久，翁同龢又与英国传教士李提摩太、美国传教士李佳白以及即将离任的英国驻华公使欧格纳等人一起讨论过有关聘请西人、效法西方近代国家实行变法等问题，彼此就进行币制改革、修筑铁路、开采矿产资源、举办实业，以及设立新政部与教育部、整顿海军、开办报纸新闻、开放舆论等问题充分交换过意见。翁同龢有意聘请李提摩太担任清政府新政的顾问，李提摩太甚至还为翁同龢代拟了变法维新计划书，由翁同龢提交给光绪帝参考。

翁同龢确实有意帮助他的学生也是他的主子光绪帝变法图强，改变中国积弱积贫的局面，但是，他也知道清政府的政治权力并不在小皇帝的手里，光绪帝虽然有意于变法图强，然而在清政府内部并没有一支真正值得信赖的政治力量。这也是他开始支持康有为上书言事，有意援引康、梁等政治新人的深层背景之一。

对于康有为的大名及其主张，翁同龢早有所闻，但在康有为获取功名之前，翁同龢无意与其接触。只是他看到康有为5月29日的上书后，当时朝中已有变法维新的气氛，他才开始有意识地与康有为接触，由户部主事、康有为的同乡陈炽陪同，不惜屈尊驾临康有为下榻的粤东会馆。可惜的是，康有为此时不在会馆，两人没有顺利见面。康有为得知翁同龢来访之后，他立即前往翁家回访，二人就中国面临的困境及可能的解决办法深入地交换了意见。翁同龢对康有为的一些见解表示赞同，帝党领袖翁同龢与康、梁新派人物的结盟由此开始。

翁、康相见的第二天，即6月3日，都察院将康有为5月29日的上书转呈给光绪帝，这也是光绪帝第一次读到康有为的上书。据说光绪帝览而喜之，觉得康有为言改革之条理甚为周详精当，当即命抄录三份，一份送呈慈禧太后；一份留存军机处，发各省督抚将军议；一份放在乾清宫；一份存勤政殿，以备不时参考浏览。而翁同龢也在这一天向光绪帝密报了他昨日与康有为见面的情况，鼓励光绪帝应该利用康、梁等新派人物巩固自己的权力，推行变法。于是光绪帝也开始注意康、梁等新派人物的言论与行动，有意将这些新派人物招募到自己的麾下。[1]

　　人才的不足或不合时用，是光绪帝最为忧心的事情之一，也正是甲午战败的原因之一。康有为敏锐地意识到这一点，所以他在5月29日的上书中不厌其烦地反复建议朝廷要不拘一格选拔人才。其实，这种不拘一格选拔人才的看法，在当时知识界和高阶层官员中似乎是一种普遍的反省。就在康有为第三次上书送达光绪帝的同一天（6月3日），甘肃新疆巡抚陶模也向清政府上了一份《培养人才疏》，认为国家的强弱，完全依人才的昌盛、衰落为转移，人才不足，不但和与战均无可恃，即幸而战胜，亦无益于根本。而反观当时的人才状况，陶模以为太不如人意，所用非所养，所养非所用，已成为清政府所面临的重大问题。因此，陶模建议，天下事所当变通者不止一端，然而人才选拔机制的变革已成为当务之急，非惩前毖后，破除一切拘牵之见，无以振天下之士气，而收实效于将来。

　　陶模的建议受到了朝廷的重视。朝廷在1895年7月5日发布的《举人才诏》中，强调为政之要，首在得人。当此时局多艰，"尤应遴拔真才，藉资干济"。遂命各部院堂官及各省将军督抚专折保荐人才，破格提拔那些具有真知灼见、器识闳通、才能卓越、究心时务、体用兼备以及那些具有奇才异能，精于天文、地舆、算法、格致、制造诸学的人才，一秉大公，详加考核，任命适当的职务或职位。应该说，朝廷的这一举动，实际上是康有为以及陶模、翁同龢等人建议的结果。

　　光绪帝《举人才诏》等一系列具有改革意味的诏书发布之后，朝廷确实表现出一种变革的精神，也确实期待提升、选拔一批有真才实学的人。然而，政治腐败的惯性不可能在一个文件发布后就完全消解，事实

---

[1]　谢俊美：《翁同龢传》，506页，北京：中华书局，1994年。

上就在这份上谕发布后没几天，朝廷还任命德寿为湖南巡抚。德寿被政界公认为庸才，他之所以能够获得升迁，主要还是因为其出身。在号称要进行改革，要提拔人才的时候依然做出这样的任命，难怪立马遭到官场的非议。即将回任湖广总督的张之洞闻讯不胜唏嘘，叹曰："朝廷下诏保人才，复何为乎？"而其幕僚郑孝胥更不客气地对友人说，朝廷视人才轻而视钱财重，视百官轻而视太监重，督抚之奏保人才不如太监之私纳贿赂，这些弊病大约是不可克服了，还谈什么保荐人才，进行改革呢？待到危机稍微化解，改革的动力势必一一化去，大清国必将一如故我，一切照旧。

三

任命德寿为湖南巡抚之事，确实会引发人们对朝廷改革诚意的疑虑。不过，朝廷发表的《举人才诏》，依然犹如一道朝令注入清政府大员心底，掀起了政府大员变革的积极性。

1895年9月19日，署两江总督张之洞向朝廷上了一个折子，就军队改革、铁路建设、经济发展、教育文化改革提出了一大堆方案，这大约是甲午战后最完备的一套改革计划书。

紧接着，奉命在天津主持新式练兵的胡燏棻也向清政府上了一份《变法自强疏》[1]，提出一揽子改革方案。康有为在后来的自编年谱中称光绪帝1895年于群臣上书凡存九折，并以胡燏棻为第一，可见胡燏棻的这份上书在1895年政治变革中的分量。

---

〔1〕　《变法自强疏》，见《戊戌变法》二册，290页。该疏题注为光绪二十一年闰五月，即1895年6月23日至7月21日间，或许在张之洞的奏折之后。

在这份奏折中，胡燏棻分析了中国在马关议和后所面临的复杂问题，以为大清接受了和议条款，虽可获得暂时喘息，但如果不思改革，不思进取，恐怕数年之后，大局更不堪设想。

在胡燏棻看来，大清当务之急首在筹饷，次在练兵。而筹饷、练兵之本源，尤在敦劝工商，广兴学校。否则，即便今日孔孟复生，舍富强外，大清亦无立国之道。在目前的国际背景下，大清的立国之道，舍仿行西方国家走向富强的普遍道路，舍西方国家已经证明了的那些办法，很难走出困境，更不要说走上富强，重建辉煌了。为此，胡燏棻向朝廷提出十条改革方案。

胡燏棻这十条方案确有不少新东西，其中有些内容是当时有心于时局者共同关心的问题，有些是他自己的独立思考，因此，胡燏棻能够得到朝廷的重视和重用，与其深入、周密的思考不无关系。

说胡燏棻的某些建议是当时关心时局的有心人的共同思考，主要是为了说明后来的维新运动之发动并不是哪一个人的贡献、密谋或策划，而是时代使然。在胡燏棻呈递奏折前后，曾两次参加中日议和谈判并奉旨前往烟台换约的道员伍廷芳也上书清政府，提出九点变法建议。[1] 这九项建议虽然有一些与康有为、陶模、张之洞、胡燏棻等人提出的方案相同或相近，但也有一些独立思考。

在伍廷芳上书的同一个月，两江总督刘坤一与署两江总督张之洞联名上《遵议廷臣条陈时务折》，就军事改革、实业建设、教育发展等提出了六项建议，其内容与见解多与时人相同。[2]

---

〔1〕　《近代中国对西方及列强认识资料汇编》（4），166页，台北："中央研究院"近代史所，1989年。

〔2〕　王玉堂：《刘坤一评传》，115页，广州：暨南大学出版社，1990年。

《马关条约》签订尤其是换约之后，在朝廷的鼓励下，上书言事，议论改革，昌言变法，似乎已成为官僚、知识分子的一种风气。这种风气不仅为后来实际发生的维新运动提供了智慧资源，许多建议还演化成政治实践，为后来发生的维新运动提供了一个极好的氛围。此后两年间维新书报的大量刊行，维新学会的大量创建，人人争当新派人物，实际上都应溯源到1895年马关议和后政治形势的变化。

当马关议和的结果出来后，尽管朝廷上下对这场战争还有许多争论，对于战败的责任和原因，也各有说辞，但是有一点，不管激进派人物还是保守派人物，他们都相信大清王朝这次真的到了一个历史大转变的关头。

1895年年底，改良派人物开始图强的实践，走向维新时代。维新二字虽然来自日本，但国人并不忌讳。不过，那一年，还真的没有谁明明白白敢说转身向东，向日本学习。

当年中国人能够想到的还是向西方学习，特别是西方人像李提摩太在中国官场大肆活动，鼓吹改革。西方诸国在战争的后半段特别是干涉日本还辽的时候帮助过清政府，所以中国人还是愿意延续战前的思路，继续向西方学习。这在严复、康有为、梁启超等人看来，似乎都是不言而喻的事情。

向西方学习的维新思潮在酝酿着，各方面大员也向朝廷提供源源不断的变革建议和变革主张。清政府鉴于战争失败的客观事实，鉴于大清王朝所面临的实际困难，到了战争善后大致有了眉目之后，也自觉或半自觉地走上维新道路，开始有意识地接纳体制内外的建言和思想主张，有计划地调整人事安排，为战后大规模的经济建设布局和政治改革准备条件。

1896年7月19日，清政府发布一道上谕，从其宣示中就能够感觉到清政府已经意识到应该变化了，对于内外臣工提出的许多建议似乎都有接受的意思。上谕表示，求治之道，当因时制宜；惩前毖后，唯有蠲除痼习，力行实政。如修铁路，铸钞币，造机器，开矿产，折南漕，减兵额，创邮政，练陆军，整海军，立学堂，而大抵以筹饷、练兵为急务，以恤商、惠工为本源，皆应及时举办。着各直省将军督抚以上各条，各就本省情形与藩臬两司及各地方官悉心筹划，酌度办法。这里虽然强调以筹饷、练兵为急务，以恤商、惠工为本源，但对张之洞、胡燏棻、伍廷芳以及其他许多人建议的修铁路、重建货币体系、发展制造业、开采矿藏资源、改革漕运体制、仿西方创建邮政体制、创建新式学堂等，也都有积极回应，这应该说是清政府的一个非常重要的变化。

根据朝廷的指示，督办军务大臣于1896年7月1日奏请裁撤东三省练兵，改用洋操先练奉天一军，以为程式。至此，东三省耗资千万费时十余年的练兵宣告结束，并开始尝试新的练兵方式。7月22日，署直隶总督兼北洋大臣王文韶也向朝廷提交了一份有关北洋海军的报告，表示北洋海军武职实缺，自提督、总兵，至千总、把总、外委等官，共计三百一十五员名，自应全裁，并将关防、印信等一律撤缴销毁。

筹饷、练兵之外就是经济建设，就是富国。在这一点上，朝廷大规模地修筑铁路，在过去曾经遇到不小的阻力，但是经过甲午战争，朝廷上下都意识到大规模修筑铁路的重要性，于是很快达成共识，掀起一个空前的铁路修筑高潮。

1896年7月14日，朝廷电寄张之洞，命其保荐熟谙修建铁路的专门人才，以为修建铁路为方今切要之图，亟应举办，唯责任至重，必操守廉洁、明干有为、熟谙情形的专门人才，方能胜任，所以朝廷希望张之洞悉心遴选。

8月1日，张之洞建议朝廷抓紧筹办芦汉铁路，并建议于江宁至苏州、杭州等处，另行建造一条铁路。9月7日，张之洞又向朝廷提交了一份报告，建议修筑铁路以勘路、绘图、估工为第一义，铁路唯德国造为最精，我办芦汉铁路，必饬出使大臣请托德国铁路衙门派精熟诚实人员数人，来华代为勘路，南北分勘，方可迅速。俟一年勘毕绘图后，注明道里，议定路款若干及钢轨需用若干，估定桥梁、车栈等，分寄各国大厂令其估价，限以时日寄回，择其廉价而又著名大厂者，令其承办包定，订立合同。至于筹款，张之洞认为不外乎借洋债这个办法。外洋唯借款修铁路最为乐从，款巨息轻，可以本路作押，无须海关作保。铁路今日为自强首务，无论运兵运饷之便，即为富民筹饷计，亦以铁路为最大，朝廷既决意兴办，必宜就此统筹全局，将沪宁、粤汉、京张、陇海各路一齐勘绘估计，然后体察缓急，审时量力，次第举行。

张之洞是甲午之后最热心铁路建设的大臣，他对铁路的期待越来越大，越来越迫切。11月6日，他报告朝廷，汉阳铁厂炼成钢轨，并造成快枪药弹，派员解京试验。这对朝廷来说，是一件令人高兴的事情，甲午战后的恢复重建终于迈出了一大步。

在甲午战后，对修筑铁路有着超常热情的，还有胡燏棻。12月6日，朝廷从督办军务王大臣请，派广西按察使胡燏棻督修津芦铁路，并令集股筹办芦汉铁路，一切商办，官不与闻。上谕表示，铁路为通商、惠工要务，朝廷定议必须举行。早一段时间已经令督办军务王大臣将近畿一带先拟办法，当经该王大臣选派广西臬司胡燏棻前往查勘。兹据奏称，自天津起，循运河西岸迤逦而北，绕南苑以达卢沟桥，计二百一十六里，估需工料银二百四十余万两，并绘图贴说。着即派胡燏棻督率兴办，以专责成，所需经费由户部及北洋大臣合力筹拨。至由卢沟桥至汉口段干线一条，距离太长，经费亦巨，各省富商如有能集股至千万两以上者，准其设立公司，实力兴筹。事归商办，一切盈绌，官不与闻，如有成效可观，必当加以奖励。

很显然，清政府依然坚守商办的原则，只为兴办提供政策便利，并不像过去那样由政府大包大揽，以致滋生腐败。这个宣示还告诉我们，清政府在铁路修建之初，确实希望民间资本能够承担一定的责任，所以清政府后来发布铁路国有的政策，显然是对先前政策的根本颠覆，因而引起巨大的政治震荡也就不那么奇怪了。

正如张之洞、胡燏棻等人都认识到的那样，修筑铁路在当年是最花钱的一件事情，怎样筹款是一件大事。1896年年底，胡燏棻向朝廷提出一个向外国借款修筑津芦铁路的详细方案，后经朝廷批准予以尝试。这对近代中国重大工程项目利用外资起了先导作用，为后来中国大规模利用外国资本提供了经验。

在张之洞等人的建议中，都有开银行、改革币制、重建中国金融体制的主张。到了1896年年底，朝廷终于接受这项建议，同意仿照东西方各国成例，详稽传统中国票号之法，开立银行，经理工商各务。这件事情虽然在当年没有什么眉目，但确实是甲午战后维新运动中的一件大事，是中国经济现代化的一个重要内容。

张之洞、胡燏棻等人都曾郑重建议朝廷注意发展工业和制造业。稍后，又有御史褚成博奏请招商承买各省船械、机器等局，旨交户部进行研究，提出方案。1897年8月11日，户部向朝廷提出了一个方案，以为各省制造、机器等局不下八九处，每年耗费不赀，一旦用兵，仍须向外洋采购军火。福建船厂每年需耗银子六十万两，铁甲巨舰仍不能自己制造；湖北枪炮、炼铁各局厂，经营数年，耗费甚多，也没有见到什么效果。究其原因，户部认为主要是因为过去这些企业基本上都是官办，政府出资，政府管理，政府经营，结果也就只能这个样子。于是户部建议，各省新办的机器、制造等局要改变过去那些不成功的做法，一律按照西洋人的成例，改归商办，如此才能弊少利多，达到目的。

对于户部的方案和建议，光绪帝表示认同，以为制造船械，实为大清国自强要图，原有厂局，经营累岁，所费不赀，办理并无大效，根本原因大概也就是户部所分析的那样，就是因为官办官营，现在急需对这种方式进行改变，新办的企业，一律招商承办，方不致有名无实。上谕宣布向国内资本及华侨开放这些新办企业，如有商人情愿承办，或愿接受政府原来的工厂，都在政策上给予优惠，予以批准，同意他们或将旧有厂局纳资认充，或于官厂之外另集股本，择地建厂，一切仿照西例，商总其成，官为保护。这个政策调整表面上看并不复杂，但实际上意味着过去三十多年的洋务政策至此终结，各种资本终于有机会享有同等待遇了。

第9章

外交剧变

一

尽管并不是所有的中国人都能一直赞同甲午战后的维新选择，然而由于实实在在的危机深深刺激着中国人的神经，中国朝野在甲午战后特别是《马关条约》签订之后，确实有了一番警醒，上下一心，开始了一个维新时代。经过大约两年时间的奋斗，中国的面貌焕然一新，大有初见成效之气象。然而不到三年，德国人竟然节外生枝，挑起事端，不仅破灭了中国初见成效的美梦，给中国带来了一个郁闷的新年，而且竟然因此导致中国政治发展的根本性逆转。

德国蓄意挑衅由来已久。作为参与三国干涉还辽的国家之一，德国在甲午战后一直谋求在华的最大利益，而且是第一个获得"酬劳"的国家。当辽东半岛的归还根本没有头绪的时候，德国驻华公使绅珂就于1895年9月奉命向中国政府提出要求，表示到目前为止，德国还没有像其他列强那样在中国拥有租界，因此希望中国政府同意德国在天津、汉口两地开辟专管租界，以扩展德国在当地的商业。

与此同时，德国外交大臣马沙尔也在柏林向中国驻德公使许景澄提交"租界节略"，称中国通商口岸之有英租界，或间有法租界，已多年矣。而在中国之德国商人，因无本国租界，不免散居他国租界内，几做英法诸国之寓客，事多不便。鉴于中德之间的商业往来日趋增多，不便之处越来越明显。所以德国商界希望由政府出面，与中国政府协调此事，在中国相宜口岸建立自己的租界。

中国是一个知恩图报的民族，从来没有忘记在危难中帮助过自己的人。为了感激德国在迫使日本归还辽东半岛时的帮助，总理衙门迅即同意了德国人的要求。1895年10月3日，中德两国政府签订了《汉口租界合同》，同意德国在汉口无偿获得六百亩永久租界；10月30日，双方又签订《天津租界合同》，同意德国在天津地面获得一千余亩永久租界，不过这些土地不再是中国政府无偿提供，而要由德国政府出价收购。合同之中还约定，凡中国人在划定的租界内享有土地所有权而不愿出卖者，由中国政府负责以强迫手段执行。

汉口、天津租界的设立，使德国在中国沿海和长江沿岸获得了立足点，德国成为继英、法、美之后第四个在中国辟有专管租界的国家。但是，德国并不满足，其目标是在中国沿海获得一个海军基地。

早在1895年9月，德国就考虑过向中国政府租借胶州湾[1]，后因故未能成立。12月29日，马沙尔在与中国驻德公使许景澄会晤时表示，由于德国军舰在中国没有基地确实存在着许多不便，希望中国政府或租或借，允划一地储煤屯船，一是有利于保护中德之间的商业往来，二是有利于远东国际局势的稳定与均衡。以后一旦远东有事，或者中国万一

---

〔1〕 〔美〕马士、宓亨利：《远东国际关系史》，405页，上海：上海书店出版社，1998年。

再遇到什么麻烦，德国就能够方便、及时地出面协调或干预，这对中国亦甚有好处。马沙尔还对此解释称，德国政府的这个要求，只是出于对远东均势的考虑，"非有占地他意，请勿疑"。对于马沙尔的请求与解释，许景澄当场予以答复，清政府对于德国的要求与诚意绝不会怀疑，然而困难在于，中国如果允许德国租借港口，其他国家势必仿效，恐怕中国无法答应。德国租借港口的要求被婉言拒绝。

翌年（1896）6月，李鸿章参加了沙皇尼古拉二世加冕典礼，在返国途中顺访德国。德国政府乘此机会又向李鸿章提出租借一个海军基地的要求，理由是，为了实现维护亚洲的均势和中国完整的政策，所以德国舰队需要一个基地，这是德国远东政策必不可少的条件。而且，德国政府进一步诱导李鸿章，说如果中国政府同意这个要求，德国政府准备同意中国政府增加关税。对于德国的要求，李鸿章并不表示认同，他除了含糊地表示将在北京支持德国租借一个港口外，并没有对德国人做出任何承诺。[1]

同年8月，德皇威廉二世派海军大将蒂尔皮茨担任德国驻华舰队司令。蒂尔皮茨在中国沿海一带仔细勘察后，认定胶州湾最适宜建立德国海军基地。在他看来，胶州湾有良好的停泊场所，易于设防，且所费不多，附近有煤田，气候也适宜欧洲人。

蒂尔皮茨的看法获得了德国人的共鸣，曾任德国驻天津领事及天津海关税务司的德国人德璀琳也认为胶州湾适宜建立德国海军基地，其优点有：第一，它的位置不仅便于控制山东，而且便于控制整个华北乃至整个中国北部；第二，它适宜于修筑船坞和码头；第三，它能提供足够

---

〔1〕　〔英〕菲利普·约瑟夫：《列强对华外交》，179—180页，北京：商务印书馆，1962年。

开发的富饶腹地；第四，易于修筑交通路线；第五，它对修筑一条铁路通往北京来说是一个好地方；第六，此处居民的体力和智力在中国都是最强的。

德璀琳1864年来华，为中国海关四等帮办，后累升至税务司职。为人精明能干，获得北洋大臣李鸿章的赏识。1878年，李鸿章向总署举荐时任天津海关税务司的德璀琳协助英人赫德兴办华洋书信局，此为近代中国邮政事业的肇始。1880年，李鸿章委派德璀琳为总办，为北洋水师修建大沽船坞，因此德璀琳对中国的海军以及中国沿江沿海的地形地势都有非常深入的了解，所以他的六点分析不乏真知，并获得了蒂尔皮茨的认同。

蒂尔皮茨、德璀琳的分析与建议被德国政府接纳，于是德国政府决定在将来一个适当的机会设法占有胶州湾，修建德国海军基地。

德国在维护、扩展自己利益方面真是一个"高效率"的民族，政府刚刚决定在"将来"某一个时间设法占有胶州湾，这一方案既没有征得清政府的同意，甚至根本就没有向清政府通报，德国政府就于当年11月29日委派一位水利工程师访华，对胶州湾的地理、气候、物产、人口等各方面进行详尽调查，制订了一个占领胶州湾的行动计划。

有了明确的行动计划，德国人开始按照自己的时间表行动。1896年12月14日，德国驻华公使海靖向总理衙门正式提出租借胶州湾五十年的要求。只是其理由毫无新意，这当然给清政府婉拒提供了借口，总理衙门的理由同先前一样，表示担心其他国家援例。

德国政府没能通过和平手段实现租借胶州湾的愿望。不过，总理衙门也没有彻底关闭讨论这一问题的大门，而是提出如果德国能够向中国保证其他列强如法国不会提出类似的要求，那么中国方面或许可以开始与德国讨论这一问题。

对于清政府的一再婉言拒绝，德国政府也制定了应对策略，他们决定依赖在华传教士和军事教官制造事端，这样德国方面就可以利用报复的机会，乘机强占，造成既成事实，然后再同清政府讨价还价，迫使清政府接受。

对于强占胶州湾可能引起的外交困难，德国政府也做了详尽的沙盘推演。他们认为英国对此可能不会反对，法国也许会有一点小麻烦，但主要的麻烦可能来自俄国，因为清政府曾经允许俄国舰队在胶州湾过冬，俄国政府可能会认为德国的强占是侵犯了他们的利益。为了化解可能来自俄国政府的干预，德皇威廉二世亲自出马，于1897年8月出访俄国，当面直率试探沙皇尼古拉二世的态度。俄国方面表示，俄国的在华利益主要在中国的东北地区，对俄国来说最重要的港口应该在辽东半岛而不是胶州湾。

有了俄国政府的默许，德国方面开始实施军事占领的计划，随时准备利用中德之间可能爆发的一切危机为其实施军事占领提供借口。

二

耐心的等待终于为德国提供了绝佳的机会。1897年11月1日，德国传教士韩·理加略、能方济在山东曹州府巨野县磨盘庄被当地的大刀会杀死，这就是所谓的巨野教案。

巨野教案的爆发有着复杂且深刻的历史原因和政治背景，但毫无疑问的是，这件对德国人来说原本应该视为惨案的事情，却成了德国人无法掩饰的期待。11月6日，德皇威廉二世接到了这一案件的官方报告后，对两名德国传教士的不幸被杀并没有表现出多大的哀伤，反而情不自禁地表示中国人终于给德国提供了期待已久的理由与事件，公然叫嚷要"采取严重报复手段""以极野蛮的行为对付华人"。于是立即命令德国远东舰队迅速从吴淞口驶往胶州湾，不惜代价，强行"占领要隘、城市或其他适当地点"〔1〕。

11月13日，德国远东舰队司令棣利士率三艘兵舰驶抵胶州湾，并于次日清晨强行登陆，占领胶州湾周围各个山头。稍后，德军给清军守将章高元发出最后通牒，要求中国在胶州湾一带的驻防兵勇必须在限定的四十八小时内全部撤退，否则后果很严重。〔2〕德国占领军还狂妄地张贴告示，宣称他们之所以出兵占领胶州，是因为有两名传教士在山东被杀，要求青岛口等地方各色商民人等知悉，务必照常安分营业，不得轻信谣言煽惑；否则按德国军法从事。〔3〕

德军的狂妄无疑欺人太甚，但清政府方面考虑到德国肯定是在借巨野教案为由进行要挟，于是不愿为德国方面留下更多的口实，遂命章高元率部和平撤退，不要轻起兵衅，以免引起更多的外交麻烦。

对于德国政府的企图，清政府非常清楚。当巨野教案发生、德军出兵强占胶州湾之初，山东巡抚李秉衡就报告清政府，指出德国借巨野教案出兵占领胶州湾是蓄谋已久的事，即便没有巨野教案，德国方面也会制造或利用其他事件以达到其占领胶州湾的政治目的。李秉衡建议清政府应该做好两手准备：一方面通过外交手段迫使德国从胶州湾退出；另一方面如果德国方面不听从中国的劝告坚持军事强占胶州湾的话，那么

〔1〕 《山东教案史料》，195页，济南：齐鲁书社，1980年。
〔2〕 《山东巡抚李秉衡电报》（光绪二十三年十月二十一日），见《义和团档案史料》上，9页，北京：中华书局，1959年。
〔3〕 《义和团史料》上，278页，北京：中国社会科学出版社，1982年。

中国必须坚守强硬的立场，增添兵勇，与之决战。[1]

对于李秉衡的分析与建议，清政府部分同意并接受，承认德国强占胶州湾确实是蓄谋已久，同意山东方面为此增添兵勇，除了由总理衙门与德国驻华公使进行交涉外，也指示中国驻德国公使与德国政府进行直接交涉。但是对于李秉衡及山东地方有意与德国军队进行决战的请求，清政府表示不能同意。理由是，既然德国强占胶州湾是蓄谋已久，那么中国方面就不能被其阴谋所左右，中国军队只有镇静以待，任其恫吓而不为之所动，断不可先行动手，以免让德国寻找新的理由与借口。否则，轻言决战，立起兵端，必致震动海疆，贻误大局，恐怕将来更难收拾[2]。

从清政府的立场看，这种委曲求全以免贻误大局的决策自有其道理，因为中国刚刚经历过惨痛的甲午之战，尚未从这次惨败中恢复过来。如果中国此时轻易言战，不论从军事实力而言，还是从综合国力来看，中国都不是德国的对手，很可能因此而蒙受更大的屈辱。德国强占胶州湾是因巨野教案而起，无论如何两名德国传教士在巨野被杀都是中国道义上的一个责任，为了能够从外交上阻止或劝退德国军队，中国必须有效地解决巨野教案，给德国方面一个相对满意的答复。

清政府避战求和的心态当然也无法瞒过德国方面，德国政府充分利用了清政府的这一心态。当清政府向德国公使表示中国将严肃处理巨野教案，必将给德国一个满意的结果时，德国公使却表示德国政府不可能满足于"一般性质的要求"，因为巨野教案确实具有特别重要的意义。

---

〔1〕　《山东巡抚李秉衡电报》（光绪二十三年十月二十一日），见《义和团档案史料》上，9—10页，北京：中华书局，1959年。

〔2〕　《军机处寄山东巡抚李秉衡电旨》（光绪二十三年十月二十三日），见《义和团档案史料》上，10页，北京：中华书局，1959年。

11月15日，德国政府内部商定，为了达到继续占领并最终拥有胶州湾的目的，必须充分利用巨野教案极大提高德国政府的要求，这些要求务必使清政府根本无法履行，这样德国就有足够的理由继续进行军事占领，并最终达到拥有胶州湾的目的。

根据德国政府内定方案及指示，德国驻华公使海靖于第二天（11月16日）向总理衙门提出极端苛刻的六项要求：第一，革除山东巡抚李秉衡的职务，永不叙用；第二，给天主教堂建筑费六万六千两，赔偿盗窃物品三千两；第三，巨野、菏泽、郓城、单县、曹县、鱼台、武涉七处，各建教士住房，共给工费二万四千两；第四，保证此后不再发生类似事件；第五，以中德两国人的资本设立德华公司，承修山东全省铁路，并允许德国有开采铁路附近之矿山的权力；第六，德国办理此案的全部费用，均由中国方面承担。[1]

胶州湾事件是巨野教案的逻辑结果，德国已经在事实上军事占领了胶州湾，但在这六项要求中却闭口不谈胶州湾的事情。德国的用意显然是期待以胶州湾为"抵押品"，尽最大可能提高要求，最后迫使清政府在德国租借胶州湾的问题上让步。

清政府当然清楚德国的用意。11月20日，总理衙门向德国公使表示同意与德国政府就巨野教案的善后问题以六项要求为基础进行谈判，但前提条件是德国必须从胶州湾撤军。

对于清政府的撤军要求，德国政府当然也不会同意。德国公使海靖表示，德国军队占领胶州湾是因巨野教案而起，在巨野教案没有获得圆满解决之前，德国军队不能撤出胶州湾。德国需要舰队留在那里监视山东地方当局是否如实执行清政府的命令，所以撤军是德国方面根本不予

---

[1] 赵尔巽等：《清史稿》，4604页，北京：中华书局，1998年。

考虑的问题，也是德国政府与清政府唯一不能谈判之点。德国政府必须以继续占领胶州湾保持对清政府的外交、军事压力，迫使中国能够妥善处理巨野教案的善后事宜。

德国军队不可能轻易撤出胶州湾，这一点在清政府内部早有明确的判断。当胶州湾危机发生之初，清政府就期待由列强出面干预，迫使德国撤军。清政府内部相当一部分人认为德国强行占领胶州湾破坏了国际尤其是远东的政治格局，破坏了列强在远东、在中国的利益平衡和均势，尤其损害了俄国人的利益。出于这种判断，当胶州警讯传到北京的当天（11月15日）晚上，李鸿章就秘密前往俄国驻华公使馆，请求俄国出面劝退德国。

三

俄国政府在胶州湾问题上有着自己的想法与判断，沙皇尼古拉二世确曾当面向德皇威廉二世表示过不反对德国占有胶州湾，德国政府在下令海军舰队从吴淞口驶往胶州湾的时候，也曾询问俄国政府是否同意。俄国政府的想法却有了变化，他们觉得有必要利用胶州湾危机与清政府进行一次交易。于是沙皇尼古拉二世用模棱两可的话回答德皇威廉二世说："对你派遣德国舰队去胶州的命令，我不能表示赞成或不赞成，因为我不久前才知道，这一港湾只在1895—1896年间暂时归我们使用。"[1]所以当李鸿章向俄国公使求助的时候，俄国方面很爽快地答应了中国的请求，称愿意帮助中国劝说德国退出胶州湾，"以友谊论，

---

〔1〕　丁名楠等：《帝国主义侵华史》（2），41页，北京：人民出版社，1986年。

俄国故不能漠视；以大局而论，俄尤不容其久踞”[1]。俄国公使甚至故作神秘地帮助李鸿章分析，俄国政府劝说德国从胶州湾撤军并不难，只是现在英国水师也有前往胶州湾的动向，一旦英德联手，勾结在一起，事情可能就比较麻烦。显然，俄国有意夸大胶州湾危机，为其直接出兵干预留下伏笔。

11月16日，俄国政府向德国政府表示，清政府曾经允诺俄国军舰在胶州湾过冬，因此俄国对胶州湾享有停泊优先权，德国军舰未经俄国同意驶入胶州湾不仅损害了俄国的利益，而且势必引起英国和法国的不满，如果英法也派军舰进入胶州湾，极可能破坏远东政治格局的平衡与均势。俄国劝告德国从胶州湾撤兵，并暗示俄国同意并支持德国可以在上海以南取得一个港口以替代胶州湾。同一天，俄国政府派太平洋海军司令率十六艘兵船开赴胶州湾，声称要“从旁相机密看”[2]。

对于俄国的这些说法与劝告，特别是做法，德国方面并不认同。德国驻俄代办提醒俄国政府说，沙皇尼古拉二世对德皇威廉二世的回电已充分表明俄国对胶州湾毫不关心，因此俄国现在关于胶州湾的一切说法都是德国政府难以接受的。对于德国的态度，俄国政府予以驳斥，宣称尼古拉二世的回电仅仅证明了一个事实，那就是胶州湾目前对外国军队是不开放的，俄国不会在外国船只侵入胶州湾时主动放弃该地。

至此，德国政府已经清楚俄国的所谓干涉与劝说只是在与德国讨价还价，并不是真的在帮助中国。俄国政府只是希望获得德国政府对他

---

〔1〕　李鸿章致庆亲王奕劻的信（1897年12月9日），转引自孔祥吉《胶州湾危机与维新运动的兴起》，见王晓秋主编：《戊戌维新与近代中国的改革——戊戌维新一百周年国际学术讨论会论文集》，41页，北京：社会科学文献出版社，2000年。

〔2〕　《光绪二十三年山东教案史料》，见《清代档案史料丛编》（3），166页，北京：中华书局，1978年。

们的承诺与支持，以保证俄国在远东的利益不受到损害。基于这样一种判断，德国政府适度调整了对俄国的关系，11月20日，德国政府向俄国政府明确表示支持俄国的外交政策，并暗示如果俄国同意德国占有胶州湾，那么，德国政府不对俄国将整个中国北部划为自己的势力范围表示异议，也不反对俄国军舰在胶州湾停泊。如果俄国在胶州湾问题上向德国要价过高，德国有可能转而支持英国的东亚政策。

德国政府的"慷慨"终于打动了俄国。11月30日，俄国政府向德国政府表示，俄德两国在胶州湾问题上只是有一点误会，俄国政府期待德国政府消除误会，双方积极合作。第二天，俄国政府向德国政府声明，俄国不反对德国对胶州湾的军事占领，也充分相信清政府一定能够满足德国方面的要求。[1]与此同时，俄国政府又向清政府提出条件，宣称如果清政府能够满足俄国提出的条件，俄国政府仍愿意劝说德国退出胶州湾。这三个条件是：第一，俄国海军兵船开至胶州时，清政府应饬地方官照应一切。第二，中国北方各省所用德国及他国教习，必须一概撤退，换用俄国人。第三，东北各铁路建造时，用俄国的工程师及俄国的贷款。又，松花江、嫩江俱准俄船行走，黑龙江下游不准中国船只行走。[2]

清政府原本指望俄国政府出面干涉，促使德国尽快从胶州撤兵，现在看来俄国政府不仅没有足够的把握劝说德国撤兵，反而乘机向中国索要更多的利益。在这种情况下，清政府只能改变先撤兵后谈判的前提条件，同意与德国政府就巨野教案依照德国政府提出的六项要求进行直接

---

〔1〕　《驻彼得堡代办齐尔绪基致外部电》（1897年12月1日），见《德国外交文件有关中国交涉史料选译》（1），183页，北京：商务印书馆，1960年。

〔2〕　《清代档案史料丛编》（3），178页，北京：中华书局，1978年。

交涉。12月4日，总理衙门与德国公使达成初步协议，同意接受德国政府六项要求的前三项，以此诚意换取德国能够从胶州湾撤兵。然而清政府的诚意并没有取得如期的效果，反而坚定了德国继续占有胶州湾的信心，德国公使至此明确提出租借胶州湾作为德国当年参与干涉还辽的报酬。总理衙门表示完整地将胶州湾租借给德国可能会有困难，但清政府可以考虑开放胶州湾，并承诺不会将胶州湾租借、割让给其他国家，德国可以在胶州湾设立租界、建造铁路。至于德国希望在中国沿海寻求一个不冻港，清政府可以考虑将华南某一港口租借或者直接割让给德国。

对于清政府的建议，德国方面毫不犹豫地予以拒绝，德国政府似乎意识到清政府的方案是在玩弄"以夷制夷"的外交手腕，是希望将德国引入英国的势力范围，造成英德之间的冲突。因此，德国政府将计就计，在拒绝清政府建议的同时，巧妙地将此方案告诉英国政府，以此换取英国政府对德国占领胶州湾的支持。对于法国和日本，德国也进行了外交安抚，重申支持其在中国的利益，强调德国占领或租借胶州湾，绝不会侵害法日两国在中国的利益。这样，英、日、法等国在相当程度上已经默认了德国对胶州湾的占领。

当德国进行紧张外交活动的时候，中国方面却一直在进行外交政策方面的争论。两江总督刘坤一提出联合英国的主张，湖广总督张之洞则建议与英日结盟以抗衡德国，湖南巡抚陈宝箴建议对德妥协以抗衡他国，而总理衙门的大臣们特别是李鸿章却依然幻想着依靠俄国的干预逼迫德国撤兵。总之，中国当时所有的外交主张都是顺着"以夷制夷"的思路，没有人敢提出凭借中国自身的力量与德国抗衡，迫使德国从胶州湾撤兵。

总理衙门倾心于俄国的外交主张在当时占据主导地位，中国方面的主要联系人为甲午战后力主与俄国结盟的李鸿章。12月14日，当中德之间的谈判无法继续进行的时候，李鸿章同意俄国军舰开往旅顺，以期从军事上对德国制造压力，并阻止英国对旅大（旅顺和大连）的觊觎。

李鸿章的意图是期望借助于俄国的力量迫使德国让步，并撤出胶州湾。不过，他也倾向于中国方面在收回胶州湾的主权之后，应该考虑德国的利益，在将胶州湾开放为公共通商口岸的同时，可以考虑在胶州湾沿岸为德国寻觅一处屯煤货栈，以酬谢德国在干涉还辽时的好意。李鸿章的交涉主要是在北京与俄国驻华代理公使巴甫洛夫进行谈判，应该说这些方案在很大程度上是巴甫洛夫个人的建议，李鸿章比较愿意接受而已。不过现在看来，这一建议方案在当时并不为俄国外交部所接受。俄国政府在与德国政府进行密切的交涉过程中已逐步改变了自己的想法，俄国政府实际上已倾向于利用胶州湾危机达到自己的目的。

俄国人的想法与动向也并非毫无迹象，中国驻俄公使杨儒在给清政府的报告中似乎曾提醒清政府注意，但此时清政府中亲俄的外交主张占上风，再加上几年前刚刚复出的恭亲王奕䜣实在不愿中国陷入与德国的军事冲突中，因此比较善意地看待俄国的立场，况且还有中俄之间的密约，俄国宣称保障中国"二十年相安无事"呢？所以，杨儒的提醒并没有引起清政府应有的关注，相反清政府在李鸿章的影响下，越来越倾向于利用俄国的力量去制衡德国。当英国的舰队在烟台集结而英国驻华公使窦纳乐却不告知清政府的时候，李鸿章自然同意俄国舰队驶往旅顺，他的判断是，俄国人既不愿意德国久据胶州湾，更不愿意英国觊觎旅大，因此俄国舰队向旅大的集结应该是对英国和德国的威胁或警告。李鸿章根本没有考虑到俄国人会趁火打劫，向中国索取更多的利益。

1897年12月14日，俄国舰队在中国守军的欢迎下顺利开进旅顺。这一事实不仅无助于德国从胶州湾撤兵，相反俄国人的行动获得了德国方面的喝彩，他们觉得终于在胶州湾问题上找到了同盟者。德皇威廉二世通过驻德俄使转告沙皇尼古拉二世，称俄国的敌人就是德国的敌人，不论英国人还是日本人，要想以武力阻碍俄国实现其意图，都将遭到德俄两国舰队的联合反对。

俄德两国狼狈为奸的举动终于使清政府明白，同意和接纳俄国舰队进入旅顺真的应了中国一句古话，那就是引狼入室。俄国人不仅不会在胶州湾问题上帮助中国劝退德国人，而且俄国人必将效法德国人向中国索取更多的好处，最直接的好处就是仿照德国的先例，向清政府要求租借或占有已经以和平方式军事占有的旅顺、大连湾。

德俄两国的举动引起了清政府的恐慌，既然已无法指望俄国政府在胶州湾问题上帮助中国劝退德国，那么清政府只好加紧与德国的直接协商。而德国在俄国军舰进入旅顺、大连湾之后，更觉得自己有了新的同盟，于是在与清政府进行谈判的同时又向中国施加强大的军事压力。12月16日，即俄国舰队进入旅顺的第三天，德国政府不顾中国的谈判诚意，下令派遣增援部队来华。德皇威廉二世18日在汉堡对东来海军发表演说，甚至公开扬言如有阻挠德国在华利益者，坚决以实力对付；假如"中国阻挠我事，以老拳挥之"[1]，不惜向中国宣战，进行军事打击，以迫使中国就范。

中国原本息事宁人的处理方案最终不被德国所接受，中国政治高层在极端郁闷中度过了1897年的最后几天，期待在新的一年中能够时来运转，平安无事。

---

[1]　《翁同龢日记》（6），3071页，北京：中华书局，1998年。

四

其实，中国自《马关条约》签订之后，经过几年的调整，外部环境确实有了很大的改善。中日两国不仅不再互为敌人，而且中国人特别是知识分子群体有非常强烈的向日本学习的要求，而日本朝野也开始转变对中国的看法，有意帮助中国走上自强之路。中俄之间多年的心结也有所化解，特别是中俄之间所签订的密约，在某种程度上说，至少使中俄之间稳定的外交关系有了一定的法律基础。至于德国，鉴于它在迫使日本归还辽东半岛等问题上一直帮助中国，中国人知恩图报，于是对德国比较友好。正因为如此，才使德国的对华贸易在甲午战后急剧增长，也正因为德国对华贸易的急剧增长，使德国需要加强在远东的军事存在，以保障德国商人的利益。

对于德国政府的这个要求，清政府并没有从一开始就关闭谈判的大门，完全予以拒绝，因为通过租借的方式使列强在中国获得某些居留地，大概是那时清政府的既定政策。清政府之所以在这个时候婉拒德国租借胶州湾的要求，主要还是担心德国的行动会引起连锁反应，各国极有可能继德国之后纷纷要求在中国沿海修筑军港，储煤屯船。果真如此，中国不仅将丧失一系列的海权，不利于中国海军的发展，而且势必破坏列强在远东的均势，威胁中国的稳定。所以清政府应对德国租借胶州湾要求的预案应该是，充分理解德国需要一个港口储煤屯船的强烈愿望，总理衙门会在一个合适的机会为德国寻找到一个合适的地点；不过总理衙门也希望德国政府不要过于着急，也应该理解清政府的难处。

清政府的立场，德国人并非一点不知道，恰恰相反，德国人对中国人的心态了如指掌。中国行政体制中的官僚主义决定着通过外交谈判手段无法解决问题，只有借助军事上的压力才能迫使中国做出某些让步。所以，当租借胶州湾根本无法谈成的时候，德国人只能耐心地等待时机。皇天不负有心人，两个德国传教士的死终于为德国迎来了百年不遇的机会，德国人岂肯轻言放弃，继续容忍中国官僚毫无效率的冗长谈判？所以，德国人毫不犹豫地军事强占胶州湾，造成既成事实，迫使清政府向德国做出让步。

德国利用巨野教案的机会出兵强占胶州湾，是清政府最不愿意看到的事情。而且当这一系列事件相继发生的时候，正值大清王朝实际上的最高领导人慈禧太后的六十三岁生日，三年前即1894年的六十大寿不幸被甲午一战给搅黄了。经过战后三年的调整，维新已初见成效，大清王朝的元气也得到了恢复，这一切自然应该归功于慈禧太后领导有方。所以在这并无大事发生的日子里，朝中大臣自然不愿用这些并无大碍的外交纷争扫了太后的兴。

太后的寿辰为农历十月十日（1897年11月4日），而巨野教案发生在太后寿辰的三天前，即十月七日（11月1日）。在这个漫长而奢侈的庆典中，为了讨太后欢心，每天都有人在老佛爷颐养天年的颐和园唱戏，光绪帝每五日则须到园请安，并在园驻跸数日，共为欢乐。内外大臣也利用太后寿辰贿赂请托，日甚一日，绝不肯以国事为念。朝廷的一切政务几乎完全停止，总理衙门的大臣们为了参加庆典，竟然停止了与外国公使的来往，致使本可以尽早化解的矛盾日积月累，误会越来越大。

朝廷不仅与外国公使的联系出现了障碍，即便是与国内各地的联络，似乎也出现了问题。两个德国传教士在巨野被杀害，无论如何都是一个重大的外交事件。德皇威廉二世获知这一消息的官方报告是11月6日，而中国方面，山东巡抚李秉衡向总理衙门报告此事的时间竟然比德国政府的官方报告还要晚三天。[1]

11月9日清晨，总理衙门大臣获悉巨野教案的电报，翁同龢闻讯拟电旨请发。恭亲王奕䜣似乎为了不让正在享受生日快乐的慈禧太后扫兴，示意翁同龢"待明日"[2]。

翌日（11月10日），清政府以德国两名传教士在巨野被杀一事发布上谕，命山东巡抚李秉衡速派司道大员驰往案发地点，根究起衅情形，务将凶手拿获惩办。而这个时候，德国政府已经决定利用这一事件，出兵强占胶州湾。

德国军队不宣而战出兵强占胶州湾，毫无疑问是一起重大的外交事件。然而事发当日，由于中国尚处在高度集权的统治状态，政治高层以极机密的手段处理外交事务，因此在中国社会内部，除少数介入此事的高层政治人物外，一般民众乃至中高层官员对德国军队强占胶州湾的细节并不知情，也就无从表达自己的看法。据久居京师且熟悉官场情形的原刑部主事刘光第的观察，胶州湾事件发生后，清政府高层唯恐大小臣得知，特严饬小军机等，如有泄露，唯其是问，故其他大臣及言官们，虽欲有所论列而不知其详。甚至贵为直隶总督兼北洋大臣的王文韶在此次事件中也抱怨总理衙门故作神秘，做事往往秘而不宣，许多正当消息的获取甚至只能依赖私人关系或各种各样的谣传。这一点正好与中国此次事件的对手德国、俄国等相反，他们的行政体制虽然也是君主专制，但其内阁及各部行政效率、工作态度与清政府的做法有着天壤之别。

尤有甚者，由于德俄两国相对说来还有比较活跃的民间社会，有相

---

[1]　李秉衡：《致总理衙门电》（光绪二十三年十月十五日），见《李秉衡集》，761页，济南：齐鲁书社，1993年。

[2]　《翁同龢日记》（6），3056页，北京：中华书局，1998年。

对比较自由和发达的传媒，因此德俄两国虽不能说是举国一致，但此事件的每一重大进展大体上还是比较多地接受了民间社会的质疑。我们看到，胶州湾事件虽然给中国带来那么大的伤害，但在清政府与德俄等国进行交涉的重要关头，中国的媒体似乎并不知情，那些本来无事不敢弹劾、无人不敢弹劾的言官们也默不作声，因为他们根本就不知道事情的进展，甚至根本不知道有这件事。这既是秘密外交带给中国的灾难，也是中国人为什么不愤怒的根本原因。无从知情，何以愤怒？所以，整个中国在度过三年的平静维新时代之后，一体共享慈禧太后的圣诞喜庆，在浑浑噩噩中迎来了新的一年。

1898年1月4日，德国驻华公使海靖在与总理衙门大臣翁同龢、张荫桓前后会晤多达九次尚无结果的情况下，前往总理衙门拜见恭亲王奕䜣、庆亲王奕劻及荣禄等，明确提出租借胶州湾九十九年的要求。海靖宣称，此时胶州湾各口岸均为德国军队占领，此时真的归还中国，中国方面也没有足够的海军驻守。德国政府考虑到与清政府的友好邦交，不肯多占。好在系租地，将来仍还中国，此时不过暂时租用。海靖还威胁清政府说："本大臣现奉本国严谕，第一，如不允租，不但不退胶墨之兵，且应尽兵力所至任意侵占；第二，愿租之后，可以不要中国赔偿，否则，尽德兵力，索赔数百万；第三，此事未定，中国不能借用洋债，各银行知此事未妥，亦不敢借。"[1]

德国政府的狂妄态势吓着了清政府，恭亲王奕䜣等人根本无法表达强硬的外交姿态，他们除了在租期等枝节问题上与海靖讨价还价外，竟然表示基本"可允"。经过长达三个月的艰难谈判，清政府接受了德国租借胶州湾的要求。3月6日，李鸿章、翁同龢与德国驻华公

〔1〕　《清代档案史料丛编》（3），180页，北京：中华书局，1978年。

使海靖分别代表中德两国政府签订《胶州湾租借条约》，同意将胶州湾及湾内各岛租借给德国九十九年，租期未完，租借之地，中国不得治理，均归德国管辖。将胶州湾沿岸潮平一百里内划为中立区，德国官兵有权自由通行，而清政府在中立区派驻兵营等则须先与德国会商办理。德国有权在山东境内建造铁路，并有权开采铁路沿线三十里内的矿产资源。中国在山东境内任何工程所需外国人员、资本及技术，都应先与德国商办。[1]根据这个条约，不仅胶州湾成为德国的殖民地，而且整个山东实际上都沦为德国的势力范围。

五

德国的"成功"极大地刺激了俄国的胃口，俄国政府乘胶州湾危机哄骗中国，以阻止英国觊觎北方，劝德国自胶州湾撤兵为由，以清政府的同盟身份出兵占领旅顺、大连湾。现在，俄国仿照德国的做法，向清政府正式提出租借旅顺和大连湾。同时，也仿照德国所为向中国增兵，宣称一旦清政府正式拒绝俄国的要求，他们必将以武力解决，坚持占领旅顺和大连湾。

俄国政府不守信誉的做法引起了清政府的困惑和不满，清政府责成专使许景澄拜谒沙皇尼古拉二世，当面探询究竟。1898年2月17日，尼古拉二世接见许景澄。许景澄代表清政府要求俄国兵船从旅大退出，以免清政府为难，并保东方太平之局为请。沙皇尼古拉二世哄骗道，俄国军舰暂驻旅顺口，一是因为德国海军强占胶州湾所引发的危机，二是为了俄国舰队过冬，三是为了帮助中国，防止其他国家占领这些地方。

---

[1]　《光绪朝东华录》（4），4055页，北京：中华书局，1958年。

与许景澄同行的杨儒问：既然如此，那么俄国军队准备何时退出呢？尼古拉二世对此根本不予回答。杨儒继续追问，沙皇尼古拉二世始云，俟春暖花开时拟离口岸，或留小船照看，唯冬令时俄国舰队尚需回来停泊。〔1〕显然，俄国已经将旅顺、大连湾视为自己已经到手的东西。至此，清政府终于明白引狼入室、开门揖盗的严重后果，当然更明白不让俄国租借旅顺、大连湾，恐怕已经不行了。

　　沙皇尼古拉二世在接见许景澄的时候也一再表白他对中国的友好态度，并表示在胶州湾、旅大一系列问题上，俄国人的立场并没有前后矛盾，请中国不要怀疑俄国的立场和动机。俄国人的这一态度也给清政府高层带来某种幻觉，以为旅顺、大连湾问题或许还有解决的希望。即便俄国人一定要租借旅大，鉴于中国方面与德国政府就胶州湾租借问题的谈判尚未结束，如果清政府此时与俄国政府在北京就旅大问题进行交涉，势必引起各国的注意，产生不必要的麻烦。基于这一系列的复杂背景及各种顾忌，清政府决定任命许景澄为头等专使再赴俄国，尽量劝说俄国政府不要在旅大问题上使清政府太过为难。

　　3月15日（二月二十三日），许景澄在俄京圣彼得堡拜谒沙皇尼古拉二世，表示清政府实在难以答应俄国政府租借旅顺、大连湾两口，因为英法两国均思在中国南境图得土地，日本又在威海卫增兵，意图久驻，皆视中俄商办旅大两口结果，以定进止。如中国一允俄国，则英、法、日三国皆接踵要求，中国即不能自立，必致东方大局扰乱。鉴于此，许景澄请沙皇尼古拉二世通盘筹划，为了中俄两国的睦邻友好关系，考虑到中国的实际难处，给予适当的让步，"持平退让，于中俄两

---

〔1〕　《专使许景澄致总署称见俄君讨论俄船借泊情形电》（光绪二十四年正月二十七日），
　　　见《清季外交史料》（2），2163页，北京：书目文献出版社，1987年。

国皆能获益"。

沙皇尼古拉二世问道：贵国究竟准备怎样商议呢？

许景澄说：使臣上月来俄拜见时，俄国皇帝曾面告俄国兵舰在旅顺、大连湾不会久留，待春暖花开时肯定会离开，以后只是在冬季时到那里过冬。根据这一说法，我们现在期望能够照此商定出一个具体的办法。

沙皇尼古拉二世说：我是曾经说过这样的话，但时过境迁，现在的情况与上个月已有所改变。自中国3月1日与英德订立第二次借款合同以后，东方情形另有变动。所以，俄国的立场也就有所调整。

许景澄闻言解释道：中国与英德订立的借款合同，只是向英德银行借款，英德两国政府并未干预。

沙皇尼古拉二世接着说：此且不论，我已经将应行商议详细各节面告外交部，想外交部即当与贵大臣接洽。

许景澄说：我已于12日与贵国外交部面晤一次，并将详细情形电达我国政府，唯俄国所索与中国所能应允者相距尚远。

对此，沙皇尼古拉二世说：商借旅顺、大连湾两口，乃中俄两国共同利益之所在，实为保护两国起见，我并无得地之意。各报传闻俄国军队进驻满洲，此说不确。

许景澄继续说：朝廷委派使臣前来专为详细陈述中国实在之为难境地，而俄国政府驻北京代办巴甫洛夫所告双方谈判的期限太过匆忙，因此请求俄国政府能够延缓期限，以便将各事从容商议。

清政府已经是委曲求全，低三下四，而俄皇尼古拉二世闻讯竟然说：俄国在东方不能不有一驻足之地，现在俄国外交部所定条款及画押期限，我们早经筹定，实难改动。唯望转答贵国政府，早日允办。使他国知我两国关系和衷商成，方为妥善。尼古拉二世干脆将话挑明，不再给中国任何回旋余地。

　　许景澄表示：容即遵达本国政府，但此事总须贵国减让，俾有成议。许景澄再要申诉时，尼古拉二世不理，只是带着许景澄观看案上陈列的中国瓷器和玉器，似乎表明一旦清政府不能满足俄国的要求，俄国肯定将如德国一样，大兵压境，以武力来解决。

　　俄国外交部划定的期限是3月27日，外交部官员一再告诫前来协商的许景澄和杨儒，清政府如果不能在规定的期限内给予满意的答复，俄国政府过期即自行办理，不能顾全同盟交谊，无论何国出面劝阻，均所不计。

　　俄国人的软硬兼施终于奏效。[1]在俄国人约定的最后期限之日，即1898年3月27日，总理衙门大臣李鸿章、张荫桓与俄国驻中国公使代办巴甫洛夫分别代表各自政府在北京签订了《中俄旅大租地条约》；5月7日，中国头等专使许景澄、俄国外部大臣穆拉约维夫又在俄京圣彼得堡签订《续订旅大租地条约》。这些条约将旅顺口和大连湾及其附近水面、岛屿，以及东至貔子窝、西至普兰店以南的半岛租借给俄国二十五年，并有期满续租的规定。在租借地以北有一个中立地带，仍归中国管辖，但禁止中国军队进入。这不仅违背了俄国政府先前对英国的承诺，也违背了最惠国条款，旅顺口将辟为军港，并且除俄国和中国船只外，禁止一切船只驶入。大连湾辟为商港，准许各国船只往来，但是这里的港口有一部分是专供俄国和中国的船只使用。俄国在中东铁路上建造一条联络这两个港口和哈尔滨的铁路线，但也承认中国有从山海关向东修筑铁路的权利。中立地带的开矿权和其他让与权除给俄国人外，

_____

[1]　俄国财政大臣维特在回忆录中说此次谈判过程中曾向李鸿章和张荫桓分别行贿。不过，这个问题在学术界争议很大，尚没有直接的资料能够证实。

不得让给别国人民。按照协定，中国守军于3月27日撤出这两个港口，俄国军队就在次日加以占领。[1]

俄国名义上是租借旅大，实际上是占领了辽东半岛。当初俄国联络德国和法国，积极干涉从日本手里要回来的辽东半岛，现在却又归俄国所有。清政府为赎回辽东半岛所花费的那些银子，也就白白地流失了。不过，清政府，至少是慈禧太后和李鸿章，还是愿意依靠俄国这个战略同盟国的，因为在他们内心深处，还有更加不可信任的国家。

六

当德俄向中国索取租借地的时候，英国政府一面设法阻挠，一面乘机向中国索要所谓的补偿。1898年2月9日，英国驻华公使窦纳乐奉命照会总理衙门，要求清政府确保不将扬子江沿岸各省租押或以其他名义让与他国。英国政府的野心是将长江流域尽收囊中，自行划为英国的势力范围。当中德关于胶州湾、中俄关于旅大的租借条约相继签订时，英国政府就决定出兵占领威海卫。他们的理由是，由于德国占据了胶州湾，俄国占据了旅顺口，华北地区的均势发生了实质性变化，因此英国政府有必要参照俄国租借旅顺口的同样条件，取得威海卫的租让权，以均衡列强在华北、在中国、在远东的势力。

当时的威海卫因甲午战争的原因，尚在日本的军事占领下，英国要想获得威海卫，就必须得到日本的同意。3月15日，英国驻华公使窦纳乐在向总理衙门正式提出租借威海卫要求的同时，也将这一计划通知了日本政府。日本政府对英国的计划表示同意，英日之间就联合侵占、瓜

---

[1]　[美]马士、宓亨利：《远东国际关系史》，407页，上海：上海书店出版社，1998年。

分中国达成谅解。

因为德国已经租借了胶州湾，在山东享有特殊权益，而威海卫就在山东的范围内，英国如欲获得威海卫，还必须取得德国的同意。英国在与德国的交涉中，承诺不妨碍德国在山东的权益，并被迫答应德国的要求，承诺不修筑自威海卫延伸至山东境内的铁路，事实上是承认德国在山东享有特殊的权益，承认山东为德国的势力范围。

已经获取旅大的俄国对英国租借威海卫的计划深为不满，力图加以阻挠。俄国政府向德国建议，由俄德两国保证在日本撤离威海卫后，将威海卫交还给中国，并由中国保证永不将威海卫割让给任何国家。而德国既已获得英国对其在山东特殊权益和势力范围的承认，并且乐于看到英俄矛盾加深，因此决定不接受俄国的建议，不反对英国租借威海卫。稍后，俄国又转向日本寻求帮助，希望与日本一起联合担保将威海卫归还给中国。而日本已和英国达成了秘密谅解，所以对俄国的建议根本不感兴趣。

英、日、德三国达成的谅解增强了英国的信心，剩下的就是如何迫使清政府接受。3月28日，即《中俄旅大租地条约》签订的第二天，窦纳乐再次向总理衙门提出这一要求。总理衙门答应须待日本自威海卫撤退之后再议。三天后，窦纳乐再次来到总理衙门，公开扬言如果清政府不能很快答应，那么英国军队将诉诸武力解决。

其实，清政府内部早就有意将威海卫出让给英国。当俄国暴露出对旅顺、大连湾的野心后，清政府相当一部分大臣就觉得俄国政府不可靠，遂产生联英制俄的幻想，并通过赫德向英国政府表示愿将威海卫租让给英国。这种思想倾向在中德关于《胶州湾租借条约》及《中俄旅大租地条约》签订后继续发酵，督办铁路大臣盛宣怀甚至公开提出主张，宣称当日本将威海卫归还给中国后，不如将之租让给英国，借以牵制俄国和德国。两江总督刘坤一、湖广总督张之洞、直隶总督兼北洋大臣王文韶等也都不同程度地存在着这种想法，再加上英国军舰的示威，于是清政府在4月2日接受了英国政府的要求，但也提出三个条件：第一，租期应与俄国租借旅顺、大连湾相同；第二，中国有权在威海卫停泊兵轮；第三，英国不得再向中国提出领土要求。

英国公使窦纳乐原则上同意前两条，但对第三条坚决反对。他的理由是，英国租借威海卫是为了抵制俄国，专为维护北方的均势；如果法国占领了南海口岸，英国必须在中国南部沿海另索一处以作为抵偿。[1]当时法国正向清政府索要租借广州湾，所以英国准备在法国获得广州湾之后，再乘机向清政府进行勒索。不过，窦纳乐也表示，一旦俄国自旅大撤退，英国也必将迅速将威海卫归还中国，以维护列强在北部中国的战略均势。

英国的软硬兼施终于征服了清政府。7月1日，两国政府的代表签订了《订租威海卫专条》，将威海卫海湾连同刘公岛和威海卫沿岸附近海面租给英国，租期与俄国租借旅大相同。英国可在租地内沿海一带修筑炮台、驻扎军队等。中国军队仍可出入，原中国在威海的官员仍可在城内继续行使民事管辖权，"各司其职"，兵船亦可使用威海海面。

日本威海占领军在清政府于5月9日将最后一期战争赔款付清后撤退。5月24日，英国国旗在威海卫的上空升起。此后，驻扎在威海的英军与驻扎在旅大的俄军隔海相望，中国的华北大门渤海湾便被英俄两国共同控制。

当俄国向清政府索要旅大的时候，其盟国法国也不甘寂寞，积极配合行动。2月，法国政府刚刚宣布自己无意仿效德国在中国攫取海军基

---

〔1〕　《翁同龢日记》（6），3108页，北京：中华书局，1998年。

地，然而，3月13日，法国驻华公使就向清政府提出四项要求：第一，车里（滇边江洪）、云南、广西、广东等省，应照长江之例，不得让与他国；第二，中国邮政总管由法国人担任；第三，准许法国修筑自越南至云南省城的铁路；第四，法国在南海海面设立"趸船"之所。

法国政府的理由是：因为清政府已经允许德国在山东租借胶州湾并享有修筑山东境内铁路的特权等，"法独向隅，议院不平，请派舰重办"，所以，法国政府提出的四项要求，清政府"必须照准，如果中国和商，法必顾大局，否则不得不筹办法"[1]。这是典型的强盗逻辑。

然而弱国无外交。在法国政府的胁迫下，总理衙门被迫同意与法国举行谈判。经李鸿章与法国公使商定各项条款后，4月9日，法国公使向总理衙门提出关于上述二、三、四项要求的照会，并声明"不准动一字，限明日复"[2]。

第二天，总理衙门以照会照录法方来文"不动一字"，答复承允，同时又以另一照会对法国4月4日关于不割让西南边省要求的照会也给予肯定性的答复。实际上是完全同意了法国政府3月13日的四项要求：第一，法国得自越南边界至云南省城修筑铁路一条的权利；第二，同意将广州湾租借给法国九十九年；第三，中国将来设立总理邮政局专派大臣时，"所请外国官员，声明愿照法国国家请嘱之意酌办"；第四，清政府声明对于越南临近各省，绝无让与或租借他国之理。

根据这几项约定，法国在西南三省的势力范围进一步得到巩固和确立，特别是广州湾的租借，使法国在广东沿海距香港不远的地方建立了

---

〔1〕　《总署奏法国请租广州湾并建造滇越铁路谨拟办法折，附照会二件》，见《清季外交史料》（2），2183—2184页，北京：书目文献出版社，1987年。

〔2〕　《翁同龢日记》（6），3111页，北京：中华书局，1998年。

自己的据点，以便展开与英国在华南地区的争夺。4月22日，法国国旗在广州湾升起，尽管这个租借条约直至5月27日才送交给总理衙门，至于清政府的最终批准则是1900年1月5日。

这样，法国实际上在云南、广东、广西等地获得了控制权，奠定了其在这一区域势力范围的基础。法国的企图是，沿着湄公河流域而上，将其势力带到云南和四川，同时在英国控制的缅甸和中国的长江流域插进一个楔子。

法国的举动引起了英国的关注。其实，早在法国向清政府提出租借广州湾等要求的时候，英国就已准备要求清政府"补偿"了。很久以来，香港的军事地位就成为英国当局所关心的重要问题之一。香港的北面边界大部分靠近中国大陆，因而英方急于取得香港界址的扩展，从而使香港岛免于任何袭击的危险。4月12日，即中法关于租借广州湾换文的第二天，英国公使窦纳乐就向总理衙门提出租借九龙半岛、扩展香港界址的要求。这个要求，英国过去曾向清政府提出过，并进行过试验性谈判，但一直没有结果。

13日，窦纳乐又补充了三项要求：第一，给予英国一条铁路让与权；第二，开放南宁为通商口岸；第三，中英两国订立中国不出让广东和云南两省的协定。窦纳乐表示，如果中国答允了这些条件，英国以后再也不会向中国提出领土要求。

总理衙门已经在给法国的照会中答应过不将包括南宁在内的西南三省让与他国，所以它对英国的这些要求不敢轻易答应。经过一番谈判，清政府答应给予英国修筑一条铁路的让与权及香港界址扩展的权力。5月13日，督办铁路大臣盛宣怀与英国中英银公司签订《沪宁铁路借款草合同》。6月9日，总理衙门与英国公使窦纳乐签订《展拓香港界址专条》。根据后一个专条，英国取得为期九十九年的租借权，其范围从深圳湾到大鹏湾的九龙半岛全部，连同两个海湾的海面及其邻近的其他海面和岛屿。九龙城的民事管辖权仍由中国官员行使，并规定建造一条通往广州的铁路。

列强对中国的外交"成功"也刺激了日本的胃口，1898年4月21日，日本驻华公使矢野文雄非正式地与李鸿章、张荫桓等总理衙门大臣进行会晤，要求清政府承诺不将福建省内之地方让与或租与别国。日本的理由是，从远东形势来看，从维持亚洲均势，从日本的条约权利以及从人情等各方面来说，日本都可以像西方列强那样要求在中国大陆占有一个重要港口，但日本并没有这样做，而仅仅从自卫的立场，从保全中国完整的立场上要求清政府承诺不将福建割让给别的国家。日本政府的善意友好由此是不难理解的，如果清政府不能体察日本政府的善意而加以拒绝，那么日本不得不认真考虑应该采取的手段，中国也就必须对由此而产生的时局变化承担全部责任。

第二天，矢野文雄将日本政府的这一要求以照会的形式向总理衙门正式提出。[1]4月24日，总理衙门接受了日本的要求，照复矢野文雄，称本衙门查福建省内及沿海一带均属中国要地，无论何国，中国断不让与或租给。[2]至此，日本也实现了自己的目的，将福建省列为自己的势力范围。

至此，除了北京及西北边疆，中国的大部分区域已被英、法、德、日、俄等几个国家分别"租借"。这些西方强国利用租借地的方式构建自己的势力范围，甚至有将自己的势力范围建成殖民地或准殖民地的企

---

〔1〕　王芸生：《六十年来中国与日本》（3），228页，北京：三联书店，2005年。

〔2〕　《福建不割让往来照会》，见王铁崖：《中外旧约章汇编》（1），751页，北京：三联书店，1959年。

图。但是，中国是否由此而意味着被瓜分、被殖民呢，还是意味着那时的中国对国际资本具有超级吸引力，中国是国际资本追逐的目标呢？这些问题一百年之后回望可能是另外一种感觉，但在当年，中国人，特别是中国知识人由此产生了非常强烈的毁灭感和挫折感。

第10章

戊戌风波

一

　　或许是机缘巧合，在巨野教案发生的前四天，即1897年10月26日（十月初一），一张仿英国《泰晤士报》的中国报纸在天津紫竹林租界地面诞生，此即后来影响深远的《国闻报》。正是由于这张报纸的诞生，使我们看到了中国知识分子在胶州湾事件过程中的态度，以及改革思想是怎样酝酿的。

　　《国闻报》的创办人为严复、王修植、夏曾佑、杭辛斋等。严复此时的本职工作是北洋水师学堂总教习，他对中国现实政治的兴趣主要发生在甲午战争之后。甲午海战中中国海军遭到了巨大打击，所牺牲的将士中或是严复福州船政学堂的同学，或为留学英国的战友，或为其北洋水师学堂的门生，因此严复所受到的刺激远比一般人强烈。于是他在此后一段时间奋笔疾书，探究中国失败的根源，提出中国发展的方向。在甲午战后短短的两年时间里，严复的一系列政论文章奠定了其在近代中国思想界、政论界的地位，与在南方鼓吹维新思想的梁启超一起被誉为"南梁北严"。

《国闻报》的创办宗旨只有一句话，即"将以求通焉耳"。怎样"求通"？只有两句话，夫通之道有二：一曰通上下之情，一曰通中外之故。具体而言，观于一国之事，则足以通上下之情；观于各国之事，则足以通中外之情。上下之情通而后人不自私其利，中外之情通而后国不自私其治。人不自私其利，则积一人之智力以为一群之智力，而吾之群强；国不自私其治，则取各国之政教以为一国之政教，而吾之国强。[1]

基于这样的办报宗旨，所以当巨野教案发生后，尤其是由巨野教案引发了的胶州湾事件后，《国闻报》理所当然地站在国家主义立场上，及时翻译、介绍、评论西方国家的消息与动态，发表了一系列社论，痛斥列强对中国的觊觎与蚕食，批判清政府的愚昧与无知，对于稍后全国性的民族主义思潮和运动的高涨，起到了先导作用。

当严复放言高论的时候，两年前在北京出尽风头的康有为虽然不知道北部中国发生了什么事，但他恰巧离开差不多隐居讲学两年之久的故里广州，于1897年9月至上海。康有为在上海停留一段时间，于同年年底至京师，无意中卷入一场历史大事变，中国历史由此改写。

在上海，康有为拜会了正在那里的文廷士，向他讨教北京官场的情况。文廷士是光绪帝珍妃的老师，师生关系非同寻常，光绪帝因宠爱珍妃，所以爱屋及乌，对文廷士自然是另眼相看。文廷士则自以为当今帝师，有时不免不知收敛，无形中不知惹了多少显贵不舒服。

但不管怎么说，文廷士是京城乃至全国范围内的显要名流，只是由

---

[1]　《国闻报缘起》，见《严复集》（2），453—455页，北京：中华书局，1986年。

于他深深介入了宫廷内部纷争，因此在甲午战后失宠于慈禧太后，又受到言官弹劾，遂被驱逐回江西原籍。他在郁闷中经营煤矿，坐待时机，以期东山再起。文廷士不仅对京城官场的人脉了如指掌，而且自认为是帝党中坚，当然乐意为帝党物色康有为这样的青年才俊。

康有为与文廷士也不是初次相识，他们于《马关条约》签订前后，一起在京师从事过救亡运动。文廷士在甲午战后力主追究李鸿章的责任，并予以严惩。对于《马关条约》，文廷士痛心疾首，力主拒约、迁都、抗战，这些主张都深刻影响了那时正在京师的康有为。

稍后，文廷士为改革现状，挽救国家，在北京发起、成立强学会，思开风气，变法图强。康有为、梁启超闻讯加入，并逐渐成为该会的领袖人物。所以说，康有为与文廷士不仅久已相识，而且政治理念也比较一致。因此，文廷士也乐于为康有为写了数通密札，为康有为到北京之后疏通与各方面的关系之用。

康有为此次北京之行的主要使命是为了请求清政府准许国人移民巴西。康有为以为中国人满为患，而美国及澳大利亚皆禁中国人移民，遍考大地，唯巴西经纬度与中国相近，地域数千里，亚马孙河贯之，肥饶衍沃，人民仅百万，地广人稀，若中国人大规模移民巴西，不仅可以化解中国人满之患，而且可以在巴西建立一"新中国"。据康有为说，他的这个想法由来已久，当1895年公车上书后他似乎就已坚定了这一信念，在其当年不得不离开京师南下时，曾与友人陈炽郑重相约："君维持旧国，吾开辟新国。"广东人具有移民海外的悠久传统，如果一切顺利的话，康有为可能会成为海外移民的领袖，在巴西广袤的土地上建立一个以华人为主的新国家。

然而甲午战后，中国的政治不仅没有多大变化，而且在康有为看来，简直是一切不变，而且压制更甚，心虑必亡，于是康有为"欲开巴

西以存吾种"的信念更加坚定。与此同时，康有为遇见葡萄牙人及曾经
游历过巴西的中国人，得知巴西政府曾来华通商招工，其使节至香港，
而甲午战争起。巴西使节在香港逗留数月，本计划中日战争结束后与中
国方面进行谈判，不料中日战事久拖不决，只好空手返国。而香港、澳
门的商人获悉此消息后，均愿承担此任，尤以何廷光的计划最为详尽，
任雇船招工之事。何廷光是康有为的朋友，所以康有为此次赴京，其实
只是为了这桩生意。

在北京的那些天，康有为主要为移民巴西的事而奔波。他通过关系
找到李鸿章，向李鸿章详细介绍了移民巴西的构想。对于这些构想，李
鸿章似乎原则上表示同意，只是让他略感困难的是，此事并非朝廷说了
算，而必须待巴西政府委派专使前来谈判乃可行。

李鸿章的表态无疑是合乎情理的，在这种情况下，康有为再待在京
师似乎已经没有多大的必要了。腊月将至，"是时将冰河"，于是康有
为预定于12月11日（十一月十八日）离开京师回广东。

二

在康有为居留京师的这一短暂时间里，正是中国外交危机急剧发
生、变化的时刻。由巨野教案引发的胶州湾危机弄得朝中大臣不得安
宁，尤其是德国政府不仅不肯让步，反而步步进逼，至12月5日出兵占
领了即墨城，故意扩大事态，迫使清政府让步。

康有为有着天生的政治热情，他是不得已而从事移民巴西的商业活
动的，一旦有机会使他参与到现实政治中来，他的政治热情可以使他很
快放弃一切。他在北京逗留的这段时间，因文廷士等人的关系，接触了
不少像李鸿章、翁同龢这样的朝中大臣。他与他们虽然地位悬殊，但这

并不影响他对他们发表自己对这些外交危机的看法。因为在过去的若干年中，康有为曾就中国政治发展中的重大问题向清政府表达过意见，那几次上书虽然都没有取得具体的效果，但康有为的名字在京城官场似乎并不陌生。

胶州湾危机可能是清政府的外交难题，但对康有为来说，无疑因此而获得了一个难得的发言机会。据他自己后来描述，胶州湾事件确实给他极度脆弱的心灵以致命打击，爱国保种之心油然而生，中夜屑涕，仰天痛哭。于是奋笔疾书，上书言事，很快草就《外衅危迫，分割洊至，急宜及时发愤，革旧图新，以少存国祚呈》，即上清帝第五书。康有为自然期待由此重演1895年的公车故事。

在此次上书中，康有为详尽分析了当时中国所处的国际环境，以为中国如欲摆脱被动的国际环境，只有修炼内功，使中国尽快以近代民主国家的形态出现在世界舞台上。为达此目的，康有为向清政府提出了三点建议：一是取法俄国、日本等与中国国情比较类似的国家已经走过的成功道路，尽快开始变法，建立一套全新的政治制度，即建立俄国、日本式的君主立宪体制。为此，康有为建议光绪帝乘胶州湾危机这一背景，下诏罪己，激励人心，明定国是，与海内更始，建立国会以通上下之情，尽革旧俗，一意维新，采择万国律例，定宪法公私之分。康有为相信，这一新的政治体制的建立必将为中国的未来发展提供必要的保障，也有助于克服因胶州湾危机而导致的困局。二是大集群才，集思广益而谋变法。三是听任疆臣各自变法，以局部的试验为全国性的变法提供经验。

制度性变革的设想或许是当时中国的唯一出路，但康有为工部主事的小臣身份使他的建议无法直达清政府的高层。当他将这份建议书循例呈递给工部主管的时候，内中那些直率的言辞、超越清政府已有政策底线的制度性变革建议实在是吓坏了工部的主管们。从保全自己和保护康有为，以及忠于清政府等任何一个角度考虑，他们都不敢将这份建议书直接呈送清政府高层，于是将其压了下来。

不甘寂寞的康有为当然不能容忍工部主管们的做法，他在向工部当局呈递这份建议书的同时，也向其他相关机构提供了副本，以唤起各方面的同情和支持。所以当工部主管当局扣压了他的上书后不久，给事中高燮却觉得康有为的建议甚有价值，值得向光绪帝等清政府高层推荐，并希望光绪帝能够召见康有为，当面听取康有为对政府改革的通盘设想。

高燮的建议似乎也被光绪帝所接受，此时的光绪帝主要心思也在考虑整体性的政治变革如何开局等问题上。1898年1月16日，光绪帝在召见群臣时曾将此意略做表达，希望几位重臣能够从国家根本利益上进行考量，提出如何变法的系统构想。几位重臣此时正忙于胶州湾危机的善后工作，根本无暇思考这些变革问题。只有翁同龢稍有对答，希望政府的未来改革能够从内政方面做起。[1]紧接着，翁同龢等人在光绪帝的示意下于第二天连发三道上谕，一是要求改进中央政府各衙门的办事作风，提高效率；二是要求各省督抚切实淘汰冗员，举荐人才，开创新局；三是要求各省根据自己的情况尽快筹款开办制造局厂。总之，光绪帝期待中国能够在内政方面有革新办法。

光绪帝此时关注内政与改革制度的心情当然有利于实行高燮的建议，即由光绪帝出面召见康有为，光绪帝似乎也有意于此。只是此时主持朝政的重臣恭亲王奕䜣碍于清朝的礼仪传统，以为康有为的级别太

---

〔1〕　清华大学历史系编：《戊戌变法文献资料系日》，469页，上海：上海书店出版社，1998年。

低，皇上不宜直接出面与其交谈。奕䜣建议光绪帝如欲向康有为询问什
么问题，可由各位大臣代为询问。[1]奕䜣的折中建议化解了矛盾，光
绪帝虽然没有能够面见康有为，但毕竟使康有为能够在清政府诸位重
臣面前畅谈自己对国事的看法。1898年1月24日下午三时，康有为在总
理衙门的西花厅接受荣禄、李鸿章、翁同龢，以及刑部尚书廖寿恒、户
部左侍郎张荫桓等人的问话[2]，康有为似乎也乘此机会将上书直接呈
递给政府最高当局。

　　西花厅问话的真实情形我们已经无法复原，但从一些零星的记载
看，康有为主要在重申自己过去几年一直坚持的全面改革主张。对于这
些朝廷重臣们来说，康有为的这些建议或许并无新意，因为之前也有人
提过类似的主张。不过对于康有为来说，尽管他的狂妄姿态引起了一些
重臣的极端反感，为后来的政治发展或许留下了若干变数，但他直率的
言辞和极端的见解，尤其是他那种"片面深刻"的致思路数确实给这些
朝廷重臣留下了相当深刻的印象。西花厅问话成了康有为政治生涯中的
一个最值得记忆的片段。

　　当天或者第二天，翁同龢便将西花厅问话的大概情形上报给光绪
帝。或许是翁同龢的倾向性描述，更加引起了光绪帝的兴趣。光绪帝觉
得有必要召见康有为直接面谈，以便能够厘清中国未来发展的思路。光

---

〔1〕　胡思敬：《康有为构乱始末》，见《戊戌履霜录》卷六。根据与闻其事的张荫桓回忆，
　　　　光绪帝拟召见康有为，是因为翁同龢的建议与推荐，而恭亲王奕䜣的反对理由是："额
　　　　外主事保举召见，非例也，不可已，先传至总理衙门一谈，果其言可用，破例亦可，
　　　　否则作罢论。"参见《驿舍探幽录》，见中国史学会编：《戊戌变法》一册，492页，上
　　　　海：神州国光壮，1955年。
〔2〕　据张荫桓回忆，他确实参加了这次谈话，但"语未终，余以有事去，不知作何究竟"。
　　　　参见《驿舍探幽录》，见中国史学会编：《戊戌变法》一册，第492页，上海：神州国
　　　　光社，1955年。

绪帝的决定再次遭到恭亲王奕䜣的反对，奕䜣依然以祖宗的礼仪传统阻止光绪帝召见康有为，不过他同时也建议光绪帝不妨命令康有为将书面意见尽早呈报，如果从中发现确有价值的内容，可以考虑用变通的办法安排召见。至于康有为期待的职务安排，似乎根本就没有被提上台面。康有为一气之下，和他的弟子们决定就此离开京城，不再与清政府合作。

　　康有为的心态很快被翁同龢所获知，大约在西花厅问话的次日凌晨，翁同龢以帝师之尊来到南海会馆拜会康有为。他似乎期待这位年轻后生要耐得住寂寞，不要计较一时之得失，不要以这小小的挫折就放弃多年的追求，更不应该意气用事，一走了之。他似乎还应该就自己所知的一些情况做了介绍，甚至向康有为表白自己也是主张变法维新的新党，与康有为在本质上是同道。总之，康有为在翁同龢的劝说下回心转意，他觉得无论从哪个方面说，自己都不应该过于看重官职的高低，还是应该留在京城利用自己已经赢得的机会，为将要进行的变法事业贡献自己的心智。[1]

　　很难说奕䜣的建议以及没有安排康有为所期待的职务这一事实带有什么恶意或成见，年轻的光绪帝虽有满腔热情，亟盼中国能够尽早从事政治改革，走上全面现代化的道路，但毕竟他不太懂得似乎也不必懂得传统政治体制中应该遵守的礼数。而奕䜣的建议恰恰从礼数上为光绪帝着想，这种爱护式的关怀自然使光绪帝不能不接受。于是光绪帝命令

---

[1]　康广仁：《致易一书》，见《戊戌六君子遗集》第六册《康幼博茂才遗稿》。康有为后来也对这一次见面赋诗一首，也似乎表明他当时有意离京南下，在翁同龢的劝说下而停止，诗称："胶西警近圣人居，伏阙忧危数上书。已格九关空痛哭，但思吾党赋归欤？早携书剑将行马，忽枉轩裳特执裾。深惜追亡萧相国，天心存汉果何如？"诗意虽然比较隐晦，但多少透露出他与翁同龢谈话的信息。不过这次见面也不见于翁同龢的日记。

康有为将自己的看法与建议以书面形式呈递, 并将西花厅问话时提及的《日本变政考》和《俄大彼得变政记》一并呈送。

1898年1月29日 (光绪二十四年正月初八), 康有为遵照光绪帝的旨意将最近赶写出来的《请大誓臣工, 开制度新政局, 革旧图新, 以存国祚折》连同《日本变政考》《俄大彼得变政记》一并呈递到总理衙门。这次上书比先前任何一次都要顺利, 康有为的政治处境较之先前已经获得极大改善。

《请大誓臣工, 开制度新政局, 革旧图新, 以存国祚折》是康有为的上清帝第六书, 或简称为《应诏统筹全局折》。这是康有为在戊戌年间留下的最重要的政治文件, 也是他关于中国政治体制改革的总体设计。在这份文件中, 康有为从国际政治格局的变化, 引证当时波兰、埃及、缅甸等国墨守成规, 不思变革, 最终导致亡国或被瓜分的惨痛教训, 以为国际社会正处在一个新的组合分化过程中, 中国应该把握住这一机遇, 尽快改造成一个近代国家, 成为国际主流社会中的一员。他说: "能变则全, 不变则亡; 全变则强, 小变仍亡。"中国只有彻底弃旧图新, 才能摆脱被动的外交局面; 只有从内部发生真正的变化, 才能赢得国际社会的尊重与平等对待。总之, 只要国内政治有办法, 外交上就有办法。而国内政治的唯一办法, 就是进行政治体制改革, 就是仿行西方近代国家的政治体制, 改造中国自古以来不变的政治体制。

在这份奏折中, 康有为没有过多地论述中国应该进行变法改革的理由, 因为中国不变则亡的道理在当时已经是朝野各界的共识, 所以康有为在这份奏折中的思考重点是中国应该怎样去变, 即中国的政治体制改革究竟应该怎样开始和进行。

康有为认为, 中国的国情与日本、俄国进行改革前的国情比较相似, 日俄两国通过政治改革极大地动员了国内各方面的力量, 从而促使

两国的经济、社会乃至军事力量等都获得了很大的发展。日俄的成功为
中国树立了很好的典范，中国应该仿照日俄两国的政治改革，尤其是日
本明治维新所走过的道路、所采取的措施。而日本明治维新中最重要的
举措实际上只有三点：一是大誓群臣以定国是，在政府高层内部形成必
须进行政治改革的基本共识；二是广开言路和征求人才的通道，愿天下
所有英才为我所用；三是开制度局而定宪法，以宪法去约束人的活动，
从而使日本一跃成为近代民族、民主国家。

　　基于日本的经验，康有为向清政府的最高决策层郑重建议做好三件
事，便可保证变法维新的政治改革获得成功：

　　第一，由光绪帝在天坛或太庙或乾清门大誓群臣，诏定国是，宣布
变法维新正式开始，坚定群臣革旧维新的信心与信念，宣布广采天下舆
论，广取万国良法，重建中国全新的政治体制。

　　第二，由政府最高层在午门设立待诏所，委派两名御史专司此事，
允许上下臣工、草民百姓尽自己所知上书言事，对国家的政治发展、经
济建设及所有方面提出建议。所有上书不得如旧体制由堂官代递，以免
被阻挠。凡上书中有可取之处者，可由皇帝或其他相关部门的主管予以
召见，量才录用，人尽其能。

　　第三，于宫中开制度局，征天下通才二十人参与其事，统筹全局，
下设法律、税计、学校、农商、工务、矿政、铁路、邮政、造币、游
历、社会以及武备等十二个分支机构，将一切政事制度重新商定，改革
乃至重建中央行政体制，重建新的政治体制及相适应的各项制度章程。
至于中央以下各级行政机构的改革及经济、文化等方面的变动，康有为
也在这份奏折中提出一些设想，大要不外乎是本着政情上通下达、弃旧
图新的原则。

　　统观康有为的《应诏统筹全局折》，其核心是设立专责制度建设的

制度局。或许是因为当时反对政治变革的势力太大，又或许是接受了某些人善意的忠告，康有为在这份上清帝第六书中暂时放弃了先前上清帝第五书中提出的开国会、定宪法等较为激进的政治主张，而改为设立制度局这一具有明显渐进色彩的主张，这样或许可以避免许多不必要的争执，便于新政的推行。

设立统筹全局的制度局是康有为维新变法思想体系中的重要一环，他认为这是变法维新能否成功的关键之所在。所以在提出这一建议之后的一个月左右，康有为于1898年2月28日又在代宋伯鲁御史拟定的《请设议政处折》中再次强调设立专门议政机构的重要性，为制度局的创立提供舆论支持。此后，康有为还多次上书催促清政府尽快开设制度局，向光绪帝特别强调"皇上不欲变法自强则已，若欲变法，而下手之端，非开制度局不可"。在他看来，制度局犹如航行在沧海中的巨轮的导航仪，有了它可以克服惊涛骇浪、千难万险，顺利地抵达目的地；反之，则变法结果不可预知。

康有为的《应诏统筹全局折》及同时呈递的《日本变政考》《俄大彼得变政记》深获光绪帝的赞赏。光绪帝在收到这些文件后，日加批览，"于万国之故更明，变法之志更决"，对于后来的政治发展与演变，《应诏统筹全局折》起到过重要的作用。

正如许多研究者所指出的那样，康有为的上清帝第六书，即《应诏统筹全局折》确乎为戊戌年间变法维新的纲领性文件，中国未来发展的政治诉求在这份文件中都有很深入的表达。不过正因为如此，这份文件也受到极为强烈的批评和质疑，反对者对这份文件欲摆脱现存的行政运行体制而另起炉灶的真实动机提出质疑。按照康有为等人的设计，他们计划开办制度局专责改革要务；设立民政局，有仿行西方近代国家的下议院的意思；准备设立的议政局，类似于西方近代国家的上议院。而工部又提出在京师开办各省学会，并以原来各省的会馆为基础。这样一来，原有的行政体制势必全部瘫痪或废除，原有的官吏队伍也势必面临着生存危机。于是，原本通过设立制度局而有意推动政治体制改革的设想，反而成为阻碍改革进程的重要因素。

反对者批评康有为等人动机不纯，因为他们认为康有为等人只不过是权力的边缘人，基于自己边缘人的立场试图通过新设机构夺取权力。所谓制度局云云，不过是想夺取枢府之权的托词；所谓十二分局的构造，不过是将原有的中央六部功能进行分解、重新组合而已；至于康有为在上清帝第六书中提出的各道设立民政局的建议，反对者认为更是居心叵测，是试图以民政局夺取各省督抚将军之权。他们强调，清政府如果听任康有为这些人胡作非为，其最后的结果便不是中国走上强盛的发展道路，反而是"天子孤立于上，内外盘踞皆康党私人，祸将不忍言矣"[1]。

康有为等政治新人的心态绝不会像反对者所猜测的那样肮脏，但毫无疑问的是，作为边缘化的政治新人，康有为等人是无法与那些政治老人和睦相处的。而政治运转的规律从来都不可能按照任何一方的主观意图去行事，作为清政府政治权力的中心，光绪帝实际上受到各方面的制约，他不可能甚至也不愿意完全听从康有为等政治新人的摆布。所以康有为创设制度局的建议尽管获得光绪帝的激赏，但具体的操作却是一拖再拖，从而使康有为也觉得完全依靠清政府内部的力量去推动中国的改革与发展可能具有相当大的困难。于是他又将精力转向民间，期待民间的进步力量能够形成相当的气候，然后再与他们一道去推动清政府走上政治体制改革的道路。

---

[1]　胡思敬：《应诏陈言记》，见《戊戌履霜录》卷三。

基于这种政治判断，康有为采取先前行之有效的政治手腕，即"既上书求变法于上，复思开会振士气于下"[1]的办法。在向清政府上书的同时策动正在京师参加会试的各省举人成立新的政治组织，并相机联名上书，向清政府施压，重演1895年公车上书的故事。

三

1898年1月5日，康有为策动在京的广东应试举人及各界名流二十余人于南海会馆聚会，宣布成立粤学会，欲续强学会之旧。粤学会具有极强的示范效应，其成立之后不久，在康有为的鼓动下，林旭联合张铁君等旅京福建籍人士于1月31日在福建会馆成立闽学会。紧接着，与康有为等人关系密切的宋伯鲁、杨深秀、阎乃竹、李岳端等人，联络陕西、山西在京人士于2月8日成立关学会。3月间，曾经参加过强学会的杨锐联络四川籍人士发起成立蜀学会。至于直隶、湖南、浙江、江西、云南、贵州等省的在京人士也都差不多被康有为等人鼓动起来，准备或已经成立各种各样的新政治团体。

新政治团体的相继成立为康有为的民间政治活动提供了广阔的舞台，使他具有了可资利用的政治背景。于是他在利用自己工部主事的官方身份从事政治活动的同时，更注意利用民间的力量向清政府进行舆论方面的施压。1898年3月19日（光绪二十四年二月二十七日），康有为向总理衙门提交《为胁割旅大，覆亡在即，乞密联英日，坚拒勿许，以保疆土而存国祚呈》，坚决反对将旅顺、大连租借给俄国，以免引起英

---

[1]　梁启超：《记保国会事》，见中国史学会编：《戊戌变法》四册，416页，上海：神州国光社，1955年。

国、法国等列强的仿效，进而瓜分中国。3月25日，康有为代拟就《俄患孔亟，所请宜坚持勿允，谨陈三策以资抵御折》，建议清政府或将旅顺、大连开辟为通商口岸，供各国通商，或联合英日与俄国对抗，或设法向美国贷款数万万以练陆军，创海军，进而与俄国一决雌雄。

康有为的这些举措都没有能够阻止清政府内部准备将旅顺、大连租借给俄国的既定政策，于是他决定联合各省举人集体上书，继续向清政府施压。3月27日，由康有为口授、其弟子麦孟华笔录的《乞力拒俄请，众公保疏》，在其弟子梁启超、龙应中、况士任等人的联络下，由两广、云贵、陕西、山西、浙江、江苏等省在京应试的数百举人联名，送达都察院。不过，由于清政府内部已经决定接受俄国的租借要求，这份上书并没有转送给清政府高层。

零星的请愿活动不足以引起清政府高层的警醒，分散的政治组织也不可能发挥真正的作用。经过甲午战后三年大体平静的发展，清政府内部和士大夫阶层对于新的政治问题已失去了必要的敏感。要想重新唤醒清政府内部和士大夫阶层的觉悟，促使他们重新关注因外交问题再次引起的中国生存危机，"鱼烂瓦解，有若旦夕"，而"举国在于沉舟之下、覆屋之中"[1]，从而使康有为觉得有必要联合各个分散的新政治团体组建一个全国性统一的政治团体，"以伸国愤"[2]，使少数先知先觉的人的爱国热忱化为全民族的自觉行动。

有康有为这种想法的知识分子在当时不在少数，御史李盛铎也有意联络在京应试的举人成立全国性的政治团体，以民间的力量去应对俄国政府要求清政府租借旅顺、大连的蛮横主张。经过协商，李盛铎与康有

---

[1]　《开保国会事书后》，见《国闻报》光绪二十四年四月初六。
[2]　《京中士大夫开保国会》，见《国闻报》光绪二十四年闰三月十七日。

为达成了合作的意向，由他们二人作为主要的发起人，开始筹建全国性的政治团体保国会。

经过一番紧张的筹备，1898年4月17日（光绪二十四年闰三月二十七日），保国会第一次会议在北京宣武门外菜市口南面南横街粤东会馆举行，到会的有各省应试举人及京城中央各部上至二、三品大员、各部员郎主事，下及于在京之行商坐贾等二三百人。[1]

保国会成立之后，立即遭到了一些人的攻击。最先向保国会发难的是康有为、梁启超的广东同乡许应骙及兵部左侍郎杨颐，他们攻击保国会"惑众敛财，行为不端"[2]，必须严加斥逐。

查禁保国会的风声甚嚣尘上，但清政府最高层尤其是光绪帝似乎并没有查禁的意思。在光绪帝看来，保国会的宗旨既为保国，那便不可能有意推翻政府，煽动造反。统观保国会的章程，并非有碍国家，有碍君权，会能保国，岂不大善，任其自由发展，并给予适当指导，不是比严厉查禁更好吗？[3]所以当御史文悌当面诋毁保国会"名为保国，势必乱国"的时候，光绪帝不客气地痛斥文悌实在是不负责任地胡说八道，并下令将文悌革职查办。对于所有弹劾保国会的奏章，为了防止外泄，特别是为了防止慈禧太后借此动怒而查禁保国会，光绪帝特别嘱咐一律归档封存。保国会终于在光绪帝的直接干预下度过了成立之初的生存危机。保国会虽因光绪帝的关照而未受到查禁，但实际上在反对者施加的压力下，保国会在召集了三次会议之后便于无形中消散，此后并未再以该会的名义举行过多少重要活动。

---

〔1〕　《免究保国会》，见《国闻报》光绪二十四年九月初三。

〔2〕　《缕记保国会逆迹》，见中国史学会编：《戊戌变法》四册，418页，上海：神州国光社，1955年。

〔3〕　《国闻报》光绪二十四年四月十六日。

保国会传播了爱国维新的思想种子，各省志士纷纷继起，自是风气大开，人心大振，士大夫阶层对中国必须走上维新变法的政治道路有了更多的共识，这对于此后不久光绪帝正式宣布诏定国是应该说起到了直接的推动作用，提供了重要的舆论氛围。康有为、梁启超以及康门其他重要弟子也都在这次重要的政治活动中得到了锻炼，为后来的政治变革准备了足够的干部和丰富的人事资源。京城士大夫阶层及官僚阶层中的一些开明人士一度以结识康、梁等新派人物为荣，这也为后来康有为、梁启超的政治活动提供了丰厚的外援。

由于康、梁等政治维新派的积极活动，当时中国的政治变革意识已经深入人心，因此只要条件允许，中国进行政治改革的可能就会转变为实践。1898年6月11日，光绪帝正式颁布《明定国是诏》，向中外宣布清政府将进行变法维新。

在这份诏书中，光绪帝先是强调变法维新的必要性，以为数年以来，中外臣工讲究时务，大多数人主张变法自强。朝廷对于这些变法自强的主张深感欣慰，也曾竭力支持，最近一段时间，朝廷就一些可以立即或即将开始的改革进行了审慎的研究，筹之至熟，遂做出决定，并通过诏书的形式颁布，如开特科、裁冗员、改武科制度、立大小学堂，等等。希望这些措施有助于改善目前中国某些不足的地方，只是由于国内许多地方的风气尚不够开放，论说莫衷一是，或托于老成忧国，以为旧章必应墨守，新法必当摈除，议论纷纭，空言无补。试问今日时局如此，国势如此，若仍以不练之兵，有限之饷，士无实学，工无良师，强弱相形，贫富悬绝，岂真能制梃以达坚甲利兵乎？

光绪帝在《明定国是诏》中的意思不外乎是表明清政府对改革的支持立场，希望那些守旧的势力能够认真体察国情，支持政府已经进行和将要进行的某些改革。在光绪帝的呼吁下，轰轰烈烈的变法运动终于开展起来了。

所谓轰轰烈烈的戊戌变法运动仅仅进行了一百零三天就因种种原因而失败，在这震动中外的一百零三天中真正进行的所谓新政也屈指可数，撮其要者只有：

第一，决定自下一次科举考试始，乡会试及生童岁科各试，由先前使用四书文改为有关时务的策论；定乡会试随场去取之法，并推行于生童岁科各试，停止朝考；

第二，赏梁启超六品衔创办译书局；

第三，创设农工商总局；

第四，删改各衙门则例，裁汰冗官冗署，下令裁撤詹事府、通政司、光禄寺、鸿胪寺、太仆寺、大理寺等衙门，以及湖北、广东、云南三巡抚，并河东总督缺，其各省不办运务之粮道，向无盐场之盐道，亦均裁撤。

至于其他各项改革，不必详细列举，大要是按照有利于清政府的政治统治，有利于当时社会经济的发展进行某些体制性的变革。在这短短的一百多天里，当然是康有为最为得意的时光，这些变革在很大程度上确实受到了康有为思想主张的深刻影响。不过，由于康有为仅仅抓住了并不拥有绝对权力的光绪帝，因此他的许多改革主张特别是政治方面的改革主张并没有获得实现。尤有甚者，由于康有为锋芒太露，太过偏激，因此也引起许多人的嫉恨，这无形中也为他新政主张的推行设置了许多障碍。

新政推行不力也引起了清政府和光绪帝的注意，1898年8月2日，清政府以光绪帝的名义发布上谕，鼓励大小臣工就当前的改革与新政各抒说论，以备采择，同时规定中央各部院司员有条陈事件者，着由各堂官代奏；一般百姓（士民）有上书言事者，着赴都察院呈递。要求中央各部院堂官"毋得拘牵忌讳，稍有阻格，用副迩言必察之至意"〔1〕。用开放言论的办法广泛征集各方面的意见，以便推动新政的顺利进行。

清政府开放部分言论的举措受到各方面的欢迎，事实上具有极强爱国心与政治参与意识的青年知识分子早在这道上谕发布之前，就已经通过不同的方式将自己的意见向清政府的最高层传递，只是没有形成制度而已。这道上谕从制度层面规定了中央各部院司员及一般民众的政治权利，同时也规定了中央各部院堂官及都察院再也不能像过去那样随意拒绝下级官员和一般民众上书言事。

四

光绪帝开放言论的上谕赢得了下层官吏的欢迎，原本对现实政治高度关注的年青一代官僚自然会充分利用这一条件上书言事，表达自己的看法。礼部主事王照在光绪帝的上谕发布之后写了一份极具内容的建议书，向清政府政治高层提出自己对一些重大问题的看法。

按照王照1926年的回忆，他之所以在光绪帝开放言论的上谕发布之后上书言事，主要是基于他实在看不惯光绪帝的权臣张荫桓的弄权与对光绪帝的误导：是时德宗亲信之臣，以张荫桓为第一。其人最奸贪，尝独吞洋债回扣，是年春太后命抄其家产，懿旨已出，张荫桓求庆亲王急进奉十五万，得以收回查抄之命，故张荫桓与太后势不两立。张荫桓也利用光绪帝对自己的信任，肆意挑拨太后与光绪帝之间的关系，致使后党与帝党不自觉成为张荫桓利用的工具。更有甚者，作为戊戌年间维新

---

〔1〕 《上谕》（第一百一十五），见中国史学会编：《戊戌变法》二册，48页，上海：神州国光社，1955年。

思潮的发动者和新政的主导者康有为，对张荫桓也信任有加，偏信张荫桓的一些看法与建议，俨然以帝党利益的代表者自居，肆无忌惮地与所谓后党进行斗争，发生一些无谓的冲突。

王照认为，在当时的清政府的体制下，本不存在什么后党与帝党，慈禧太后与光绪帝即便在某些问题上的看法有分歧，那也只不过是其家庭的一些内部纠纷，并不会影响他们在一些重大问题上的看法。作为臣子，当然应该有忠君报国的政治信念，但是无论如何都不应该去挑拨最高政治权力中心的关系，更何况在改革这一重大问题上，慈禧太后至少在当时还不是反对者，因为如果没有她的支持，一切都无从谈起。至于慈禧太后的揽权问题，王照认为只是太后对名分看得太重，太后不愿意放弃权力，更不愿意不由她主导进行改革。所以，作为臣子的正确选择，应该利用与光绪帝的亲近关系，劝说光绪帝尊重慈禧太后的意见，多请示多汇报，要时刻告诫光绪帝不要让那些别有用心的权臣、奸臣利用两宫之间的关系做文章。基于这样的看法，王照也曾利用与康有为的亲近关系竭力劝说康有为："太后本好名之人，若皇上竭力尊奉，善则归亲，家庭间虽有小小嫌隙，何至不可感化？"而自负的康有为根本听不进王照的劝诫，他很不高兴地回敬王照称："小航兄，你对于令弟感化之术何如？乃欲责皇上耶？"[1]

康有为的讥讽并没有阻止王照向清政府上书。作为礼部主事，王照当然愿意以礼部主事的身份通过正常的渠道将这份奏折呈递给光绪帝。不料礼部满汉两尚书怀塔布、许应骙拒绝接受和代呈，王照如鲠在喉、不吐不快的忠言有可能因此而如泥牛入海，其内心的不满可想而知。王

---

〔1〕　王照：《礼部代递奏稿》后记（1926年），见中国史学会编：《戊戌变法》二册，355页，上海：神州国光社，1955年。

照与怀塔布、许应骙等人据理力争，坚请由礼部代呈，表示自己在上书中的建议是否被光绪帝采纳应该由光绪帝决定，不应该由礼部主管官员代为拒绝，以遮蔽光绪帝的见闻。王照的态度相当坚决，言语也相当决绝，许应骙后来向光绪帝描述为"咆哮署堂，借端挟制"，恐怕稍有夸大，但双方的冲突一定相当激烈，则是不争的事实。

王照上书受挫的消息自然为康有为等人所关注。具有好斗性格的康有为对于王照上书受挫没有进行安抚，相反他和朋友们却认为这又是一次与那些所谓守旧势力进行斗争的绝佳机会。康有为的弟弟康广仁鼓动王照说："皇上明目达聪，广开言路，岂容大臣阻蔽不达？"他建议王照就此继续上书，公开弹劾怀塔布、许应骙违反光绪帝的规定。而王照本属于年轻气盛的少壮派，原本就对怀塔布、许应骙阻止他上书有很多不满，于是在康氏兄弟的鼓动下，他再次上书，据折弹劾礼部尚书怀塔布、许应骙阻挠新政。

怀塔布、许应骙收到王照弹劾的奏折后，经过缜密地研究，觉得如果再一味阻止王照上书，可能会造成政治上的被动，于是他们反被动为主动，将王照的第一份奏折及弹劾奏折等一并附在他们起草的奏折中呈递给光绪帝。他们在奏折中表示：先前之所以扣押王照的上书没有上达，主要是考虑王照的奏折过于荒唐，后在王照一再无理取闹的情况下，不得已只好将这份奏折呈递皇上御览，一切由皇上定夺。

9月1日，光绪帝就怀塔布、许应骙的奏折做出批示："怀塔布等奏司员呈递条陈请旨办理一折，据称吏部主事王照条陈时务借端挟制等语。朝廷广开言路，本期明目达聪，迩言必察。前经降旨部院司员有条陈事件者，着由各堂官代奏，毋得拘牵忌讳，稍有阻格。至于是非得失，朕心自有权衡，无烦该堂官等鳃鳃过滤也。若如该尚书等所奏，辄以语多偏僻，抑不上闻，即系狃于积习，致成壅蔽之一端，岂于前奉谕旨毫无体会耶？怀塔布等均着交部议处。此后各衙门司员等条陈事件呈请堂官代递，即由各该堂官原封呈进，毋庸拆看。王照原呈，着留览。"[1]对怀塔布、许应骙等人应该如何处理，光绪帝批给吏部按照相关规定议处。

9月4日（七月十九日），吏部就礼部尚书怀塔布、许应骙等人阻格司员上书的责任向光绪帝提出处理建议："查律载，应奏而不奏者杖八十，系私罪降三级调用。"建议光绪帝根据这一成例进行处理，将礼部尚书怀塔布、许应骙，以及与此案相关的礼部左侍郎堃岫、署左侍郎徐会澧、右侍郎宗室溥颋、署右侍郎都察院左副都御史曾广汉等六人均参照应奏而不奏降三级调用的规定处理。[2]

吏部的处理意见是根据清政府几百年来的成例以及大清律中的相关规定提出来的，应该说是比较标准也比较稳妥的处理方法，只是这种标准与稳妥显然不合乎光绪帝行新政时期的革新精神与要求，显然不能达到光绪帝杀一儆百的目的。于是光绪帝对吏部提出的处理意见极为不满，他在发布的上谕中宣布将怀塔布、许应骙等六人即行革职，其理由是："朕近来屡次降旨诫谕群臣，令其破除积习，共矢公忠，并以部院司员及士民有上书言事者，均不得稍有阻格。原期明目达聪，不妨刍荛兼采，并借此可觇中国人之才识。各部院大臣均宜共体朕心，遵照办理。乃不料礼部尚书怀塔布等竟敢首先抗违，借口于献可替否，将该部主事王照条陈一再驳斥，经该主事面斥其显违谕旨，始不得已勉强代奏。似此故意抑格，岂以朕之谕旨为不足遵耶？若不予以严惩，无以儆

---

[1] 《光绪朝东华录》（4），4172页，北京：中华书局，1958年。
[2] 同上，4176页。

诚将来。"〔1〕故而下令将怀塔布等六人即行革职，并对王照不畏强御的精神给予表彰，赏给三品顶戴，以四品京堂候补。

光绪帝将礼部六堂官一并即行革职的决绝处分以及对王照的奖赏震动了朝野，积极的反应是此后各部院主管对于臣民的上书一般说来再也不敢无故拒绝，行政效率有所提高。而一般士民特别是青年知识分子和年轻官僚，更加关心国政，勇于上书言事，就重大问题提出建设性的意见。在此后的半个多月中，各衙门所收到的建议书越来越多，政治的开放度也越来越大，光绪新政获得越来越多的认同。

不过从消极的方面说，光绪帝对礼部六堂官的革职处分以及对王照的提升也加剧了高层政治圈的分裂，那些原来未必反对新政的臣僚们或因稳健或因政策性的不同看法而被推到了维新的反对面。因此从这个意义上说，黜旧人、擢新人的政治举措既有助于新政的展开，也加剧了高层政治圈的分裂，为后来的政变埋下了许多复杂的因素。〔2〕

五

在礼部六堂官一并革职的同时，光绪帝接受岑春煊的建议，于8月30日发布大规模裁撤冗署并裁减官员的上谕，宣布裁撤詹事府、通政司、光禄寺、鸿胪寺、太仆寺、大理寺等衙门，其相关业务分别并入内阁及礼部、兵部或刑部等衙门。京外所有督抚同城之湖北、广东、云南三省均着以总督兼管巡抚事。裁撤河工总督，山东境内由山东巡抚管

〔1〕《光绪朝东华录》（4），4176页，北京：中华书局，1958年。
〔2〕叶昌炽在其《缘督庐日记钞》9月4日中记载同人阅读了光绪帝罢免礼部六堂官及擢拔王照的上谕之后，"相顾错愕，盖自通籍以来，未见此不测之赏罚也"（《戊戌变法》一册，530页），对这一上谕的后果明显表示担忧。

理，河南境内由河南巡抚管理。至于各省无运可办之粮道、无盐场之盐道，亦均着裁缺。此外如各省同通、佐贰等官，有但兼水利、盐捕并无地方之责者，均属闲冗，即着查明裁汰。上谕还宣布，除应裁之京外各官本日已降谕旨暨裁缺之巡抚、河督、京卿等员听候另行录用外，其余京外尚有应裁文武各缺及一切裁减归并各事宜，着大学士、六部及各直省督抚分别详议筹办，并将筹议情形迅速具奏。上谕还要求各督抚参照先前一系列上谕的精神和规定，将现有各局中冗员一律裁撤净尽，并将候补、分发、捐纳、劳绩等项人员一律严加甄别淘汰，限期一个月全部办理完毕并向中央复奏。[1]

就事实而言，光绪帝宣布裁撤的詹事府等中央衙门多年来确实已沦为无事可办的冗署，大量消耗国家的资产和行政资源；京外的督抚同城也如许多批评者所指出的那样，职权重叠，甚者不断发生冲突；至于河工总督、漕运、盐政等，久已失去其存在的意义。所以说裁撤这些机构，遣散这些冗员，就事实而言确乎"表示比在中国政界起个革命差不多"[2]。这至少表明清政府在各方面力量的推动下已经在行政体制改革方面迈出了第一步，理所当然地受到各方面的欢迎："庶几瞻顾因循、纷争倾轧之患皆可以弥，民生、吏治当必受益无穷矣，岂第为省冗费而已哉。"[3]

不过就情理而言，这样大规模地裁撤冗署，裁减冗员，且宣布除极少数高官由政府另行安排工作外，其他一般官员将由此沦为失业者，他们在一夜之间从政府官员变得什么都不是，不要说他们心理上会产生严

[1]　《戊戌变法文献资料系日》，909页，上海：上海书店出版社，1998年。
[2]　《窦纳乐致沙侯》（北京，1898年9月2日），见中国史学会编：《戊戌变法》三册，548页，上海：神州国光社，1955年。
[3]　《恭读七月十四日上谕谨注》，见《申报》光绪二十四年七月十九日。

重的失调，实际上对他们也未必是公正的。因为这些冗署的造成并不是
他们个人的过错，而是政府的决策错误，或者说是时代变化导致这些机
构失去存在的价值。而他们作为个人不管怎么说也是通过层层选拔走到
今天的位置，甚至有的已在这些岗位上兢兢业业工作了一辈子，不说他
们是大清王朝的支撑力量，至少他们也为这个政府做出过自己的贡献。
他们所处的衙门突然变成被裁撤的冗署，这不是他们的主观选择，就
这样不明不白地将他们赶走，他们岂能心甘？而他们心怀怨言，势将对
改革不利，也容易被反对改革者所利用。再者，不论京官还是京外的官
员，他们多年来的唯一职业就是从政，除了从政之外，许多官员不可能
有其他的谋生手段。尤其是廉洁的官员，仅靠薪俸维持生计，一旦失去
自己的职业，他们怎能继续生存？[1] 凡此种种，似乎年轻的光绪帝在
做出这一重大决定时并没有予以足够的重视，所以就情理而言，光绪帝
发布这个重大决定委实有些草率。

　　光绪帝果断的决策不仅面临执行上的实际困难，而且使京城内外官
场中早些天就已流传的所谓光绪帝批准康有为的建议、裁撤六部九卿的
谣言似乎逐步得到证实。已被宣布裁撤的那些衙门中的官员自然焦虑不
安，而尚未被宣布裁撤的衙门实际上也陷入混乱之中。[2] 稳定的政治
局面已然不复存在，已经下岗的官员和即将下岗的官员都成为体制改革

---

[1] 在上谕发布的第二天，曾有友人劝叶昌炽不必以一官为恋，趁早另谋生计。叶氏对此
　　似乎也有点心动，但转念一想又觉得不太现实。他在日记里写道："然寸铁不持，安能
　　白战？家无长物，唯破书烂帖耳。平生所收，皆在牝牡骊黄之外，故聚之则成郑莒一小
　　国，弃之则皆瓦砾也。倾筐倒箧，至多不逾二千，未可为孤注也。万一失算，将如之
　　何？"（叶昌炽：《缘督庐日记钞》，见《戊戌变法》一册，530页）叶氏的内心自白
　　大体反映了当时这批"下岗官员"中比较老实、比较忠厚者的一般心态。

[2] 苏继祖在《清廷戊戌朝变记》中说裁撤冗署的上谕发表之后，"京城惶恐，正符将欲裁
　　九卿六部之谣"。

的牺牲品和反对者。无论有怎样高的觉悟，他们都无法继续与光绪帝，与康有为等维新领袖保持一致，他们的分化已属必然，只是在等待时机而已。从这个意义上说，由光绪帝主导的行政体制改革即便不是戊戌年间政变的直接原因，至少也在很大程度上影响了后来政治局面的发展，至少为慈禧太后重新出山垂帘听政提供了契机。

时任顺天府尹的陈夔龙在多年之后依然能够生动地描述当时官场一般官员的切身感受，这对于理解后来的政治变动提供了直接和形象的证据。陈夔龙说，戊戌政变的关键，首先在于裁减各衙门的官员。根据当时并不完全的统计，中央政府闲散衙门被裁撤或裁减的不下十余处，由这十余处连带关系而失业者将达到万余人，朝野震惊，颇有"官不聊生"之戚。接着，陈氏具体描述了他所负责接收的太仆寺的情形，由此也可见各衙门大体状况之一斑。他说，按照清政府的裁减规定，太仆寺的所有业务及档案、文件、资产等，一并归入继续保留的兵部，隶属于兵部的车驾司。兵部尚书刚毅以兵部承办司员办事不力的原因，特请陈夔龙专办此事。陈夔龙力辞不获，又不愿因此结怨同僚，遂会同兵部车驾司的相关人员共同办理各项移交手续。当他们前往太仆寺查看情形时，状况令人大吃一惊。

原来太仆寺在接到清政府裁撤的命令后，群官如鸟兽散，衙门内几乎空无一人，太仆寺的印信、文件也一无所有，即便是太仆寺衙门的门窗等也已被拆毁无存，接收工作根本无从下手。后来他们考虑到太仆寺管理马政，与兵部时有公文往来，兵部与太仆寺的书吏消息时时相通，估计这些下层办事人员或许还有联系。于是请兵部平时与太仆寺下层官员有业务往来的下层官员出面，终于找到太仆寺的一些下层官员，善言晓谕，以安其心。告诉他们太仆寺作为一个衙门虽然被裁撤，但太仆寺的所有官员、职员并不因此而全部裁撤，太仆寺此时遵旨归并兵部，不过于兵部另设一科，仍将责成原太仆寺的官员、职员等旧人负责办理相关业务。劝告这些下级官员回明堂上，速将太仆寺的印信文件交出，以便尽早完成交接工作，也必将有助于在兵部迅速设立相应的部门，尽快将原太仆寺的人员纳入兵部，不使这些人员流离失所。太仆寺的下层官员告诉陈夔龙等人说，当太仆寺收到朝廷裁撤的命令后，堂司等官一哄而散，信印文卷无人过问，已由他们这些下层人员暂时收存，今日特携带到兵部静候处理。陈夔龙等人闻言大喜过望，一面回奏刚毅等兵部堂官，一面于兵部车驾司五科之外特设马政一科，以便安置原太仆寺的人员。

与裁减冗署、冗员并行的另一条主线是添设新机构，其实裁减衙门及冗员之所以得以发生，在很大程度上也是康有为提议设立制度局、新政局而不被批准所引发的结果。按照康有为的最初设想，新政改革并不涉及对旧衙门的清理，只要在大清王朝已有的政治架构中设置新的政治机构，这些旧有的衙门可以在一个相当长的时间里继续存在，只是其职能必然因新设机构的出现而削弱。然而康有为的建议受到了清政府政治高层几乎一致的反对，制度局、新政局的设立也就根本无从说起。

进入8月，随着政治改革的不断深入，特别是随着裁撤詹事府等衙门在政治层面引起的风波越来越大，康有为等人觉得时机到了，于是重提设立新的政治机构以容纳政治新锐并化解裁减冗员的压力。8月19日（七月初三），康有为代内阁学士阔普通武拟就并呈递了一份仿照西方近代国家设立议院的奏折[1]，这就比先前提出的设立制度局、懋勤殿走得更远。康有为似乎已经明白中国在政治上进两步退一步的规律，因此在方案提出之初就将标的悬得极高，以便政治对手讨价还价，以清政府根本无法同意的议院体制去换取设立懋勤殿的目的。

---

〔1〕　王栻：《维新运动》，345页，上海：上海人民出版社，1986年。

设立专门的议政机构专司议政，是康有为将立法与行政分立的既定想法，特别是鉴于当时裁减行政机构在政治层面所引起的高度恐慌，更使康有为觉得有机可乘。9月5日，他代翰林院侍读学士徐致靖起草了一份奏折，建议清政府增设散卿，以容纳那些被裁撤的人员中具有学识与能力之人充当议政之官，借此作为议政、行政分离的雏形。这份奏折引起了光绪帝的注意，他当天即批转孙家鼐妥速议奏。四天后（9月9日），孙家鼐议复同意徐致靖的建议，同时又将徐致靖的建议摘录要点送呈慈禧太后。结果徐致靖的建议在"慈览"后以"应无庸议"予以否决，以"下岗官员"充当议政专职人员的设想也就没有了下文。

在徐致靖呈请置散卿以广登进奏议的同一天（9月5日），总理各国事务衙门章京、刑部主事张元济也向清政府呈递了一份进行政治体制改革的建议书，建议清政府设立专门的议政机构。他的理由是，近代西方国家差不多都将行政与议政判为两事，而中国的行政与议政从来都无区别，以行政之人操议政之权，今日我议之，明日即我行之，岂能不预留地步以为自便之计？所以中国旧有的行政体制，凡为行政之官所惯行者必不废，废则无以抑制新进之辈；政为彼之所未行者必不兴，兴则显其前事之非矣。因此之故，中国目前的改革困难重重，欲去一旧法，则多方阻挠；欲举一新政，则故意延宕。

张元济认为，要改变这种状况，就必须彻究其终始，融贯其往来，斟酌其后先，权衡其缓急，而后能施之无弊，行之有功。所以他建议清政府必于事之未来，预为之计算；必于所行之事，统筹其全局。而在目前的体制下，如果将这些责任委托给旧有的衙门和大臣，这些大臣或年迈昏庸，精力不济，或各有官守，兼差无算，往来奔走，簿书劳形，岂复能殚精研思，从容讨论？而且，就政治理念来说，这些旧有的大臣中多有不愿奉行新政之人，面从心违，于事何济？鉴于这种实际状况，清政府不欲变法则罢，如欲变法，不先设一议政局以握其纲领不可也。

专职议政机构的设立对于皇权专制形态的大清帝国来说或许过于背离"祖制"，所以张元济的建议虽然具有相当的细节和可操作性，然而并没有及时获得清政府的回应。不过，清政府已经启动的政治体制改革走到了这一步，设置与行政相分离的议政机构也成为政治体制改革的应有之义，只是这种机构的设置名称、形态及职能尚待决定而已。所以，张元济的建议虽然没有进入政治实践，但对当时的政治高层还是有了一定程度的影响，至少在舆论上有助于类似机构的成立。9月11日（七月二十六日），左中允、黄思永上书，建议清政府利用裁撤行政机构的机会设立集贤院，荟萃天下之人才而甄别之，砥砺之，崇其体制，厚其俸禄，必能有助于大清王朝政治之发展。

不论是集贤院，还是议政局、懋勤殿，其本质都是欲在现有的行政执行系统之外另成立一个专门的议政机构，其功能说到底只是充当皇帝的顾问而已。所以对这一新设机构最有兴趣的莫过于光绪帝本人，以及那几位新进的军机章京谭嗣同、刘光第、林旭、杨锐等人。因此，在外有康有为等人的鼓吹，内有新进军机章京的鼓动，原本就曾与翁同龢商量过设立制度局以统筹全局的光绪帝便不能不对这种舆论表示关切。9月13日（七月二十八日），光绪帝终于下定决心于内廷设置懋勤殿，选集通国英才数十人，并延聘东西方各国政治专家共议制度，统筹全局，将一切应举、应革之事全盘筹定，定一详细规则，然后施行。是日晨，光绪帝召见湖北补用知府钱恂，试图通过与张之洞关系密切的钱恂了解张之洞对设立议政局的看法，并向钱恂允诺"议政局必设"。[1]

---

〔1〕《张之洞书牍》附《钱守来电》（光绪二十四年八月初二午刻到），见中国史学会编：《戊戌变法》二册，614页，上海：神州国光社，1955年。

　　似乎为了郑重其事，也似乎为了应对慈禧太后在这一问题上的不同意见，光绪帝于同一天（9月13日，七月二十八日）特派遣内侍持《历朝圣训》等相关图书送给谭嗣同，命谭嗣同查考雍正、乾隆、嘉庆三朝设置懋勤殿的故事并拟一上谕，以便其持此赴颐和园面见慈禧太后，待与慈禧太后讨论并经太后批准后见诸实施。

　　重设懋勤殿以议新政在光绪帝那里或许是出于对大清王朝未来命运的真诚考虑，他将此任务交给了谭嗣同。谭嗣同对于新政改革怀有至诚之心，他是四位新进军机章京中最"亟亟欲举新政"者，也是利用与光绪帝近距离接触的特殊条件"日言议政院"，并最终说服光绪帝的重要人物之一。[1]守旧势力的阻挠使他对新政的前途不无担心，因此，当他接到光绪帝代拟上谕的指示后，很快便完成了任务。

　　代拟谕旨原本是谭嗣同的职责，但此次代拟谕旨却引起了谭嗣同极大的心灵震动，他由此感到光绪帝与慈禧太后之间的关系可能确如康有为等人一直所认知的那样并不协调，而光绪帝的权力也并不像新政开始以来历次诏书所感觉的那样至高无上。真实的情况可能是大权依然掌握在慈禧太后手里，光绪帝不过是一个政治傀儡而已。[2]退朝之后的谭嗣同将这种感觉告诉了康有为等人，并似乎向他们透露了其代拟谕旨的部分内容。

　　谭嗣同不祥的感觉并没有影响康有为的情绪，甚至与谭嗣同的感觉相反，康有为觉得光绪帝既然已经下令谭嗣同代拟上谕，并准备将这份

〔1〕　杨锐家书，见汤志钧：《戊戌变法人物传稿》增订本上册，135页，北京：中华书局，1961年。

〔2〕　《康南海自编年谱》第57页称："先是语复生以上无权，荣禄不臣，复生不信，至是乃悟。"而梁启超也在《谭嗣同传》中写道："谭嗣同退朝，乃告同人曰：'今而知皇上之真无权矣。'"见《饮冰室合集》专集之一，107页，北京：中华书局，1989年。

上谕向慈禧太后提出，那么可见光绪帝已经下定了决心，帝后之间的最终摊牌即将到来，光绪帝与慈禧太后的权力再分配肯定不能避免。于是康有为于同一天代宋伯鲁草拟《请选通才以备顾问折》，建议清政府于内廷开设懋勤殿，由光绪帝亲自选聘天下通才十人入值懋勤殿，作为光绪帝的高级顾问，并在此折中推荐黄遵宪、梁启超二人。与此同时，康有为在京城政治场所大肆活动，致使京城政治场人人咸知光绪帝已经拟就设置懋勤殿的事情，"以为今日谕旨将下而卒不下，于是益知西后与帝之不相容矣"[1]。原本因大规模裁撤冗署冗员而高度恐慌的京城政治场更加动荡不安，谣言四起。凡此，都无形中增加了后来政治变动的概率。

六

从光绪帝方面来说，9月14日（七月二十九日）这一天和往常一样，他按先前的计划在乾清宫召见北洋水师学堂总办候补道严复及办理其他事务之后[2]，至颐和园乐寿堂向慈禧太后请安，并准备就懋勤殿等事务向慈禧太后当面请示。而这一天对慈禧太后来说却不同寻常，因为几天来被革职的礼部尚书怀塔布夫妇利用与总管内务府太监李莲英的

---

〔1〕　梁启超：《谭嗣同传》，见《饮冰室合集》专集之一，107页，北京：中华书局，1989年。

〔2〕　茅海建在《戊戌政变的时间、过程与原委》一文中怀疑光绪帝在召见严复时"很可能"向严复透露了设置懋勤殿的事情（《近代史研究》2002年第4期，241页），似乎不确。这在天津《国闻报》光绪二十四年八月初四全面记载严复被召见的情形中没有一点迹象，至于茅教授引证的《郑孝胥日记》及八月初二的《国闻报》消息《拟开懋勤殿述闻》，都在严复被召见之后两到三天，那时京城关于懋勤殿的传闻已经很多，严复对郑孝胥所言似乎也不过是转述一个传闻而已，并不能确知是光绪帝向严复所透露的。

特殊关系，不停地向慈禧太后哭诉自己的委屈，并离间太后与光绪帝的关系，称"皇上为左右荧惑，变乱朝政，求老佛爷做主"。而那些被怀塔布收买的大小太监们也可能因为新政的改革最终将侵害他们的利益，于是也随着怀塔布在慈禧太后面前肆意诋毁由光绪帝主导的新政改革。[1]

在光绪帝向慈禧太后请安的时候，似乎应该是慈禧太后先向光绪帝谈到礼部六堂官尤其是怀塔布的革职所产生的后果。尽管慈禧太后也承认怀塔布之类的满洲贵族政客确为"老谬昏庸之大臣"，但出于政治层面的考量，她似乎也有意劝告光绪帝在人事处理上不可操之过急，不要将此辈老谬昏庸之大臣轻易罢黜，更不要将那些年轻的汉人政治新锐提拔到政治高层，更不能改变大清王朝的既成体制，由这些所谓"通达英勇之人"去议政。慈禧太后担心的是，如果一味地在人事布局上进行变动，那么极有可能因此而失去人心，特别是失去满洲贵族的信任。果真如此，满洲贵族所组成的"寡头政治集团"就不可能继续支持现有的皇权中心统治。

对于慈禧太后的指责与劝诫，光绪帝有些能够接受，有些则不免有所解释与辩白。当他并不知道太后指责的背后故事时，他的这些解释与辩白不仅不能说服太后，反而激起了太后的愤怒，正好验证了几天来怀塔布等人在她面前说的那些离间的话。于是慈禧太后毫不客气地批评光绪帝："小子为左右荧惑，使祖宗之法自汝坏之，如祖宗何？"太后的愤怒终于勾起了光绪帝的满腹委屈，他边哭边向太后说："时事至此，敌骄民困，不可不更张以救，祖宗在亦必自变法。臣宁变祖宗之法，

〔1〕　《赵伯岩集》，见《戊戌变法文献资料系日》，1019页，上海：上海书店出版社，1998年。

不忍弃祖宗之民、失祖宗之地，为天下后人笑，而负祖宗及太后之付托也。"[1]

光绪帝的哭诉与辩解自有其道理，但在慈禧太后看来无疑有点不听话，其心中的懊恼可想而知。光绪帝循往例礼节性地在颐和园乐寿堂"侍膳"之后，二人不欢而散。光绪帝根本无时间也无心情向太后提及与讨论在内廷开懋勤殿的计划，于是极其郁闷地返回自己城中的住所玉澜堂。

慈禧太后与光绪帝9月14日的冲突仅仅发生在政策层面，并不至于因此而影响他们之间的感情。光绪帝虽然当面对太后有所辩解或顶撞，但事实上他回到自己的寓所之后也有所反省。他曾设想请满洲贵族中最有权势与威望的重臣出面协调，向太后解释他之所以如此不顾后果地推动新政的苦衷。可惜的是，满洲贵族中最具权势与威望的恭亲王奕䜣已经去世，而庆亲王奕劻已与太后疏远，端郡王载漪兄弟及各大臣对于新政多有不同的看法，指望他们到太后面前进行解释只能是越描越黑。光绪帝真的成了孤家寡人，无奈中他只好于第二天（9月15日，七月三十日）求助于颇通世故人情的新任军机章京杨锐，希望杨锐能够为他出个主意。

杨锐在新任四军机章京中最为持重与稳健，而且是张之洞推荐之人，是张之洞的亲信之一。而张之洞又是当时清政府政治格局中慈禧太后最为信赖和最为倚重的汉人重臣。所以，当光绪帝考虑寻找满洲贵族中的重臣出面协调与太后的关系而无法实现的时候，他想找杨锐谈谈，这其中未尝不具有请求张之洞出面协调的深层含义。不过，当光绪帝将自己的意思告诉杨锐并请求杨锐出主意的时候，却遭到杨锐的拒绝。杨

[1] 参见赵伯岩的记载，见《戊戌变法文献资料系日》，1019页，上海：上海书店出版社，1998年。

锐告诉光绪帝："此陛下家事，当与大臣谋之。臣人微言轻，徒取罪戾，无益也。"[1]持重的杨锐当然知道大清王朝的历来规矩，他不愿因此而介入清政府最高统治者的内部纠纷。他觉得凭借光绪帝自己的努力，按照大清王朝旧有的成例，由大臣们尤其是满洲贵族内部协调，应该不难化解光绪帝与太后的矛盾。

杨锐的拒绝应该是基于对清政府旧有体制的恐惧，清政府旧例严格禁止官员议论、介入皇族内部的纠纷，特别是汉大臣更无权干预皇族的内部事务。这是体制使然。或许为了克服杨锐的恐惧心理，光绪帝特别向杨锐下达了密诏，以便杨锐将来因此而获罪的时候能够得到一定程度的解脱。光绪帝的这份密诏在当时并不为几个人所知，甚至可以肯定地说，林旭、康有为、梁启超等人在当时都没有看到过密诏的原件，所以在政变后，康有为、梁启超等人转述的密诏文字之所以不同，并不是康、梁等人有意窜改，而是他们确实没有看到密诏的原件，只是听过杨锐的转述而已。光绪帝这份密诏本为给杨锐个人，但其内容在当时通过不同的渠道被转述与解读的过程中又发生了理解方面的误差，深刻影响了后来的政治发展，故而有必要将学者们公认的文本引录在此。诏曰：

> 近来仰窥皇太后圣意，不愿将法尽变，并不欲将此辈老谬昏庸之大臣罢黜，而登用英勇通达之人，令其议政，以为恐失人心。虽经朕累次降旨整饬，而并且有随时几谏之事，但圣意坚定，终恐无济于事。即如十九日朱谕，皇太后已以为过重，故不得不徐图之，此近来之实在为难情形也。朕亦岂不知中国积弱不振至于阽危，皆

---

〔1〕　参见赵伯岩的记载，见《戊戌变法文献资料系日》，1019页，上海：上海书店出版社，1998年。

由此辈所误。但必欲朕一（早）旦痛切降旨，将旧法尽变而尽黜此辈昏庸之人，则朕之权力，实有未足。果使如此，则朕位且不能保，何况其他？今朕问汝，可有何良策，俾旧法可以渐变，将老谬昏庸之大臣尽行罢黜，而登进英勇通达之人，令其议政。使中国转危为安，化弱为强，而又不致有拂圣意？尔等与林旭、谭嗣同、刘光第及诸同志等妥速筹商，密缮封奏，由军机大臣代递，候朕熟思审处，再行办理。朕实不胜紧急翘盼之至。特谕。

从这份密诏看，可以得出几点启示：第一，光绪帝与慈禧太后9月14日的相谈并无根本的利害冲突，其实质只是那些被罢黜的老谬昏庸之大臣在太后面前的哭诉引起了从来以慈善面貌示人的慈禧太后的同情。太后希望光绪帝在今后处理人事方面更加谨慎，不要动辄罢黜这些大臣，以免闹得人心惶惶。具体的事例就是礼部六堂官的罢黜，明显操之过急与过重。

第二，在提拔汉族出身的政治新锐方面，慈禧太后似乎也建议光绪帝要谨慎，要防止那些政治小人或政治野心家乘此机会步入政治高层，以免贻祸将来。

第三，对于一、二两点，光绪帝也曾与太后进行过沟通，但太后以为这是政策的底线，不容讨论。光绪帝却觉得如果不能在这两方面有所突破，未来的改革便很难进行。他目前的苦闷，也即需要杨锐等人所思考的问题是，怎样既能在这两方面有所突破，而又不至于因此有违慈禧太后的意思。由此可见，9月14日的帝后冲突可能因为后来的政治发展而被无限扩大，其真实的情况并没有那么严重。

杨锐似乎也没有意识到9月14日的帝后冲突有什么政治隐患，更没有预见到这份密诏会在后来的政治发展中起到那样重要的作用。所以，当他与光绪帝当面检讨新政以来所有举措得失的时候，似乎也觉得太后的某些指责有道理，光绪帝过于听信康有为等过激派的主意而采取的一系列重大政治举措，诸如罢黜守旧大臣、提升政治新锐等，已经超出了当时的政治场所能承受的极限。基于这种判断与考虑，他向光绪帝做了三点建议：

第一，建议清政府重建皇权中心的权威与秩序，由慈禧太后郑重其事地举行一次授权仪式，"亲挈天下以授之皇上"。光绪帝也应该确认太后在朝廷政治决策中的至上地位，即同意太后拥有政治决策的最终否决权，"应宜遇事将顺，行不去处，不宜固执己意"。

第二，鉴于新政推行以来的秩序混乱，建议光绪帝要对所有将要进行的改革方案通盘考虑，宜有先后，宜有次第。不能再如过去一段时间那样，新政诏书连篇而下，臣民目不暇接，政治上虽然获得一些舆论的表面支持，而实际效果却极差。

第三，人事变动至关重要，在新政推行期间"进退大臣不宜太骤"，以免在政治上引起不必要的纠纷与反弹。

他相信，光绪帝如果能够在这三方面有所改善，其与太后之间的关系并不难协调，新政推行中的困难也不难克服。[1]鉴于光绪帝这一系列失误或者说被慈禧太后看作是失误的主要原因都是因为偏听偏信了康有为的建议，杨锐在这次面见中或书面的意见中，建议光绪帝一定要尽快与康有为脱离关系，不要因康有为而贻误大清王朝的前途和影响光绪帝本人的地位，杨锐的原话是："康不得去，祸不得息也。"[2]

---

〔1〕　《杨参政公事略》，见汤志钧：《戊戌变法人物传稿》增订本上册，135页，北京：中华书局，1961年。

〔2〕　同上，141页。

七

康有为虽然是推动新政的有功人士，但新政开始后他的一些活动引起了政治高层的反感，也引起了光绪帝的疑虑。为了面子，也为了不动声色地平息因康有为而引起的高层不安，经过两天的慎重考虑及与相关决策者比如，慈禧太后协商后，光绪帝于9月17日（八月初二）"明降谕旨"，命康有为迅速出京，前往上海督办官报。

让康有为迅速离开北京是杨锐9月15日面见光绪帝时提出的建议。在杨锐的政治主张中，他比较认同张之洞稳健的改革方案，对康有为等人的激进主张表示过反感。对于光绪帝偏听偏信地将礼部六堂官集体革职一事，他当时就觉得处理太过，并通过不同的方式向高层表示过自己的看法。对于帝后之间的关系，杨锐不愿偏袒任何一方，他以为帝后的关系说到底是家务事，臣子应该为皇权中心的权威及大清王朝的重振贡献心智，绝不能借助于其他任何手段去挑拨或利用帝后之间的矛盾。正是基于这一系列的考量，杨锐在当面或书面与光绪帝讨论了相关问题之后，立即于当日（9月15日，七月三十日）黄昏时分急邀比较偏激、与康有为关系最为接近且与自己关系也比较密切的同僚林旭至自己的寓所交换看法，对于林旭过于听信康有为的偏激主张且误导光绪帝的做法提出了批评，"责林甚切"。也可以相信，正是在他与林旭交换看法的过程中，杨锐将光绪帝给他的密诏让林旭过目，以加深林旭的信任，使林旭对正在发生的事情足够重视，能够在适当的场合与适当的机会劝告康有为不要继续如此激烈的举动。[1]

---

〔1〕　《杨参政公事略》，见汤志钧：《戊戌变法人物传稿》增订本上册，141页，北京：中华书局，1961年。

对于杨锐的批评与指责，林旭"默然无声"，表示接受，相信他们二人也一同思考了一些善后办法。杨锐似乎劝告林旭不要再给光绪帝出那些激进的主意，劝告林旭最好与康、梁等人保持一定的距离。因为按照计划，林旭将于9月17日（八月初二）被光绪帝召见，这可能也是杨锐急于找到林旭通报情况的原因之一。

林旭获得杨锐相关情况通报的当天，似乎已经没有时间再向康有为等人通报。他们二人讨论良久，可能也认为时局虽然正在发生变化，但并不是没有办法转危为安，或许他们的一致看法是，只要康有为迅速离开北京，脱离政治旋涡，大局就将好转。这可能是杨锐找林旭通报情况的另一个目的，即希望林旭在被光绪帝召见的时候，设法坚定光绪帝让康有为迅速出京的决心。

9月17日（八月初二）上午，光绪帝按计划在颐和园召见林旭。由于杨锐已将相关的情况向林旭做了通报；也由于光绪帝给杨锐的密诏中曾经提及请杨锐与林旭等四位新任军机章京协商怎样才能既有效地推动新政改革，而又不拂慈禧太后的圣意；也由于杨锐已经劝说光绪帝下令康有为迅速离开北京；也由于光绪帝可能还就此与慈禧太后有过一定程度的沟通，达成了某些共识，因此，可以肯定的是，光绪帝召见林旭时，两人直面主题，很快就杨锐已有的建议达成一致，那就是为了克服已经出现的政治危机，必须尽快摆脱康有为。于是在召见林旭之后不久，由光绪帝极端反常地"明降谕旨"，责成康有为迅速出京，不得迁延观望。

明降谕旨毕竟只是一份官样文章，光绪帝与林旭似乎都意识到仅仅凭借这份官样文章，可能还不足以促使康有为迅速出京。因为委派康有为督办官报的谕旨早于7月26日（六月初八）就已经下达，可是固执的康有为却找到种种理由借故继续留在京师，介入新政。为了促使康有为这次尽快出京，他们自然想到由林旭在退朝后火速面见康有为，甚至设想不惜以夸大危机的冒险办法促使康有为必须离京。由此而推断，光绪帝在召见林旭时，可能并无成文的密诏交给林旭，即便从保护林旭的角度也不再需要如颁给杨锐那样的密诏了。[1]

林旭当天退朝之后曾经去找过康有为，但由于康有为没有在寓所，林旭也就没有继续等待，只是留有一个字条称来而不遇，嘱康有为明日勿出，有要事相告。由此细节也可反证林旭手中没有光绪帝的成文谕旨，否则他应该于当天无论如何也必须找到康有为宣旨。而且还可证明，光绪帝及林旭虽然觉得康有为必须迅速出京，但也没有急迫到必须当天执行的程度。

第二天（9月18日，八月初三）一大早，林旭如约前来拜见康有为，他先是向康有为转述了光绪帝9月15日（七月三十日）给杨锐密诏的大致内容，劝说康有为遵旨尽快离京，前往上海督办官报。对于林旭的劝说以及林旭转述的密诏内容，康有为或许半信半疑。在这种情况下，林旭或许向他通报了自己昨天面见光绪帝的情况，并概括口述光绪帝的口谕如下：

> 朕今命汝督办官报，实有不得已之苦衷，非楮墨所能罄也。汝可速外出，不可延迟。汝一片忠爱热肠，朕所深悉。其爱惜身体，

---

[1] 关于光绪帝给林旭密诏的真伪与有无，学术界几十年来争论不已。即便承认有此密诏者，也以为必经过康有为的改窜，以为康有为在道德上不诚实。其实，平心静气地考虑康有为的心情与处境，他没有必要冒着如此大的道德风险去伪造或改窜这么一份重要的文件，更何况经历此事的人并没有全部被杀。所以，我们不必先以道德的偏见遮蔽了我们的眼睛，我们相信这些当事人所言都是事实，只是他们都有自己的视野局限，只是看到了局部，而无法重现历史的全部真相而已。

善自调摄，将来更效驰驱，朕有厚望焉。特谕。[1]

从这份上谕的用字与语气看，正如许多研究者已经指出的那样，不像是成文的朱谕，更像口谕，所以这段文字不仅在后来的引用者那里出现不少文字上的差异。即便是当事人康有为本人在后来的历次引用中，也有文字方面的不同。凡此，不能说都是康有为的伪造，如果真的要伪造，康有为势必会在各个版本中保持一致。

应该是林旭作为唯一在昨天与光绪帝见过面的直接当事人的转述引起了康有为的高度关切，他肯定觉得这件事太不同寻常了，清政府既然以光绪帝的名义明降了谕旨，何以又让林旭面传光绪帝的口谕呢？朝廷究竟发生了什么事？难道圣明的光绪帝已经被以慈禧太后为首的守旧派所控制而不得自由了吗？基于这些无限的想象，康有为不敢继续猜想下去，于是他一面起草密折谢恩"并誓死救皇上"，请林旭持还复命，并奏报自己肯定将在第二天启程赴上海督办官报，并开用官报官防；一面差人招来谭嗣同、梁启超、徐仁镜、徐仁录及弟弟康广仁等，一起商量应对之策。袁世凯的重要幕僚徐世昌不知何故亦来康有为的寓所，并与他们一起参与讨论。

当康有为组织这些门徒或支持者进行讨论的时候，大概林旭已经持康有为的奏折离去。康有为凭借自己的记忆向他们转述了光绪帝先后向杨锐及林旭颁布的两道密诏。由于康有为始终抱怨大清王朝政治高层内部存在守旧派，因此他的转述与分析无疑会夸大危机的程度，认为由他鼓吹、由光绪帝主导的新政已经在以慈禧太后为首的守旧势力的反扑下失败，圣明的光绪帝可能已经失去自由。在康有为的煽惑下，包括徐世

---

[1]　汤志钧：《戊戌变法史》修订本，569页，上海：上海社会科学院出版社，2003年。

昌在内的所有与会者都抱头痛哭。出于义愤，他们决心不惜牺牲自己去拯救光绪帝，并由此将他们心目中的慈禧太后由先前的守旧势力代表设想为真正的敌人，讨论的结果是尽快准备武装力量或设法动用清朝已有的军队武力解决问题。

重建一支属于自己的正式军队或收买一支现成的军队为其所用，都需要相当长的时间，这一点康有为和他的弟子及追随者都很清楚。然而时不我待，政治局势的日趋危急迫使康有为等人做出极端的冒险决策。他们一方面继续设法拉拢袁世凯或其他军队领导人，同时还运用最便当的办法，组织或利用会党进行军事冒险。按照康有为等人的计划，只要他们能够调集一批绿林好汉出面发难，劫制慈禧太后，迫使她同意放权或放手让光绪帝进行政治改革，他们的新政计划就可以继续进行。一旦被劫制的慈禧太后拒绝合作，不愿放权或不愿放手让光绪帝进行政治改革，他们就可以将劫制在手的慈禧太后予以废黜。

对于康有为的说法，谭嗣同表示支持，并且认为只有与袁世凯联手，用袁世凯所部新军包围颐和园，以兵劫持慈禧太后方可成功。康有为、谭嗣同的想法与计划获得了梁启超的赞同，但林旭则以为袁世凯狡诈多智谋，担心即便他同意联手，成功之后也是一个隐患。林旭建议如果真的要动手，也应该去找董福祥，而不要用袁世凯。对林旭的建议，谭嗣同又以为不可，坚持与袁世凯联手，并自告奋勇担任与袁世凯联络的角色。

谭嗣同夜访袁世凯的结果并不成功，袁世凯对谭嗣同提出的杀荣禄、劫制皇太后的建议肯定想了很多，对于这件事情可能导致的后果及所有的利害关系也许都进行过类似于沙盘式的演绎。作为朝廷命官，袁世凯无论如何也不能认同谭嗣同的看法，更不愿意用自己的手去杀害自己的顶头上司和至高无上的慈禧太后。从大局和个人利害考虑，袁世凯觉得他如果容忍谭嗣同等人胡作非为，必将酿生大变，危及宗社。考虑再三，他决定在原定的初五请训时向光绪帝稍稍透露一些信息，希望光绪帝出面预防可能发生的事故，以期补救。

9月20日（八月初五）清晨，袁世凯按照原先的计划赴宫中请训。他在所呈递奏折中隐约表达了他对时局的担忧，希望光绪帝能够从这份奏折中读出他的忧虑，并采取相应的措施，避免出现大的意外。奏折称："古今各国变法非易，非有内忧，即有外患，请忍耐待时，步步经理，如操之太急，必生流弊。且变法尤在得人，必须有真正明达时务老成持重如张之洞者赞襄主持，方可仰答圣意；至新进诸臣，固不乏明达猛勇之士，但阅历太浅，办事不能缜密，倘有疏误，累及皇上，关系极重，总求十分留意，天下幸甚。臣受恩深重，不敢不冒死直陈。"

袁世凯的这份奏折实际上包含三层隐意，一是告诫光绪帝，改革从来都是很难的事，万不可操之过急，以致欲速则不达。二是建议光绪帝应该选拔、调任老成持重如张之洞那样的大员来主持朝政。这个建议并不是因谭嗣同的来访而突然提出的，至少在9月17日上午之前袁世凯已将此意告诉了张之洞的驻京代表钱恂。钱恂立即电告张之洞，张之洞在第二天的回电中要求钱恂劝阻袁世凯的提议。所以这一条建议虽与第一、第三条建议有相互关联，但并没有前后的因果关系。三是劝诫光绪帝对那些新进诸臣不可过于依赖和信任，因为他们阅历太浅，办事经验太少。光绪帝不依赖大清王朝已有的官员特别是那些老成持重的大员反而与这些新进诸臣结盟，进行急剧性的政治变革，其后果可能适得其反，甚至累及自己。在这一点上，袁世凯劝诫光绪帝一定要格外注意。

请训之后，袁世凯直接赶赴火车站，抵达天津的时候，太阳已经落山。袁世凯并没有急于赶回小站住所，而是赴荣禄的直隶总督府向荣禄汇报此次北京之行的惊与险。略述内情，并称光绪帝圣孝，实无他意，但有群小结党煽惑，谋危宗社，所以必须设法保全光绪帝以安天下。袁世凯尚未将全部情况讲完，有人来谈其他事务，袁世凯拖至很迟仍找不到机会续谈此事，于是只好先行告辞，约明日再来详谈。

袁世凯之所以没有打断别人的谈话而继续已经说到的话题，显然是他认为谭嗣同的夜访及其所谈到的情况虽然重要，但谭嗣同、康有为等人毕竟只是一群书生，如果不能获得他的支持，他们在北京根本没有能力发动大的政治行动，更不要说是杀荣禄、围谋颐和园了。因此，他并不认为局势已经到了非常危险的阶段，他相信光绪帝在他的暗示下应该有所警觉，康有为、谭嗣同等人的阴谋不可能实现。

第二天（9月21日，八月初六）一大早，已经知道一些大概但并不清楚详细情况的荣禄迫不及待地"枉顾"袁世凯处详谈一切。出于自己职责方面的责任和作为大清王朝命官的道义感，袁世凯似乎比较如实地向荣禄描述了谭嗣同夜访的全过程以及自己的看法。由于谭嗣同夜访的主题是杀荣禄、围谋颐和园，因此袁世凯在描述的过程中也不时地向荣禄重申这只是谭嗣同、康有为等"群小结党煽惑"，他们只是利用了光绪帝对他们的信任，打着光绪帝的招牌招摇撞骗。所以所谓杀荣禄、围谋颐和园等并不代表光绪帝的意思，甚至可以有把握地说，光绪帝对于这些阴谋并不知晓。

按照谭嗣同夜访袁世凯时的说法，他们之所以执意要杀荣禄，围谋颐和园，是因为荣禄参与并主导了废立阴谋，而慈禧太后则是一切守旧势力的保护者，是中国政治改革迟迟难以推进的巨大绊脚石。对于谭嗣同的这些指控，素来沉着的荣禄大惊失色，大呼冤枉："荣某若有丝毫犯上心，天必诛我。近来屡有人来津通告内情，但不及今谈之详。"

如果说荣禄在此之前没有丝毫犯上之心的话是事实，但是当他听了这么多的内幕新闻，尤其是康有为、谭嗣同等一大批政治新锐把他作为犯上作乱的罪魁祸首及守旧势力的干将，此时的荣禄除了对康有为、谭嗣同等人充满仇恨外，也不能不开始怨恨光绪帝。为了宽慰荣禄，也是为了保护光绪帝，袁世凯向荣禄明确表示：所谓杀荣禄，围谋颐和园的计划"与皇上毫无干涉，如累及上位，我唯有仰药而死耳"[1]。事情已经很明白了，但是怎样处理这件事情，却也使荣禄、袁世凯颇费脑筋。他们筹思良久，迄无善策，荣禄只好返回总督衙门，与其幕僚们继续筹思良策。经过一整天的商量，他们也没有找到什么好的办法。不料至傍晚，却从北京传来有关慈禧太后重新训政、革职查办康有为以及缉拿康广仁等人的电报。

---

〔1〕　袁世凯：《戊戌日记》，见中国史学会编：《戊戌变法》一册，553页，上海：神州国光社，1955年。

第11章

由内政而外交

一

　　由光绪帝主导的政治变革在一场素来被称为"戊戌政变"的突发事件中结束。康有为、梁启超等人指责是以慈禧太后为首的守旧派镇压了维新派，而清政府在当时的处理决定中明确指出康有为等人纠集乱党谋"围颐和园劫制皇太后"，是用武力解决和平变革中的问题，实际上就是一场武装政变。[1]

　　戊戌年间政治变革及其结局当然还可以继续研究，只是经过这场突发事变的打击，产生了两个最严重的后果：第一，光绪帝似乎因为对康有为等人的失察而自责甚深，其少年时代就有的肾病突然之间急剧

――――――――――

[1]　清政府官方文件指责康有为："乘变法之际，阴行其乱法之谋，包藏祸心，潜图不轨，前日竟有纠约乱党谋围颐和园劫制皇太后陷害朕躬之事"。见《光绪朝东华录》（4），4206页，北京：中华书局，1958年。

恶化；第二，或许因为光绪帝身体出了问题，慈禧太后再次从幕后走上台前，出园训政。这虽说是他们爱新觉罗家族的内部事务，但对正在进行的政治变革来说无疑是一个巨大转折，大清王朝政治走向从此开始了"维新变法的反动时期"〔1〕。

所谓"反动"当然是指反新政，凡是新政中所提出或实行的举措，似乎都值得拿出来重新讨论其价值。而新政的基本价值取向是向西方学习，所以这一政治上的反动时期在基本价值取向上无疑鼓励、纵容了盲目的排外主义，启发了国内莫名其妙的民族主义情绪，似乎先前几十年向西方学习的选择根本就是错误的，中国的未来只能从自身传统中去寻找。

强烈的排外意识是戊戌后社会各界的基本共识，那时朝野各界似乎一致厌恶西方、反对西方。最上者如慈禧太后，她虽然是近代中国比较早认识西方近代实质意义的领导人，但在戊戌政变后出于最实际利益的考量，她对西方的看法也发生了变化。她不明白自己那样执着地劝说中国人学习西方，西方为什么还那样与她过不去？大清王朝已明白宣示康有为、梁启超犯上作乱，而西方国家不仅不帮助中国将康、梁二人缉拿归案，反而协助他们出逃，予以庇护，拒绝引渡，甚至允许他们成立什么"保皇会"，发行报刊，招摇撞骗，蛊惑人心，肆意攻击与诋毁天朝。最可恶的是列强允许康、梁肆意攻击她本人，这是任何一个主权国家都无法容忍的。专制体制独裁者无论如何也不能理解西方社会的价值取向和民意，无法理解立宪国家政府与社会的分野，这也是慈禧太后在戊戌后逐渐左转，逐渐成为西方文明反对者的原因之一。

慈禧太后的变化深刻影响了朝中大臣和一般士绅，曾经参与新政

---

〔1〕　李剑农：《中国近百年政治史》，172页，上海：复旦大学出版社，2002年。

的那些大臣在政变后受到相应处分，而现任大臣或原本就不满意光绪帝主导的政治改革，或因慈禧太后的态度转而对西方文明比较反感。他们过去或许一度仰慕与赞美过西方文明，但实在弄不明白西方何以总是欺负这个中国学生，总是跟中国过不去。他们感到西方人和西方国家之所以支持中国政治变革，可能与他们的总体阴谋有关，那就是防止中国强大，阻止中国发展，乃至彻底搞垮中国，进而将中国沦为他们的殖民地。[1]

一般民众当然没有这种深刻的认识，不过他们出于最直接的感受，觉得自从五口通商以来，自从外国商品与传教士毫无节制地涌入中国以来，他们的日子不是比过去更好，而是比过去更糟糕。旧式手工业受到前所未有的冲击，失业人口急剧增加。再加上甲午战后巨大的战争赔款压力，战后大量兵勇遣散，流民数量成倍增加。更为不幸的是，那几年天灾不断，尤其是华北地区大面积持续干旱以及黄河连年失修所导致的灾难，造成哀鸿遍野，民不聊生。一般民众直观地知道日子之所以一天比一天艰难，大概都是洋人来了之后所造成的：洋人在中国大规模造铁路、开矿山，将中国的龙脉挖断了，地藏的宝气泄漏了；洋人在城乡遍设教堂，把传统神祇、祖先得罪了，这些神祇、祖先也不保佑中国人了。

基于直观感受与判断，民众的"集体无意识"想要恢复往昔宁静的生活，就只有将那些可恶的洋人驱逐出去不可，将那些洋教士特别是追随洋教士为非作歹的"二鬼子"教民杀掉不可。这种"集体无意识"逐步发酵，终于酿成此伏彼起连年不断的教案。仅在德国占据胶州湾后

---

〔1〕　《郑观应致盛宣怀函》（1899年5月1日），见陈旭麓、顾廷龙、汪熙主编：《义和团——盛宣怀档案资料选辑之七》，3页，上海：上海人民出版社，2001年。

一年半的时间里，山东境内因铁路、矿山及教案所引发的外交纠纷就有一千余件。排外情绪已笼罩整个中国社会。

就大清王朝统治者来说，列强在戊戌政变后对中国内政毫无收敛地干涉，也使他们相当恼火。追根溯源，他们认为是新政的象征光绪帝依然在位的结果。他们越来越倾向于相信，只要光绪帝在位一天，甚至只要光绪帝还活在人世，不仅康有为等流亡的所谓维新志士还有精神寄托以及从事政治活动的资本，而且西方国家就会继续以光绪帝这一问题向中国施压。无所作为、束手待毙的光绪帝竟然一度成为"麻烦制造者"。

事实上，早在慈禧太后出园训政时，朝野间就弥漫着光绪帝病重甚至已去世的传言。这些传言既有清政府政治高层有意向外释放的信息，以便为未来政治决策预留足够空间，也有海外流亡者故意夸张的成分。政治流亡者清楚得很，只要光绪帝一天不倒，只要光绪帝依然活在人间，即便现在吃够苦头，他们终究会扬眉吐气重出江湖，因为年轻的光绪帝终究要比年迈的慈禧太后活得时间更长些。

光绪帝的存在成为慈禧太后和那时当权者的一个心病，起初他们或许真的企图通过宫中太监使用药物等办法摧毁光绪帝的肉体，但这一做法很快遭到各方面的公开谴责，中外各界一致警告那些政治野心家不要违背民意进行这种阴谋。

不过，传言中的这一做法在多大程度上是出于慈禧太后指使，实际上是很值得怀疑的。她如果想置光绪帝于死地，应该并不困难。光绪帝虽然不是慈禧太后亲生，但多年养育之恩，正如光绪帝自己所辩白的那样，他并没有对慈禧太后表示过不忠。根据现在能够看到的比较可信的资料可知，即便光绪帝确实感到慈禧太后对新政干预太过，即便他与慈禧太后发生过言语冲突，之后他找杨锐所要商量的也是考虑怎样既能推动新政进行，而又不使慈禧太后生气。光绪帝的真情实意并不难被慈禧太后所理解，所以慈禧太后如果真的像那些政治流亡者所宣传的那样指使宫中太监使用药物从肉体上摧残光绪帝，未免太过于夸大了帝后冲突，也太过于戏剧化。

政治流亡者虽然吃尽了苦头，但却获得了道义同情和支持，且较清政府拥有更大的话语权。相反，清政府特别是慈禧太后毕竟用"六君子"的鲜活生命换取了政权，不管怎么说都在道义上亏了一层。再加上专制政体信息不透明，清政府在很大程度上反而成了话语弱势的一方。所以我们看到所谓慈禧太后利用宫中太监向光绪帝使用药物的说法，基本上来源于海外政治流亡者，并没有档案或其他方面的证据作为支持。

两宫之间的真实情形我们并不太清楚，但我们知道光绪帝在1898年那场未遂政变之后确实病倒了。第二年，光绪帝的身体时好时坏，至年底，似乎大有一病不起的迹象。12月20日，光绪帝发布一道上谕，驳斥康有为、梁启超等人在海外的造谣诬蔑，强调慈禧太后出园训政以来上下一心，宫府一体，希望臣民不要听信康有为等人瞎说，妄为揣测。[1]

光绪帝的谕旨证明两宫之间没有矛盾，然而为时不久，一个流传很久的传言竟然变成了事实，满洲贵族统治集团开始为光绪帝物色继承人。至1900年1月24日，上谕宣布立端郡王载漪的儿子溥俊为大阿哥，继承穆宗毅皇帝同治帝为子，实际上就是光绪帝的接班人。由于这一天为农历己亥年十二月二十四日，因此历史上称这一事件为"己亥建储"。

"己亥建储"确乎为光绪年间的重大政治事件，这一事件对于后来

---

〔1〕　《光绪朝东华录》（4），4454页，北京：中华书局，1958年。

的政治发展具有相当重要的作用。但是这一事件的真相现在已经很难弄清了，其本质应该与光绪帝的病情恶化，以及清代权力传承有关。

中国文明很早就确立了政治权力父死子继的大原则；如果没有子嗣，中国文明中政治权力传承小原则是兄终弟及；如果兄终弟及也无法实现，比如，皇帝没有亲兄弟，那也没有问题，按照血缘关系，以与皇帝血缘关系的远近确定皇位继承人。中国文明的这种制度设计最大限度地减少了皇族内部的权力冲突，是一种自然顺位。然而由于满洲人是以异族身份入主中原，因此清政府自第一个皇帝开始，直至最后一个皇帝，始终面临着皇位继承问题的困扰。

立端郡王之子溥俊为大阿哥，主要是因为光绪帝的身体经过1898年的折腾可能实在顶不住了，而且光绪帝大婚已经十几年，看来已经很难有自己的龙子龙孙了。在过去两年中，也曾有外国公使馆的医生为光绪帝看过病，证明光绪帝的肾病已经相当严重。为了大清王朝的长治久安，为了防止光绪帝万一发生什么不虞，特别是因为光绪帝需要静养，而清政府烦琐的日常典礼实在太多了，所以如果有一个大阿哥代劳，至少可以使朝廷日常事务重回正常状态。这是立大阿哥的真实原因，是为光绪帝的身体而着想，这个想法在很大程度上应该是光绪帝本人的主意。

善意去理解"己亥建储"是对的，清政府官方文书也都是这样解释的。然而由于此时离1898年政治变动太近了，许多问题并不那么容易看清楚。出于政治原因，这些清政府正常的政治运作，在被流放的康有为、梁启超等人看来，可能就是一个阴谋，他们认为这是以慈禧太后为首的守旧派试图更换皇帝的做法。为了保护他们心目中的英明皇帝，他们发起了一场规模浩大的"保皇运动"。许多不明真相的人出于挚诚，通电抗议清政府"名为立嗣，实则废立"，呼吁朝廷中的中坚力量如庆亲王、荣禄等人公忠体国，奏请光绪帝不要有退位之想，"上以慰太后之忧勤，下以弥中外之反侧"[1]。将一个正常的人事调整视为影响中外关系的大事件，这就为后来的政治发展注入了许多不确定因素。

"己亥建储"所引起的政治格局变化只是体现在上层，而下层民众则是另外一种情形。但到了后来，当上层政治变化引发中外关系紧张和冲突时，政治高层非常不恰当地利用了民粹主义情绪，遂使问题复杂化。

下层民众在甲午战后承受着更多的痛苦，他们根本没有多余的精力当然也没有能力就国家大事表明自己的态度。不过，甲午战败对下层民众来说也是直接的政治事件，他们的生活在经历了这次战争后更加艰难。"集体无意识"促使他们不甘心于中国社会继续沉沦，不甘心于具有五千年历史文化传统的中华民族就此灭亡。于是，以农民、手工业者为主体的社会民众自发联合起来，用他们独特的应变方式掀起了一场以挽救民族危亡为目的的政治运动。他们像顾炎武在两百多年前所揭示的那样，对于国家的灭亡并不感到特别可怕，他们真正感到可怕的是"亡天下"，是民族文化无法在这个世界继续存在。于是义和拳在山东悄然兴起。

二

义和团运动至1900年年初方才引起人们的注意，在此之前数月，义和拳一直在鲁西北慢慢积蓄力量。至1899年冬，义和拳越过直隶和山东交界地区，以迅雷不及掩耳的速度扩展到华北平原大部分地区，甚至

---

[1]　《上总署转奏电禀》（1900年1月27日），见虞和平编：《经元善集》，309页，武汉：华中师范大学出版社，1988年。

蔓延到东北及蒙古。[1] 所以经久不衰的民谣称"义和拳起山东，不到三月遍地红"。

义和团运动的迅速崛起，与甲午战后国际局势变化以及国内社会经济大变化有着直接关系。随着《马关条约》的落实，外国资本潮水般地进入中国，中国经济实际上渐渐处于失控的状态。与外国资本大量进入中国相配套的政策并不完善，外国资本强劲的发展势头实际上潜伏着巨大的政治危机。

与此同时，外国传教士也随着外国资本大量涌入内地，形成新的文化冲突。于是民间秘密结社形式及其政治诉求多有变化，他们往往不满意于"新异族"传教士的所作所为，开始放弃先前两百年"反清复明"的政治诉求，转而将传教士作为斗争目标和袭击对象。

秘密结社是中国民间社会的一个重要组织形式，有着悠久的历史传统，其功能是在政治高压的社会网络中为孤立无援的个人提供咨询和帮助。据研究，晚清北方中国活跃的所谓义和拳只是中国民间秘密结社的一个分支，大多属于白莲教系统，其政治起因多是不满意于满洲人的"异族"统治，故而在清朝前期从事"反清复明"的政治活动，以民间力量为清朝政治统治制造麻烦。

到了清朝中期，种族意识在长时期的消磨中逐渐丧失，由白莲教系统演化出来的所谓义和拳实际上已演变成以强体健身、自卫身家为宗旨的民间武术团体。他们的政治诉求一般说来比较简单与具体，因为他们已失去以满洲人为斗争对象的可能和机会。

鸦片战争后，传教士随着列强的战舰大规模东来，拥入内地。他们

---

[1]　［美］柯文著，杜继东译：《历史三调：作为事件、经历和神话的义和团》，15页，南京：江苏人民出版社，2000年。

在向中国社会传递西方近代文明的同时，毫无疑问也因为对中国国情缺乏了解而支持或者说利用了一些中国人。不必否认早期教民中有许多虔诚的中国人真心向教，但同样不必否认早期教民中也有一些不良之士甚至不为中国人所耻的地痞无赖。这些不良之人利用传教士的身份做背景欺行霸市，为非作歹，横行乡里，激化了民间社会中的中西矛盾，西方来华传教士无端替那些不良教民承担了责任。民间社会与"新异族"传教士的矛盾不断加剧，一般民众逐渐将传教士作为主要斗争目标和袭击对象。于是民间秘密结社成为晚清中国社会中抵抗外来侵略，尤其是反对外国传教士斗争的中坚力量。

在甲午战前，民间秘密结社反洋教的斗争虽然时有发生，但从总体上看，这种斗争既没有形成规模，也没有多少政治深度，更多的只是各地因某些具体事件而发生的反对教士、教民不法行为的所谓"教案"而已。

甲午战后则不然，随着外国资本无节制地进入中国，外国商品无限制地涌入。这一方面提升了中国人的生活品质，另一方面也使许多中国人的生活难度在加大，许多下层民众的生活状况较之战前不是有所改善，而是进一步恶化。有了这种最直接的个人生命体验，中国人尤其是广大农村的民众在将这种责任归罪于朝廷的同时，他们更直接的感受就是那些仰仗洋枪洋炮而作威作福的洋教士们，以及他们所豢养的那些所谓教民几乎没有什么好东西。他们的愤怒无一例外地对准这些洋教士和中国教民。

就传教士本身来检讨，他们本来是肩负着传播"福音"的使命来到中国的。一般说来，在甲午之战前，除了个别传教士怀有某些政治野心，不安分于传教而热衷于政治活动外，大多数传教士在中国广大地区尤其是农村地区，特别是偏远的农村地区，还是做了许多有益的慈善工作、教育普及工作的。

　　然而到了甲午之战后，随着外国资本在中国大幅增加，各国在中国的权益也在增加，相当一部分传教士已不安心于传教，而是开始直接或间接地为其国家利益服务，违背了其为上帝传播"福音"的原初宗旨。例如德国天主教会圣言会在山东的主教安治泰，一直要求德国政府为教会利益采取积极有力的行动。巨野教案发生后，他立即向德国外交部建议应该利用这个大好机会占据胶州湾，并将胶州湾变为德国在远东的一个重要基地。[1] 这种具有明显政治色彩的言行显然不符合传教士的角色，不符合传教士来华的原初本意，显然是披着宗教外衣从事宗教外的事务，这自然会引起中国人的反感。

　　像安治泰这样的传教士在当时虽然并不具有普遍意义，但也为数不少。诸如法国传教士樊国梁，美国传教士丁韪良、李佳白等，他们虽然在近代中国社会转型过程中起过相当重要的作用，但随着中国政府与西方国家尤其是与他们自己的国家发生某种冲突或外交紧张时，他们都在某种程度上背弃了最初的宗教乃至政治信仰，而屈从于更现实的政治，都曾向他们自己的国家竭力鼓吹瓜分中国，要求其政府动手建立自己的侵略基地。

　　甲午战后，中外冲突表现最剧烈的无疑是山东。山东人不仅在战争中遭受到直接痛苦，而且在战后也受到直接影响。特别是德国强占胶州湾之后，山东成了德国人独占的势力范围，修铁路，开矿山，强占民田民房，破坏水道，破坏坟茔，山东境内铁路沿线、矿山周围的百姓没有得到经济开发所带来的好处，反而因之受到了无端伤害。

---

〔1〕　孙瑞芹编译：《德国外交文件有关中国交涉史料选译》（1），154页，北京：商务印书馆，1960年。

按照中德双方达成的谅解，德国人在山东修筑铁路、开采矿山，需要占用民田民房的，都会给予当事人相应补偿甚至优待。但在实际上，那些被占用民田民房的百姓根本得不到补偿，或者得到的补偿非常少，这势必引起被占土地的农民的强烈不满，"失控的发展"终于引发一系列突发事件。

按照中德约定，德国铁路、矿山所需要的土地应该由清政府征收整理后提供，德国方面不介入与中国百姓的直接关系，德国方面的补偿主要是通过贸易形式，因此这些征用补偿的责任主要在清政府。至于事件发生后，德国方面也不得直接介入，因为这是清政府的权力，是司法自主。然而由于中国地方政府效率低下，对突发事件往往反应迟钝，制止不力，甚至有纵容民间社会向德国当局闹事的嫌疑。于是久而久之，德国人根本不再顾忌中德原先达成的谅解，一旦某地发生骚乱，德国人往往绕开中国地方当局，迅速直接派兵强行镇压。这虽然提高了效率，但无疑增加了中外之间的仇恨。

为了平息民怨，参与处理这些纠纷的山东地方官吏曾向清政府提出过很好的建议，希望由总理衙门出面协调与德国当局的关系，维持原条约中的约定，但凡租界外发生纠纷，仍归中国地方当局处理，"庶免喧夺而起纷争"[1]。然而这样的建议或不被清政府所重视，或不被德国人所接受，结果中德之间的矛盾越积越深，局部抗争逐步演化成大规模的武装反抗。

在山东开发投资的不只是德国人，日本人、英国人在山东也有自己

〔1〕　《高密县民与铁路口角拔去路标并围公司肇衅致动德兵议结案内电底禀底》，见陈旭麓、顾廷龙、汪熙主编：《义和团——盛宣怀档案资料选辑之七》，13页，上海：上海人民出版社，2001年。

的利益。甲午战后，威海卫作为抵押曾被日本占领三年之久，后被英国顺手租借。这些地方被租借、开发，即便不是完整意义上的殖民，但中外发生冲突的概率无疑在上升。这是义和拳兴起的一个外部原因。

义和拳的兴起，还与当时的经济转型有关。甲午战后，外国资本蜂拥而至，大力投资中国的铁路。铁路很快成为经济大发展中的一个重要物流渠道，其便利、低价、规模化，使铁路具有极强的竞争优势。外国资本控制的沿海航运业也是一个新兴的价格低廉的物流管道。因而甲午战后不久，传统的物流运输即南北大运河日趋衰落。原先凭借运河谋生的船夫、挑夫、搬运工，甚至相关的餐饮、旅馆、色情场所等都受到极大影响，大批人失业，四处流浪。甲午战后急剧的经济发展并没有给更多的人带来好处，反而因发展使很多人的经济利益受损。

义和拳的兴起还与当时连续的自然灾害有关。中国老百姓是最能忍的，不到万不得已不会造反，只是那几年天灾频仍，黄河不断决口，受灾面积不断扩大。到了1899年，黄河流域又遇到空前干旱，许多地方颗粒无收，不仅造成了严重饥荒，生民遍野，流离失所，而且由于干旱，人们的心理也受到非常恶劣的情绪影响，怒火中烧，随时爆发。这些流民、灾民聚在一起，就是义和拳，就是大刀会，就是民间秘密组织。他们的本意不过是抱团取暖，相互扶持，度过最困难的时期，所以他们一旦遇到非常事件就很容易爆发。

我们过去始终以为义和拳、大刀会等都是民间秘密结社，其实这个说法可能并不准确。这些人聚到一起无须结社，他们只是因为困难而走到一起，他们中稍有知识的人可能会宣传某些"劫变"观念，宣称他们渡过这个难关，顺应天意，或许有机会被从劫难中拯救出来，这实际上是一种宗教安慰。在本质上，他们抱团取暖，习拳练武，兼习法术，其实只是强身健体，在经济困难时期自我保护而已。至于他们所渲染的刀枪不入等"超自然本领"，是中国农村部分农民从来就有的一种表演方式。即便到了20世纪中晚期，这种情形在黄淮平原的广大农村也非常普遍。

作为受灾受难的农民，义和拳、大刀会等民众不可能有什么明确的政治诉求和政治理念，他们之所以反对外国教会，反对教民，除了教会、教民的活动侵犯了他们的利益外，可能还有中西文化上的不认同。是基督教文明与中国本土文明的冲突，但是这种冲突不宜夸大，如果不是后来被别有用心的政治人物利用，义和拳、大刀会都不会成为那样的排外组织。

根据后来的研究，义和拳、大刀会最活跃的地区主要在鲁西南，其中影响最大的是曹州、单县的大刀会，以及茌平、高唐、平原一带的神拳。那一带处在政治统治的边缘，因而有利于他们四处流浪，集会练武，也不容易立刻引起清政府的注意。这是义和拳、大刀会等在最初阶段发展的真实机缘。

三

义和拳、大刀会发展最直接的动力其实说起来又与朝廷的政治变动有关，这些原本并不对政治有任何兴趣的人被迫介入了政治，成为政治的筹码。

在1900年之前，《马关条约》对外国资本全面放开，外国资本蜂拥而至抢占中国这个广袤而尚未开发的市场。外国资本到中国，中国人遇到外国企业，相互之间的不协调和不适应在所难免。在这个过程中，下层民众的利益受到某种程度的伤害也是实情，所以许多地方政府对这些流民，尤其是具有结社倾向的流民进行镇压的同时，也多少给予道义上的同情。有时地方政府甚至以这些受到冤屈的流民作为与外国人谈判的筹码，这一点在中外利益冲突最严重的山东格外明显。或许是因为德国在列强中还比较落后，他们对财富的积聚更为迫切，所以在山东发生的中外冲突比较多。山东几任巡抚李秉衡、毓贤等一方面执行朝廷的指令尽量镇压这些闹事的流民，另一方面对这些流民也给予适度同情，毕竟是自己的子民，何况他们本身确实有冤屈。

特别是在毓贤管理山东时期，山东的民教冲突更加严重。不仅本地那些失去土地的民众不断闹事，还有很多从外地赶来的大量流民也参与进来。这些本地与外地的流民是否真的组建起了严密的组织，其实是值得怀疑的。但是毓贤从治理的立场出发，为了使地方稳定，他一改李秉衡严厉镇压的措施，对于本地那些失去土地的流民，对于他们习技勇以自卫身家的行动略表同情。一旦地方发生大规模群体冲突，毓贤的本能反应是将本地人与外地人区别处理，尽量使本地人解脱，尽量将责任推给外地人，甚至宣称这些外地流民是打着义和拳、大刀会名义的游匪，因而这些群体事件与真正的义和拳和大刀会并无关联。

很显然，毓贤担心如不分别对待，诚恐株累太多；担心老百姓一旦不能忍受，势必铤而走险，溃川决防，不可收拾。他深切感到仅仅凭借政府的力量并不足以与洋人进行交涉，并不足以抗衡飞扬跋扈的外国教会。因此他希望在一定程度上保护义和拳、大刀会民众的积极性，在主观上有利用他们以与外来势力相抗衡的政治或外交目的。

山东新巡抚张汝梅的做法更进一步。张汝梅觉得既然这些义和拳、大刀会民众是一种可以凭借的力量，为什么不能将他们官方化呢？为什么不能将他们引导到体制内呢？1898年6月30日，张汝梅将这个意思向朝廷做了报告，宣称在山东、直隶一带活动的这些义和拳、大刀会，其实就是咸丰、同治年间创办的"乡团"，具有乡间自治的意思。因此，张汝梅建议朝廷"化私会为公举，改拳勇为民团"，将他们纳入体制内，交给地方政府严加管理，将他们引导到自卫身家、守望相助、维护地方秩序上来。这就是我们后来一般不再说"义和拳"而改称"义和团"的背景。其实从原初意义上说，义和拳可能比义和团更准确。

张汝梅改拳勇为民团的建议获得了朝廷的默许，这就为后来的政治演变注入了新因素。义和团从此成为官方可以动员的一种力量，成为对外交涉中的一个筹码，官方当然不会像过去那样坚定镇压这些民间组织。毓贤明白无误地说："当此时局艰难，外患纷沓之际，当以固民心为要图。"相信只有整合民心，利用民心才能度过艰难。他们甚至认为，如果一味对这些民众团体予以镇压，很可能为渊驱鱼，为丛驱雀，必将把全体民众都弄成教民。真到了这种地步，国家也就陷入了万劫不复的境地。在这些地方行政长官看来，对外交涉仅仅凭借政府的外交人才是不够的，如果将民间力量统统推到敌对方面，对外交涉可能更加困难，不仅无法约束外国人的活动，甚至没有办法镇住那些原本就是中国人的教民。既然民心可用，当然不能对他们强力镇压，而是利用他们作为对外交涉的工具。[1]

山东地方官府将义和团作为对外维权的工具还情有可原，这只是内政对外交的一个需求，地方官府只是将自发的民众当作对外交涉的筹码。这在很多地方、很多时候都很正常。只是此时内政对外交还有第二个需求，即我们前面讲到的大阿哥事件。到目前为止，列强还有意无意地轻视大阿哥，轻视大阿哥的老爹端郡王。按照中国体制，端郡王现在为军机处和总理衙门领办大臣，各国公使的故意轻视在端郡王内心深处

---

[1] 给事中胡孚辰说："岂知今日时势，不仗兵力而仗民心；各国之觊觎而不敢遽动者，亦不畏兵力而畏民心。"

留下什么样的伤害，好像无须细说了。外交上的雕虫小技在这时起到了重要作用，义和团竟然成了清政府手中的调控筹码。

清政府立端郡王的儿子溥俊为大阿哥有其正当性，是一个不必怀疑的内政问题。但是这件正当的事情被弄得好像不正当了一样，像是一个惊天大阴谋。这主要是因为满洲贵族集团选择了端郡王的儿子为大阿哥，这里既没有能力上的比拼，也没有血缘上的充分理由，当然不足以说服集团内部的反对者。

端郡王在这之前其实并没有深度介入现实政治，很难说端郡王究竟是排外还是具有一定的国际视野，因为他从来没有这方面的表现。他后来的排外形象其实是一点一点被塑造、被加工出来的，而他自己也就在这个过程中不断向着这个方面转化。

实事求是地说，端郡王是个平庸的人。他能上位，他的儿子能够被立为大阿哥，就是因为他的平庸。他如果锋芒毕露，具有坚定的排外立场，那么后来事情的发展肯定不是现在这个样子。一个平庸的端郡王得到了意外的好处，一定会使那些不论是自认为还是别人认为的能力较强的贵族心中不爽。比如庆亲王，他自恭亲王之后一直负责中央事务的日常管理，与外国公使有着非同寻常的私人关系，庆亲王家的孩子为什么不能当大阿哥呢？这个主管外交事务的王爷究竟在端郡王排外倾向的塑造中起到怎样的作用呢？我们当然不能说庆亲王将端郡王的形象往排外主义方面去塑造，但我们有足够的理由可以说，负责外交事务的庆亲王真的没有向外国公使解释，没有说这位端郡王并不是一个排外主义者，而是一位具有世界眼光的领袖。

清政府立端郡王之子溥俊为大阿哥的消息是1900年1月24日对外公布的。奇怪的是，各国公使一反外交礼仪，对清政府这样巨大的人事变动根本不做任何反应，硬是将端郡王父子晾在一边，让清政府出尽了洋相。清政府内部人事变动当然无须征询外交使团的意见，只是外交使团太不给面子，这势必影响清政府的威望，清政府需要外国公使帮忙时，外国公使却不帮忙。那么随着时间的推移，总有各国公使需要清政府帮忙的时候，这种机会并不难等到。

其实，就在这个时候或稍前一段时间，在山东地方官府的纵容或默许，义和拳、大刀会在那里有了相当快的增长。这些"不官不民"的组织令外国人格外忧虑，所以外交使团在1899年年底以山东地方当局镇压不力为由，请求清政府任命袁世凯为山东巡抚以替换毓贤。

在各国公使看来，袁世凯早年常驻朝鲜，其所具有的国际视野会使他对义和拳、大刀会有比较正确的判断。而其小站练兵聘请外国教练训练的几千新军，也使他有力量迅速剿灭这些义和拳、大刀会。袁世凯的个性也受到各国公使的赞赏，以为他在关键时刻总会从容不迫。各国公使相信在袁世凯的治理下，山东一定会很快恢复秩序。[1]

列强的建议随即获得了清政府的积极回应，因为那个时候大阿哥事件还没有发生，中外沟通还不存在大问题。1899年12月6日，清政府免去毓贤的山东巡抚之职，任命袁世凯接任。

---

〔1〕　《英国蓝皮书有关义和团运动资料选译》，4页，北京：中华书局，1980年。

第12章

归零

一

　　袁世凯没有辜负列强的期待，就职伊始，就发布一道措辞强硬的告示，要求各地义和拳民众尽快自动解散，否则严厉镇压，格杀勿论，决不姑息。对于那些"献首"、自新的义和拳民众，袁世凯宣布既往不咎。

　　剿抚兼施的两手策略很快见效，然而谁也想不到的是，袁世凯的这个政策引发了一个非常奇怪的"卜克斯问题"。

　　卜克斯是英国传教士，也是一个狂热的宗教极端分子，在当时比较紧张的气氛中，他坚持要从泰安返回平阴。不料途中遇到几个准备打家劫舍的中国人，他们试图绑架卜克斯去吃大户，然而年轻气盛的卜克斯根本不愿配合。几个中国人鉴于袁世凯严厉的镇压措施，认为与其放掉卜克斯准备吃官司，不如将他杀死，一了百了。

　　民教冲突是山东的老问题。卜克斯既不是在山东遇害的第一个传教士，也不是最后一个。但是卜克斯死的实在不是时候，这对于袁世凯的强力镇压政策构成了极大冲击。一些大臣将卜克斯被杀归罪于袁世凯的这一政策，英国公使联络各国公使向总理衙门一次又一次地提出抗议。然而，此时朝廷正因大阿哥事件闹得不可开交，自然无暇顾及卜克斯事件。

清政府的拖延使英国人非常愤怒。1900年1月23日，法国公使毕盛提议召集英、法、德、美四国公使会议，讨论怎样与清政府交涉日趋严重的山东局势。他们要求清政府严厉镇压在山东、直隶的义和拳与大刀会，因为这些地区的义和拳和大刀会已经公开在自己的旗帜上写着"灭洋"的字样。四国公使开会时，还不知道意大利在山东、直隶也有不少传教士，因而稍后他们邀请意大利公使参加，"四国公使联盟"演变为"五国公使联盟"。

不管是四国公使，还是五国公使，他们都不知道这个会议正在召集时，清政府也在举行重大会议。同一天（1月23日），清政府御前会议宣布一个惊人的决定：以端郡王载漪之子溥俊为大阿哥[1]。这一消息立即在国内外引起高度混乱和密集抗议，清政府根本无暇顾及五国公使就卜克斯事件发出的抗议。

其实，清政府此时特别需要来自各国公使的帮助，各国公使如果此时向清政府伸出援助之手，就大阿哥事件稍做肯定性表态，后来的情形肯定会不一样。然而，各国公使不知出于什么样的考虑，始终不愿就大阿哥事件发布任何评论，他们只希望清政府尽快去镇压义和拳和大刀会。结果，清政府对各国公使的要求既无兴趣又确实没有时间进行讨

---

[1]　李希圣：《庚子国变记》，见《义和团（中国近代史资料丛刊）》（1），11页，上海：上海人民出版社，1957年。

论。又过了一个月，五国公使于2月21日致信总理衙门，催促清政府就义和拳和大刀会事宜予以答复。25日，总理衙门的答复姗姗来迟，表示朝廷已有旨，由山东巡抚、直隶总督予以剿抚。

总理衙门的回复无法使各国公使满意，不过这个回复毕竟使各国公使与清政府自动恢复了失去较久的外交联系。各国公使趁热打铁，再接再厉，要求总理衙门安排一个紧急会晤，并明确要求庆亲王参加。总理衙门很快同意了这个要求，并把时间安排在了3月2日。

就在会晤的前一天（3月1日）晚上，五国公使分别接到总理衙门的照会及附件，附件中有直隶总督奉旨剿办义和拳的布告及一道上谕，这篇上谕使用了"取缔"义和拳等字样。

总理衙门的照会并没有使各国公使放心。3月2日，他们依然如约前往总理衙门与庆亲王等中国大臣会晤。庆亲王向各国公使解释了朝廷的政策，对于各国公使要求在政府公报中正式发布那份剿灭义和拳的上谕，庆亲王婉言拒绝，以为不合体制。

如果从大清国体制说，各国公使的要求其实是对清政府的不信任，是要求清政府将光绪帝的御旨公开发布，以便稍后对照检查，这当然不太合适。不过，各国公使也无法理解中国的体制运转，有时觉得中国体制很有效率，有时又觉得这个体制根本转不动。清政府明明白白地说要对义和拳进行镇压，但是始终没有付诸实践，除了袁世凯在山东略展拳脚之外，其他地方还是老样子。在袁世凯的治理下，山东的形势好转起来，只是这种好转是以义和拳大规模向直隶迁徙为代价的。鉴于这一系列复杂的事件，各国公使越来越倾向于武装干预，至少各国应该联合起来在中国北部沿海进行一次军事演习，以此警告清政府和义和拳。

各国公使的建议并没有得到各国政府的同意，因为军事干预毕竟不是小事，各国政府依然期待清政府能够觉悟和反省，能够在义和拳问题上拿出勇气。然而或许是因为清政府内部的问题太复杂了，拖到3月下旬，华北的局面不仅没有好转的迹象，反而越来越复杂。义和团开始大规模向京津地区转移。

还有一件让各国公使看不明白的事，他们曾经明确告诉清政府不要重新起用力主排外的前山东巡抚毓贤。然而清政府不仅大张旗鼓地重新启用毓贤，而且还将他派往外国人比较多的山西当巡抚。这在各国公使看来，是公然挑衅，是让各国难堪。

各国公使得知毓贤被重新起用的消息后反应强烈，英国公使窦纳乐表示，卜克斯善后尚未处理，清政府不对毓贤进行惩处，反而重用，这无疑是与各国作对。各国公使再次要求本国政府派遣军舰到中国沿海示威，以防止更严重的事情发生。

对于公使们的要求，各国政府也给予谨慎回应。英国、美国、德国、意大利等，从防患于未然的角度开始调兵遣将，准备在情况紧急时出手救助各国在华传教士、外交官、工程师及那些中国教民。

二

在各国公使向清政府施压的时候，俄国和日本的公使并没有参与。俄国公使格尔思在与英国公使窦纳乐交谈时表示，根据他的观察，各国的强硬举动对中国人来说，不仅没有效果，还很可能适得其反，中国人不会因为列强示威而屈服。不过，对于清政府，格尔思也尽量施加积极影响，希望清政府正视列强的警告，无论如何要早点出手，主动平息华北的义和团骚乱，不要给列强留下军事干预的任何借口。[1]

---

〔1〕　《红档杂志有关中国交涉史料选译》，215页，北京：三联书店，1957年。

　　俄国人的忠告也没有引起清政府的警觉。清政府到这个时候其实还在大阿哥事件上纠结，列强始终不愿在大阿哥问题上表示支持，这也是清政府对于列强的要求不愿回应的一个原因。清政府的冷处理为义和团的发展提供了一个难得的机会，1900年春天，义和团已经大摇大摆进入京津地区。他们"分遣党羽在山东、直隶各省煽惑愚民。近因直隶拿办严紧，潜来近畿一带传教惑众，行踪诡秘"。根据御史李擢英的调查，京师义和团主要来源于山东，这大概是因为山东巡抚袁世凯强行镇压，迫使义和团向京津地区转移的后果。这些义和团"散布京城，潜通南宫、冀州一带，无知之辈，明目张胆，到处勾劝"[1]。

　　根据唐晏记载，此时京师纷传义和团之多，几至遍地皆是。每当夕阳既西，肩挑负贩者流，人人相引习拳，甚至有大户人家也开始设坛，王公贵族随着起舞，据说倡导最卖力的就是大阿哥的父亲端郡王。这显然不是单纯信仰义和拳、大刀会，而是别有政治用心。

　　清政府镇压无力，义和团急剧发展引起了列强的恐慌。4月6日，英、美、德、法四国公使联名照会，要求清政府两个月内将义和团一律剿灭，否则各国将派兵代为剿除。这大约是列强第一次提出出兵代剿方案。

　　清政府除个别官僚如端郡王等对义和团有所偏爱外，就其整体而言，他们对义和团并非一味纵容和默许。不论是山东巡抚袁世凯，还是直隶总督裕禄，他们一直奉行强硬的镇压手段。举凡发现哪里出现义和团，他们无不迅速派兵"妥为弹压解散"，毫不客气地将"设立拳厂，

〔1〕　《御史李擢英片》（光绪二十六年三月初六），见《义和团档案史料》上，71页，北京：中华书局，1959年。

煽惑滋事首要匪犯拿获"[1]。然而遗憾的是，他们的强力镇压并没有收到预想的效果。义和团不仅没有因他们的镇压销声匿迹，反而在四五月间迅猛发展，直接影响到了京师的安全。

4月中旬，义和团在卢沟桥至保定一带频繁活动，他们分散在附近的乡村中，并且相当成功地在当地居民中招募信徒。义和团定期举事的匿名揭帖到处张贴[2]，据估计，仅仅屯扎于保定府南门外的义和团就有一万多人。卢沟桥的义和团有一百余人举行了会议，并都暗带兵器，散布揭帖，揭帖专以杀害教民反对洋人为词。各国公使甚至清政府都普遍担心这些在帝国京郊活动的义和团可能会与京城中的外国人发生冲突。[3]

4月下旬，部分义和团民潜入京师，凡遇教堂，他们就贴揭帖，宣称现在中国的"混乱扰攘均由洋鬼子招来，彼等在各地传邪教、立电杆、造铁路，不信圣人之教，亵渎天神，其罪擢发难数""天意命汝等先拆电线，次毁铁路，最后杀尽洋鬼子。今天不下雨，乃因洋鬼子捣乱所致""消灭洋鬼子之日，便是风调雨顺之时"，鼓动民众与他们一起定期举事，攻击教堂和外国人。4月底，京城第一个义和拳坛口在东单牌楼西裱背胡同于谦祠内出现。

进入5月，京城内外的义和团相互配合，事情越闹越大。近畿一带，如清苑、涞水、定兴，尤其是保定府，相继发生焚毁教堂、杀害教民等多起恶性事件。在京城，"颇有外来奸民，妄造符咒，引诱愚民，

---

〔1〕　《直隶总督裕禄片》（光绪二十六年三月初十），见《义和团档案史料》上，72—73页，北京：中华书局，1959年。

〔2〕　《义和团史料丛编》（2），90页，北京：中华书局，1964年。

〔3〕　《总理各国事务衙门致直隶总督裕禄电报》（光绪二十六年三月十七日），见《义和团档案史料》上，79页，北京：中华书局，1959年。

相率练习拳会；并散布谣言，张贴揭帖，辄称拆毁教堂，除灭洋人，借端煽动"[1]。在西四牌楼羊市南壁上发现的义和团乩语云："一愁长安不安宁，二愁山东一扫平，三愁湖广人马乱，四愁燕人死大半，五愁义和拳太软，六愁洋人闹直隶，七愁江南喊连天，八愁四川起狼烟，九愁有衣无人穿，十愁有饭无人餐，过戌与亥是阳间。"[2]随后不久，类似的揭帖在京城到处张贴，鼓动拳民焚毁教堂、使馆，"在京洋人，均有自危之心。各电本国，请兵来京，自行保护"[3]。

义和团在京津地区活动的加剧引起了列强的高度警惕，但清政府此时对于义和团其实已经无能为力。因为中外交涉困难，清政府开始默许义和团进入京津地区，一些王公大臣甚至故意与义和团称兄道弟，以此向列强显示众志成城之意。其实，操控民粹主义原本就是一把双刃剑，煽动起来不难，呼之即来，但很难做到挥之即去。这大约也像中国老话说的，请神容易送神难。

还有一点值得关注的是，不管是义和拳，还是后来的义和团，他们原本并没有多少政治诉求。但是到了5月底6月初，他们进入京津地区，与王公大臣联合起来之后，他们的政治诉求越发明显，排外的性质越来越清晰。一份落款为5月28日的义和团揭帖写道："兹因天主教并耶稣堂，毁谤神圣，上欺中华君臣，下压中华黎民，神人共怒，人皆缄默。以致吾等俱联系义和神拳，保护中原，驱逐洋寇，截杀教民，以免生灵

---

〔1〕　《总理各国事务奕劻等折》（光绪二十六年四月二十六日），见《义和团档案史料》上，97—98页，北京：中华书局，1959年。

〔2〕　《义和团文献》，见《近代史资料》1951年（1），15页，北京：中国社会科学出版社。

〔3〕　《总理各国事务奕劻等折》（光绪二十六年四月二十六日），见《义和团档案史料》上，98页，北京：中华书局，1959年。

涂炭。"这样清晰的表述，显然不是农民兄弟所为，一定另有捉笔者。

清政府镇压无力，或者很多时候不愿镇压，这一点不论是义和团团民，还是各国公使，似乎看得都很明白。其中的原因，各国公使似乎也都知道，多少与大阿哥的事情有关联，因为各国公使不愿在大阿哥问题上做任何友好表示。在这种情形下，京津地区越闹越乱，直至一发不可收拾。

1900年5月17日，法国驻华公使毕盛向各国公使报告，义和团在保定府附近某处毁坏了三个村庄，杀死了六十一名天主教徒。18日，英国驻华公使窦纳乐通过伦敦会得到消息，称义和拳在北京东南大约四十英里处毁坏了他们的一个礼拜堂，并且杀死了一个中国牧师。窦纳乐为此立即致函总理衙门，强烈要求清政府必须采取坚决措施以避免继续发生骚乱。同一天，窦纳乐又前往总理衙门，询问清政府正在采取什么步骤，并且特别强调必须保护偏僻农村地区的传教士与教民。在座的总理衙门大臣终于承认局势已非常严重，但他们也向窦纳乐解释道，朝廷5月17日颁布了一道上谕，因京城内外奸民以拳会为名，张贴揭帖，蛊惑人心，事关交涉，命顺天府尹、五城御史、步军统领衙门会同妥议章程，立即镇压义和团，并令直隶总督裕禄一体严禁。据窦纳乐后来回忆，总理衙门的大臣们在此次会晤过程中的态度是真诚严肃的，他们既与窦纳乐坦率讨论清政府必须加以克服的实际困难，也以最严肃的口吻向窦纳乐保证，这些困难都将得到克服，而且在很短时间内必能将这场大规模骚乱镇压下去。

然而5月19日，各国公使首席代表、西班牙公使葛络干将法国传教士樊国梁的一封信转给各国公使。樊国梁在这封信中用最阴森的笔调描绘北京的情形，以为北京局势基本失控，当地已经被义和拳包围。根据他的说法，义和拳的目标就是要消灭在中国的欧洲人，因此他预言最大的不幸可能很快就会出现。[1]

　　樊国梁大主教是元老级传教士，在中国已经生活了三十八年之久，懂中文，交际广，一口地道的北京腔使其能获得他人无法获得的信息。虽然有公使觉得樊国梁的说法或许有点夸大，但总体上大家还是比较认同这样的判断，即北京已处在危险之中。各国在华传教士、侨民，乃至各国公使，都面临着巨大危险。所以各国公使不约而同地请求各自政府尽快向中国派遣部队，以保护侨民、传教士和公使馆。

　　北京的局势确实在持续恶化，清政府对此也开始感到忧虑。5月27日下午，庆亲王应邀与英国公使窦纳乐、俄国公使格尔思会晤。庆亲王表示朝廷知道现在的困难，也已向直隶总督发布最严厉的命令，他劝各国公使相信朝廷有能力保护公使馆，不赞成各国军队进入北京，如果各国政府执意这样做的话，朝廷并不完全反对。庆亲王刻意强调，义和团不仅是你们外国人的敌人，也是我们朝廷的敌人。

　　庆亲王的态度是游移不定的，各国公使鉴于北京局势的发展，为慎重起见，还是决定从天津调集一批军队进入北京，以加强使馆区及教堂的警卫。5月31日，第一列军用专车向北京进发，几天后抵达北京的使馆卫队接近千人。[2]

　　各国公使之所以急于从天津调集使馆卫队，是因为6月1日（五月

〔1〕　《樊国梁神父致毕盛先生函》，见《英国蓝皮书有关义和团运动资料选译》，73页，北京：中华书局，1980年。

〔2〕　第一批进京的使馆卫队人数说法不一，窦纳乐在1900年6月10日致索尔兹伯理的信中说总计三百三十七人，其中英国特遣部队由三名军官和七十五名士兵组成。见《英国蓝皮书有关义和团运动资料选译》，81页，北京：中华书局，1980年。而裕禄在当天致总理衙门的电报中根据铁路局查点"洋兵上车"的实际数目为：英国军官三名，士兵七十二名；美国军官七名，士兵五十六名；意大利军官三名，士兵三十九名；日本军官两名，士兵二十四名；法国军官三名，士兵七十二名；俄国军官四名，士兵七十一名。总计各国军官二十二名，士兵三百三十四名。

初五）是中国传统的端午节，早有传言说义和团将在那一天举行大规模的活动，这是列强军事行动的背景。然而从义和团方面说，列强大规模的军事行动并没有吓住这些人，或许仅仅出于看热闹的心理，在北京的义和团反而越来越多。局势并没有因使馆卫队进京而得到舒缓，反而因使馆卫队的惊扰更趋严重。另外，也使清政府中的强硬派找到了对抗理由。5月30日，军机大臣兼刑部尚书赵舒翘等人向朝廷上了一个奏折，建议放弃先前对义和团一味镇压的办法，以为诛不胜诛，不如不诛；剿不胜剿，不如不剿。不如将义和团民众收编，纳入清军序列，统以将帅，利用其仇恨基督教的情绪，以防范列强。[1]

列强的使馆卫队进京客观上恶化了北京及华北地区的形势。随后几天，在华北主要铁路线上工作的欧洲人差不多都遇到了麻烦，他们开始大规模地向天津收缩。不料这一举动又被中国民众所误解，欧洲人在撤退途中遇到中国民众多次拦截，双方甚至发生了多次冲突。

华北特别是京津地区的空前恐慌引起了列强的注意。6月6日，驻扎在大沽口的各国舰队司令官举行会议，讨论局势，同意在必要时采取统一行动。各国政府对舰队司令官的决定表示默认，相继同意他们在本国侨民受到威胁时可以采取适当的行动。由此，各国开始向天津租界调集军队。

各国调集军队的目标是为了保护他们的传教士、侨民、教民和外交官，同时也蕴含着当清政府对义和团镇压不力时"代剿"的意思。列强至少此时并没有以清军作为作战对象，但各国军队的调动依然引起了清军将领的严重不安。正是在这样的背景下，清政府高层对义和团的

[1]　《刑部尚书兼顺天府尹赵舒翘等折》（光绪二十六年五月初三），见《义和团档案史料》上，110页，北京：中华书局，1959年。

态度发生了变化，以端郡王载漪，体仁阁大学士及大阿哥的师傅徐桐，军机大臣刚毅、赵舒翘，都察院左副都御使何乃莹等为代表的主抚派渐渐占了上风。6月6日，清政府发布一个上谕，有意改变对义和团的定性，刻意强调义和团的出现主要是为了练艺保身，守护乡里，均为国家赤子。[1]清政府或许期待用这种办法收服义和团，但在各国公使看来，清政府的新上谕相对先前镇压的立场来说是一种倒退，势必引发新问题。[2]

毫无疑问，清政府的宽容政策激励了义和团民众。在随后几天，他们为了防止外国军队继续向北京进发，扒铁路，毁电线杆，到处张贴焚教堂、杀教民、驱逐外国人的揭帖，甚至与前来镇压的清军发生正面冲突。清政府的宽容政策不仅没有取得预想效果，反而使局面越来越混乱。

6月9日一大早，慈禧太后和光绪帝从颐和园匆忙赶回宫中召集王公大臣讨论时局。端郡王载漪大约为了报复列强的轻慢，在会上肆意煽动慈禧太后的情绪，以为义和团声势之所以一浪高过一浪，主要是因为洋人的欺负，而洋人的目的并不仅仅是欺负这些中国人，更是要推翻慈禧太后的统治，重建一个新政府。

端郡王载漪的鼓噪击中了慈禧太后的心病，自1898年秋天之后，慈禧太后最烦心的事情莫过于与外国人的关系陷入低谷。愤怒的慈禧太后在这次会议上决定不再对义和团进行镇压，而是任命端郡王载漪为总理衙门首席大臣，改组政府；任命极端排外的礼部尚书启秀在总理衙门上

---

[1]　《上谕》（光绪二十六年五月初十），见《义和团档案史料》上，118页，北京：中华书局，1959年。

[2]　《窦纳乐爵士致索尔兹伯理侯爵函》（1900年6月10日），见《英国蓝皮书有关义和团运动资料选译》，86页，北京：中华书局，1980年。

行走；命令具有强烈排外情绪的甘军将领董福祥率部从南苑移防内城。清政府的政策从这一天开始，由对义和团的镇压转为利用，对列强由尽量沟通维持关系转为决裂，尽管还未公开宣布。

三

清政府的动向很快被各国公使获悉，各种传言如雪花一样飘来。有的说慈禧太后在会上表示要把外国人逐出京城，有的说董福祥的甘军已经做好总攻的准备，只等一声令下。这些传言严重困扰着各国公使，以防万一，他们宁愿信其有，不可信其无。即便一直与中国方面保持良好沟通的俄国公使也有点沉不住气了，向国内报告各国公使在北京的使命或许即将结束，未完事宜或许要转移至各国海军将领那里。言下之意，各国对于义和团所能做的，只剩下武力干预这一个选择。

根据这种认知，列强很快在天津组织了一支规模并不大的联军，由英国海军中将西摩率领，于6月10日浩浩荡荡开往北京。他们的目标如前所说只是保卫使馆，营救传教士、侨民和教民，但这个举动无疑使清政府方面非常恐惧，以为列强是不宣而战。6月11日，清政府派总理衙门大臣许景澄和太常寺卿袁昶前往各使馆，请求各国公使劝阻联军进京，宣布各国公使和所有在华外国人的安全都是有保障的。

许景澄和袁昶连续与各国公使交涉了几天，但各国公使都不愿接受停止向北京派兵的建议。然而出乎各国公使意料的是，包括义和团在内的中国民众竟然主动在京津线上拦截联军，使西摩联军用了十七天时间还无法抵达北京，反而于6月26日狼狈逃回天津。

西摩联军入京引发了两个严重后果，对于中国方面说，联军向北京进发引起高度恐慌，北京的局势越发不可收拾，前门商业区6月16日燃起熊熊大火，竟然连烧三天，损失惨重。17日，清政府召集御前会议，讨论对策，鉴于联军继续向北京挺进的事实，清政府决心招抚义和团民众，用他们和清军配合作战，以防范列强突然或持久攻击。

另外，由于西摩联军向北京进发并不顺利，这也引起各国公使、海军将领的思考。他们经过反复研探，以为联军之所以在进京路上如此艰难，主要是联军的后路被清军所遏制，后援部队无法及时提供支援，这是西摩联军行进困难的主因。为此，各国将领认为，要履行保护公使、侨民、传教士的责任，必须充分保证津京之间的交通不能中断，而要做到这一点，就必须绝对控制大沽炮台。

大沽炮台是天津的屏障，也是海上通往天津的必由之路，具有重要的军事价值，是中原王朝自明代以来重点经营的北方要塞。当时，驻扎大沽炮台的清军有三千人，总兵罗荣光为最高指挥官。此外，北洋海军统帅叶祖珪的旗舰及鱼雷艇也都在周边巡弋，与大沽守军遥相呼应。

6月16日，各国海军舰队司令与西摩联军失去联系快一个星期了，他们做出了占领大沽炮台的决定。在联军司令官看来，他们向北京挺进只是为了营救公使、传教士和教民，并非与清政府为敌，更不是要与清军决战。而且在他们看来这并不与中国方面的利益相冲突，因为保护使馆和传教士的安全也是清政府的责任，联军这样做在某种程度上还是在帮助清军。所以，联军司令官在当天会议上签发一份通牒，限中国守军在17日凌晨两点"让出"大沽炮台。[1]

联军司令官会议是16日上午十一点结束的，最后通牒也应该在此

[1]　《贾礼士领事致索尔兹伯理侯爵函》附6月16日《会议记录》（1900年7月2日于天津，8月15日收到），见《英国蓝皮书有关义和团运动资料选译》，176页，北京：中华书局，1980年。

后不久送给了总兵罗荣光和直隶总督裕禄。作为军人，罗荣光当然不会接受联军的要求，将大沽炮台移交给联军。他在拒绝联军要求的同时，立即向海军统帅叶祖珪及直隶总督裕禄做了通报，请求他们在必要时给予援助。

罗荣光不愿将炮台移交，而联军又坚定认为大沽炮台是他们向北京和华北用兵的咽喉，志在必得，于是一场恶战无法避免。距最后通牒规定的时间还有七十分钟时，争夺大沽炮台的战斗提前打响，经过几个小时的激战，至清晨五时许，大沽炮台陷落，中国守军数百人壮烈殉国。

在大沽炮台争夺战打响之前，罗荣光曾派人向直隶总督裕禄求救。裕禄表示天津防御已经很吃紧，无暇他顾，更没有办法提供支援。这不能说就是罗荣光失利的原因，但很显然，作为直隶总督的裕禄对大沽炮台失守负有相当大的责任。

其实，联军大约也注意到了这一点。联军送给罗荣光、裕禄的同文照会，送达的时间就有差别。送给罗荣光的时间为16日下午，而送给裕禄的时间则拖到第二天上午十点，尽管照会上的时间仍然写着16日。

当裕禄收到联军送来索要大沽炮台的外交照会时，大沽炮台已经到了联军手里，几千守军早已溃败。然而，裕禄不是将这个结果及时报告朝廷，反而将联军的最后通牒紧急报送朝廷，说本月17日他接到法国总领事送来的照会，以各国海军司令官的名义"限至明日早两点钟时将大沽口各炮台交给"联军，逾期不交，即当以武力占领。[1]

裕禄的报告送到朝廷的时间为19日下午，此时距离大沽炮台失守已经两天。尽管过了两天，朝廷对天津的事情仍一概不知。慈禧太后和光

---

〔1〕　《直隶总督裕禄折》（光绪二十六年五月二十一日），见《义和团档案史料》上，147页，北京：中华书局，1959年。

绪帝虽然在那几天连续召集御前会议，王公大臣虽然对是战与和，还是剿与抚提出很多看法，出了许多主意，但究竟是战是和，列强究竟是像他们自己所宣扬的那样要帮助清政府剿灭义和拳，还是与清政府为敌，对清军开战，这在之前的几次御前会议上并没有结论。现在好了，裕禄的报告来了，列强索要大沽炮台了，这不就是明明白白要以我大清为敌，准备开战吗？

慈禧太后、光绪帝和所有与会者都不知道大沽炮台已经不在清军手里了，所以他们讨论的前提就是怎样阻止联军，怎样保住大沽炮台。[1]与会者普遍认为，联军索要大沽炮台将引发严重的政治危机，权衡利弊之后，他们所能做的就是坚决拒绝联军的这一蛮横要求。怎样才能做到这一点呢，那就要有不惜破裂的决心和意志，要以不可动摇的强硬态度迫使列强让步，放弃索要大沽炮台的无理要求。19日下午五时许，总理衙门向十一国驻华公使馆和关税处送去十二份同文照会，大意是联军索要大沽炮台令人震惊，显然是各国有意失和，首先开衅。既然如此，现在北京城里也是一片混乱，人心浮动，那就请各国公使在二十四小时之内下旗开路，前往天津。[2]

这个照会就是后来一直饱受争议的"宣战照会"，其实，这只是一份普通的外交照会，只是表明清政府强硬的外交姿态而已。我们今天可

---

[1]　直至6月20日（五月二十四日），清政府仍发布上谕，要求裕禄报告联军索要大沽炮台的最新进展，仍不知道大沽炮台已被联军占据。上谕说："裕禄于二十一日（17日）后并无续报，究竟大沽炮台曾否开战强占？连日洋兵作何情状？现在招募义勇若干？能否节节接应？拳民大势又是如何情形？着即迅速咨明总署转呈，并遵前旨随时驰报一切。"由此可见，清政府在召开决定开战的御前会议时仍以列强索要大沽炮台为前提，以为仅仅是外交争端一类的事情，故而比较容易取强硬的态度。

[2]　《照会》（光绪二十六年五月二十三日），见《义和团档案史料》上，152页，北京：中华书局，1959年。

以这样理解这个照会，但在当年，各国公使却不这样认为。他们收到这份照会后立即陷入极度恐慌，因为他们既不知道天津究竟发生了什么事情，也不知道清政府的这个最后通牒究竟意味着什么。

当天晚上，十一国公使愁眉苦脸地聚集在首席公使官邸召开会议，争论了一个晚上也没有找到解决办法。德国公使克林德建议天亮之后集体前往总理衙门要求会晤，至少要说明二十四小时的期限太短了，那么多的公使、家属及传教士，根本无法撤退完。然而外面的局势或许真的很混乱，其他公使竟然全部反对克林德的建议，不敢集体前往总理衙门。

其他公使的反对并没有阻止克林德的行动，何况他与总理衙门原本第二天中午有个约会，所以第二天（6月20日）上午克林德还是带着秘书乘坐轿子离开了公使馆，不料刚到东单路口，就被清军神机营枪手一枪毙命。[1]

克林德之死是1900年中外关系的重大转折点，先前勉强还能维持的外交窗口至此全部关闭。各国公使退守使馆区组织卫队严密防守，并将散在各处的传教士、教民尽量接到使馆区。从6月20日这天开始，使馆区与外界几乎隔绝。

在使馆区外面，确实有一支清军。按照过去流行的说法是在围攻公使馆，但按照清政府特别是慈禧太后、荣禄等人的解释，其实是为了防止中国民众冲击公使馆而实施的保护措施。当然在此后局势日趋紧张时，这些清军也与公使馆的守军发生过一些冲突。只是从总体上说，清政府的解释更合乎情理。

公使馆不仅和清政府失去了联络，与天津方面，与他们各自的政府

〔1〕　许国英：《十叶野闻》，北京：中共中央党校出版社，1998年。

也失去了联系。这种情形使各国政府非常焦虑，各国驻天津领事和海军将领于是抓紧时间组织联军往北京进发，准备用武力去解救被包围的公使、侨民，还有聚集在西什库教堂的传教士和教民。

各国海军将领对中国方面的力量估计得有点高，因此他们一定要等到各国援军到来后方才准备向北京进发，于是时间在一天一天流逝，北京的僵局没有办法被打破。直至8月初，各国后援部队方才完成集结。8月4日下午，两万名联军从天津出发，分两路直扑北京。清政府虽然在津京一线集结了十万军队，然而总体上说，清军并没有组织像样的抵抗。8月14日上午，八国联军先头部队突破北京防线，顺利进入使馆区。

四

当八国联军即将进入北京的时候，清政府内部一片混乱。慈禧太后和光绪帝尽管清楚联军的真实目的是来解救公使，挽救侨民、教民的，联军虽然与清军在过去一段时间内发生过冲突，但从总体上说，由于荣禄处理得当，中国方面与各国公使的联系时断时续，大致说来，各国公使对清政府，对荣禄，还有一点起码的信任，因此各国公使和联军将领通过各种管道劝说清政府不要离开北京，联军一定会保证两宫在紫禁城的安全。

清政府当然知道联军的意思，但是事关国家体制和尊严，假如联军进京之后少了一点约束，两宫受到任何伤害，都是不得了的大事。为郑重起见，两宫在做了一些善后安排，任命一些留守大臣后，于8月15日凌晨在枪炮轰鸣声中出西华门，奔德胜门，经颐和园稍事休息，然后经居庸关，向太原方向行进。

　　两宫出走并不是临时起意，而是有一个比较长的酝酿筹备过程。大约在总理衙门改组、克林德被杀、中外沟通受到严重阻碍的时候，两宫就对后来的政治发展有所安排，并留有后手。

　　6月9日，总理衙门改组，端郡王载漪出任首席大臣。十一天后，德国公使克林德在前往总理衙门的路上被枪杀。当天，朝廷向各省督抚发布了一道密旨：

> 　　各省督抚均受国厚恩，谊同休戚。时局至此，当无不竭力图报者。应各就本省情形，通盘筹划，于选将、练兵、筹饷三大端，如何保护领土，不使外人逞志；如何接济京师，不使朝廷坐困。事事均求实际。沿江沿海各省，彼族觊觎已久，尤关紧要。若再迟疑观望，坐误事机，必至国势日蹙，大局何堪设想？是在各督抚互相劝勉，联络一气，共挽危局。[1]

　　这道上谕的词句非常奇怪，许多阅读者认为这就像一个行将就木的政府发布的遗命。不过，这个密旨赋予了各省督抚便宜行事的权利，希望各省督抚调动能动性切实保护各自管辖的省份，尽量对北京提供力所能及的帮助。

　　第二天（6月21日），两广总督李鸿章又收到荣禄发来的密信，忠告李鸿章不必重视北京的御旨。这个消息在东南各省督抚和西方外交官中很快传开，大家有一个比较共同的看法，就是端郡王载漪可能已经篡夺了清政府政策主导权。因而此后来自朝廷的指示，他们都可以视自

---

〔1〕　《军机处寄各省督抚上谕》（光绪二十六年五月二十四日），见《义和团档案史料》上，157页，北京：中华书局，1959年。

己的需要有选择地接受，不合乎需要或者说不利于地方稳定的可以视为"伪诏"[1]。这就为稍后发生的"东南互保"提供了一个重要的政策依据。

6月22日，轮船招商局高级职员郑观应致信主管盛宣怀，以为联军在北方的战事持续下去必将对南方产生重大影响，列强鉴于这种形势极有可能进行类似于瓜分中国的行动，特别是由于英国人在上海，在整个长江流域具有非常重要的经济利益。随着局势持续恶化，英国人一定担心南方也会像北方一样混乱，因此英国人一定会与列强一道向南方用兵，在上海登陆，进而向整个长江流域派兵，稳定局势。果真如此，东南大局不堪设想。为避免不必要的损失，郑观应建议盛宣怀不妨抓紧将一些中国公司转换到外国名下，或许有利于保护公司。

郑观应的提醒启发了盛宣怀。两天后即6月24日，盛宣怀致电两广总督李鸿章、两江总督刘坤一、湖广总督张之洞，提议"从权"与各国领事进行谈判，将上海租界交给各国保护，长江内地归各省督抚保护，两不相扰，以便在目前复杂局势下保全各国及本国商民财产及生命安全。

盛宣怀的提议获得了李鸿章、刘坤一和张之洞的首肯。其实在这之前，刘坤一和张之洞也有类似考虑，以为在目前困难局势中只能尽量为国家保存一点元气。根据盛宣怀的建议，刘坤一、张之洞又邀集东南各省督抚共同讨论，终于达成与各国合作，共同维护东南半壁相对稳定局面的共识。他们相信这个办法并不违背朝廷密电中"联络一气，以保疆土"的精神。

---

[1]　《代总领事霍必澜致索尔兹伯理侯爵电》（1900年6月29日），见《英国蓝皮书有关义和团运动资料选译》，59页，北京：中华书局，1980年。

　　根据这些共识，上海道余联沅与各国驻上海领事举行谈判，并达成《东南互保章程》共九条。东南各省在没有丧失主权、治权的前提下，与各国友好合作共保东南、长江流域各省和平与稳定，严格禁止北方义和团以任何方式南下。各国承诺不在上海、不在长江流域登陆用兵。

　　"东南互保"是体制内的健康力量在大局危急情形下想方设法为国家保全元气的体现。这个行动在多大程度上得益于清政府那份神秘诏书的启示，还值得研究。不过由此可以知道，清政府内部某些头脑还算清醒的人在总理衙门改组、端郡王主政，特别是克林德被杀之后，也确实开始做了一些善后准备。通过各种各样的外交渠道维持与各国公使的联系，尽量营造一些友好气氛，并通过各种管道向各国求和。

　　总理衙门的改组为6月9日，然而也就是几天后，慈禧太后于6月16日电召两广总督李鸿章迅速北上，争取早点开始与列强谈判。

　　李鸿章无疑是当时中国最善于处理外交的人，他与各国公使也有着非同寻常的友谊。他在接到通知后虽说并没有及时北上，但他确实迅速利用各种渠道与各国进行接触。他通过驻外公使向各国政府说明情况，请求和解，为后来的正式谈判准备了条件。

　　清政府在克林德事件之后既没有集中力量镇压义和团，也没有勇气与列强开战；各国司令官在军事力量没有达到预想状态时也不愿冒险向北京进军，北方战局在不破不和中僵持着。北京局势的僵持使李鸿章无法顺利北上，直至八国联军进入北京一个月后，李鸿章方才有机会于9月15日离开上海前往北京，中外之间的正式谈判方才有可能开始。

五

在李鸿章抵达北京前，联军当局其实已经与中国方面进行过接触。清政府在离开北京时任命一批留京办事大臣，这些大臣通过私人关系很快与总税务司赫德取得联系，然后再通过赫德与联军当局建立沟通管道。在赫德的帮助下，跟随两宫播迁的庆亲王很快被追了回来。庆亲王在此后的议和中有非常精彩的表现，他既代表了清政府内部对国际社会的认识，也利用这次议和羞辱了朝廷内部的对外强硬派，其实也是大阿哥事件中的受益者。内政与外交的纠葛在庆亲王那里有比较充分的展示。

应清政府要求，赫德在与各国公使磋商后，于9月1日向中国方面提交了一份善后清单，并私下告诫中国大臣无论如何不能将围攻使臣的事情看得太轻，更不能误判，因为这是各国在国际交往中最看重的一件事情。赫德在这份文件中详细列举事件始末，分析中国方面应该承担的责任，以为清政府要想息事宁人，必须承认姑息纵容义和团的错误，必须就义和团围攻公使馆、枪杀公使与教民等事情认错道歉，并给予适当赔偿。

大致说，清政府内部的主导力量接受了赫德的这些建议，此后的交涉也大致按照赫德的提示进行。只是清政府无论如何想不到各国在善后谈判中不是一味要求赔偿，更不是要求割地，而是要求追究煽动义和团排外的责任，追究德国公使、日本使馆书记官、传教士、教民等死亡原因和责任，这确实出乎中国方面的预料。

知道列强真实心迹的俄国人很早就向中国方面做过类似建议，希望清政府不要让列强牵着鼻子走，中国应该主动惩办一批可以牺牲的"肇乱大臣"，以此换取列强的信任，为后续谈判铺路。

由清政府自行惩处所谓肇乱大臣或许是缓和时局的一个办法，在俄国政府提出这一动议前后，法国政府也通过外交渠道表明类似立场。法国人认为，推动善后议和的前提有四条：一是清政府务必确保各位公使的行动自由与安全；二是清政府应先行将端郡王载漪等"肇祸大臣"革职查办；三是将各处军队撤回，不得再与外国军队接战；四是清政府务必彻底剿灭义和团。

其实，惩处所谓"肇祸大臣"的建议早被李鸿章等一批稍具国际视野的大臣想到了，只是碍于同朝为官，碍于这些"肇祸大臣"大多都是皇亲国戚，而这些皇亲国戚依然盘踞在慈禧太后周围，不仅掌握着清政府大权，而且似乎依然受到慈禧太后的信任，所以始终没有人敢向慈禧太后提出。文献表明，至少在7月中旬前后，李鸿章准备奉旨北上时，就已意识到清政府自行惩处那些煽动排外的愚昧大臣可能是缓解中外冲突的一个重要步骤，只是怎样实现，李鸿章就没有把握了。

李鸿章不敢贸然弹劾那些宫中有实权的大臣，但对那些不在宫中的"肇祸大臣"，李鸿章当然一点也不客气。9月2日，他与刘坤一、张之洞联名奏请，将署黑龙江将军寿山、署奉天副都统晋昌罢斥治罪，以为寿山、晋昌二人纵容义和团毁路构衅，一意主战，致使许多地方失陷，殃害人民，贻国家无穷之累。

清政府很快同意了李鸿章等人的提议，然仅将寿山等人当作替罪羊是远远无法平息列强的愤怒的。在各国公使心目中，"肇祸大臣"绝对不是这样几个人，即便不追溯到慈禧太后这样的最高层，也必须追溯到在混乱时期出任总理衙门首席大臣的端郡王载漪及庄亲王载勋等。

对于这些皇亲国戚，李鸿章等汉大臣当然不敢向朝廷提出，因为这几个人都是慈禧太后、光绪帝的至亲，更是未来国主大阿哥的至亲。

但如果"肇祸大臣"这个概念能够成立，那么这个问题是迟早都要爆发的，就看朝廷怎样处理而已。

李鸿章等人不敢说，那就由外国人先提出吧。9月5日，德国政府正式提出议和条件，第一条就是"中国政府必须严惩一切有罪的人，主要是属于高级社会的罪魁祸首"〔1〕。

在德国政府提出要求的第二天，俄国人也正式提出几点要求，其中最重要的一条，就是惩办那些所谓"叛乱首犯"，包括端郡王载漪、董福祥、刚毅、李秉衡、毓贤等人。〔2〕俄国人认为，将这些大臣完全罢斥是中国持久和平的保证。

德国人要求惩处那些"高级社会"的人，俄国人提出一个具体名单。很显然，俄国人很想帮清政府的忙，以最小牺牲换取安宁。列强也似乎很快发现了俄国人的用意，因此很快就哪些人应该承担战争责任展开讨论。经过漫长的调查取证和讨价还价，列强与清政府终于在1901年2月6日与各国就惩处"肇祸大臣"达成共识：端郡王载漪、辅国公载澜由中方判处死刑，然后再以皇帝的名义赦免，流放新疆，永远监禁；尽快剥夺董福祥的兵权，然后予以严惩；处死英年、赵舒翘、毓贤、徐承煜、启秀等人；对于已死亡的李秉衡、刚毅、徐桐，由清政府宣布追夺原官，撤销恤典。

与此同时，清政府与各国政府还达成一个共识，为徐用仪、许景澄、联元、袁昶、立山等大臣恢复名誉，平反昭雪，他们在义和团战争

〔1〕　《外交副大臣李福芬男爵致驻北京公使穆默电参事克莱孟脱草稿》（1900年9月5日），见《德国外交文件有关中国交涉史料选译》（2）。

〔2〕　《代理外交大臣致巴黎密函草稿》，见《红档杂志有关中国交涉史料选译》，243页，北京：三联书店，1957年。其第二、三两条原为一条。

期间因反对围攻使馆和对外作战而被清政府下令处死。[1]

此外，各国公使还在4月4日向中国方面提交一个必须惩处的名单，上自藩王督抚，下至知县士绅共一百四十二人[2]。后经交涉，清政府于4月29日发布上谕，以义和团战争期间奉行不力，致酿事端，焚烧教堂，伤害教民、教士等罪名，分别罪责轻重，将山西归绥道郑文钦等五十六人予以严惩。[3]

6月3日，清政府再发上谕，将盛京副都统晋昌等十一人发往极边充当苦差。[4] 8月19日，清政府三发上谕，又惩处地方官员士绅五十八人。[5] 至此，列强要求的所谓惩办"肇祸大臣"交涉大致结束。

然后是就克林德和日本使馆书记官杉山彬被杀进行道歉和赔偿。这个谈判比较简单，清政府同意以皇帝名义致信德日两国元首予以道歉，并派遣高级代表分赴两国当面认罪。清政府还同意在克林德遇难处修建一座纪念物，至于支付必要的抚恤金更是无须讨论。[6]

至于战争赔款的谈判确实比较艰难，列强之间的看法并不一致，德国人、俄国人出于各自国内的需要，希望利用这场战争大发一笔横财，有竭泽而渔的味道，但是美国、英国，还有日本，特别是总税务司赫德

〔1〕　《英国蓝皮书有关义和团运动资料选译》，461页，北京：中华书局，1980年。

〔2〕　《全权大臣奕劻李鸿章电报》（光绪二十七年二月十六日），见《义和团档案史料》下，1014页，北京：中华书局，1959年。

〔3〕　《上谕》（光绪二十七年三月十一日），见《义和团档案史料》下，1067页，北京：中华书局，1959年。

〔4〕　《上谕》（光绪二十七年四月十七日），见《义和团档案史料》下，1185页，北京：中华书局，1959年。

〔5〕　《上谕》（光绪二十七年七月初六），见《义和团档案史料》下，1286页，北京：中华书局，1959年。

〔6〕　《上谕》（光绪二十六年闰八月初二），见《义和团档案史料》上，643页，北京：中华书局，1959年。

并不认同德俄两国的看法。谈判的结果就是既要中国就战争实际花费和损失进行赔偿，又不能超出中国实际的支付能力，更不能过度透支这个国家的财政力量，不能存有任何肢解中华帝国的念想。"合理的赔偿部分可以通过已经增加的保证外国的权利和豁免权的安全来实现；更为重要的是，通过中国向全世界开放平等通商来实现"[1]。这是美国总统的政策声明，这个声明后来成为各国与清政府谈判的基础。

根据各国公使的建议，赫德于1901年3月5日提交了一份备忘录，就中国究竟能够支付多少赔款，最适合的偿付方式是什么，中国最容易获得的岁入是什么，以及列强需要得到什么样的控制权等四个问题提出了方案。赫德是过去几十年中国的经济总管，也是一个真正意义上的技术官僚。各国公使后来又任命一个专门委员会就赔款问题进行调查、计算和讨论，以为要保证中国经济还能正常运转，中国能够支付的赔偿总额不得超过四亿五千万两。至于各国如何分配，当然只能参照各国实际损失和实际军费支出。

善后谈判还涉及使馆区的扩大、使馆卫队、武器禁运，以及在中国驻军等问题。这些问题确实涉及中国主权和尊严，但从各国公使刚刚结束被围困的经历来说，他们的目的是不再让类似的事情发生。也正是从这个意义上说，以上述内容为基本构架的《辛丑条约》其实只是一项共识[2]，中国为过去一年所发生的事情承担了责任。为了将来不再发生类似的事情，中国还要有一个继续改革、逐步与世界接轨、成为世界大

〔1〕　《美金莱总统在第四个年度咨文中谈八国联军与〈辛丑条约〉部分》，见阎广耀、方生选译：《美国对华政策文件选编：从鸦片战争到第一次世界大战》，441页，北京：人民出版社，1990年。
〔2〕　所谓《辛丑条约》只是中国人的说法，因为谈判、签字在"辛丑"年。西方人称为《北京议定书》，共有"正约"十二款及十九个"附件"。

家庭合格一员的郑重承诺。

1901年的这个条约，虽然使中国的国际地位、国家尊严跌至谷底，但也是中国重新起步、从头开始的起点。这一年重新启动的新政就蕴含着这个因素，几年之后开始的预备立宪，实际上也是"辛丑共识"的逻辑发展。中国因这场战争而蒙受了巨大耻辱，也因这场战争一切归零而重新开始，踏上政治变革的不归路。

1901—1915

悬崖上的眺望

第13章

新政重启

一

　　大规模的义和团运动发生后，中外各国都在反省这件事的原因和教训。东西方列强比较一致的看法是因为中国与东西方列强相比还有很大差距，并不处在同一发展阶段。要想防止中国再次发生这样大规模的排外事件，就必须想方设法将中国拉进世界一体化的轨道，必须对中国的政治架构、经济形态，乃至国民的思想意识进行彻底改造，使之与东西方各国大致相同。

　　基于这种判断和分析，列强在与中国进行善后谈判时，侧重点并不仅仅是通过战争攫取更多的利益，更不希望将中国的再生能力彻底废除，而是希望中国承担的赔偿不要太过，否则会影响中国经济的适度发展，影响中国的市场开发，对东西方各国来说，反而可能是得不偿失。列强在谈判中的侧重点，第一位的就是要解除中国的武装，对中国实行武器禁运，不让中国获取世界先进的武器。

　　至于武器禁运，议和大纲第五款有明确规定，后来的正式协议也重申了各国达成的向中国出口武器的禁令，甚至对那些能够制造武器弹药的物质也被严格禁止，但因为向中国出口武器太有利可图了，在后来的实际执行中这一条也就不了了之。

　　1901年4月6日，联军将领向公使团提交了一份正式建议，一是采取步骤铲平天津至大沽沿线的所有炮台、阵地工事；北塘、芦台及塘沽等地也应如此。其实就是解除京师的防卫，能够使列强的部队随时进入。二是联军自北京、保定撤出后，多国部队仍应永久性地占领黄村、廊坊、杨村、军粮城、塘沽、汉沽、芦台、唐山、滦州、昌黎及山海关等处。实际上是多国部队对中国实行共管，也正是从这个意义上说，清政府已经沦为洋人的朝廷。这些外国军队确实也在中国待了很长时间，直至几十年后的卢沟桥事变，日本人的所谓华北驻屯军，其实就是根据《辛丑条约》而驻扎在北京周边的多国部队的一部分，只是其他西方国家因自身的变化先后撤军，只有日本坚守到底。

　　列强在善后谈判中一直盯住不放的就是惩罚1900年义和团战争期间的所谓肇乱祸首。这成为议和谈判的关键，更为严酷的是，除了在保定的几个清朝官员是由国际法庭审判处死外，其余的那些王公大臣都是由列强指名，由清政府自己动手处置的。

　　这些所谓肇乱祸首后来也被严重地妖魔化了，而且是双重妖魔化。不仅列强将他们视为邪恶的排外主义者，是凶残粗鲁的野蛮人，即便是清政府，也在列强的压力下，宣布这些大臣犯了不可饶恕的罪行。如果从民族主义立场看，这些大臣可能确实排外，但他们在联军已与中国军队交战之后，只能是各为其主，各自为国家而战。从历史主义的观点说，这并没有什么错。所以，这些所谓肇乱大臣尽管被清政府出于权宜考虑而处死或赐死，其实他们是很不服气的。比如毓贤，他在山东的活动我们在前面已有分析，他对义和拳民众虽有所同情，但他在镇压义和拳时并没有手软。至于他后来在山西确实杀死了许多无辜的传教士，但需要注意的一个背景是，那是清政府郑重宣布开战之后。他当然不应该屠杀非武装的传教士，可是在两军对垒、敌强我弱的背景下，弱小者屠杀手无寸铁的平民，不仅历代都有，甚至在当代，也非鲜见。所以当毓贤在兰州被处死时，兰州士绅纷纷上书，请朝廷收回成命。

列强的目的是杀一儆百，是要消弭中国人的民族主义情绪。但是这些所谓的肇乱祸首，从中国人的历史观、道德观来说，毕竟都具有忠臣的气质。那么怎样才能使中国人心服口服呢？不知是谁的主意，清政府于1901年2月14日宣布，自1900年6月20日至8月14日的谕旨并非全部代表清政府最高层，而夹杂有"矫擅妄传"的内容[1]，暗示以端郡王为首的政府是伪政府，这一方面为东南互保寻找到了合法依据，另一方面也为惩处这些肇乱大臣找到了一个非常重要的理由。

自庄亲王、端郡王之下，数百名坚持抵抗的王公大臣被妖魔化为顽固的守旧者、疯狂的排外主义者，而被赐死、处死，或流亡，这当然起到了杀一儆百的作用。从此之后，朝野上再也听不到对外国人、外国制度、外国事务的非议和抵制。

除了改造中国官员的思想意识，列强在善后议和谈判中，更注意对候补官员群体的思想控制。根据议和大纲和后来正式签署的条约，但凡在1900年发生过排外事件的地区，都不同程度地停止当地青年学子参加科举考试若干年的资格；在全国范围内禁止成立任何排外组织，张贴或出版任何排外宣传品。列强试图从思想上彻底改变中国的年轻人，使中国的下一代能够建立起与东西方各国比较一致、比较协调的思想认识，

---

[1]　《光绪朝东华录》（4），4615页，北京：中华书局，1958年。

减少至少是舒缓中国与东西方各国之间的文化冲突。这对于后来新式教育大规模地推进，科举制度波澜不惊地被废除，其实起到了非常微妙的作用。中国在西方化的道路上迈出最坚实的一步。

中国的武装被解除了，中国的文化被改造了，中国人的思想意识也被深刻地影响了，至于中国的经济，也基本上掌握在洋人的手里了。紧接着，清政府必须按照洋人的旨意改造中国的政治架构、政治设置，大幅度地推动西方化的改革。

1900年8月20日，还在流亡途中的清政府统治层以光绪帝的名义下罪己诏，对过去一年来所发生的诸多大事进行反省，意识到之所以爆发如此大规模的中外冲突，可能与先前朝廷的政策失误有着某些关联。这种认识当然还不是很明晰很坚定，但这至少表明清政府统治层对1898年以后的政治逆转有几分怀疑和反省，确实在考虑政策的大转向大调整，确实准备重新回归1895年开始的维新时代，认同康、梁当年的危机意识，有步骤有计划地推动中国政治的改革。所以说，清政府的这个罪己诏虽然是空话连篇，没有多少实质性内容，但确实为后来的新政做了恰如其分的铺垫和舆论准备。

两天后（8月22日），清政府下诏求直言，这就有点重新回到戊戌年政治改革起点的味道了。谕旨承认这一次内讧外侮给中国带来了毁灭性打击，多年来的全力经营几乎毁于一旦。这场空前的大劫难并非毫无征兆，只是朝廷闭目塞听，不及察看而已。惩前毖后，谕旨要求凡有奏事之责者，对于朝廷决策中的失误知无不言，言无不尽，直陈无隐，随时呈递。这个政策在后来也起到很大作用，内外臣工确实就新政改革提出了许多好的建议，其改革力度、深度、广度甚至在某种程度上远远超过1898年的政治变革，既是1898年政治变革的延续与继承，也是1898年政治变革的逻辑发展和必然结果，是没有康、梁的康梁政治革新。

清政府倾向革新的政治姿态很快在列强那里获得了积极回响。10月9日，日本天皇在回复光绪帝的国书中表示，清政府如果有意早日结束战争，重建和平，就应该明降谕旨，断不举用守旧顽固之人，亟应简选中外众望有为者派为大臣，另立一新政府，实行政治改革。英国政府也于此时前后对清政府做过类似表示。

改变中国的政治构架，实行适度的政治革新，应该是清政府在义和团战争之后的唯一出路。因为只有进行这种改革，东西方各国才会接纳中国，原谅清政府。这一点是当时稍明事理稍具新思想的官绅们比较普遍的看法。到了1900年冬，善后谈判的基本框架大致确定，中国究竟应该向哪个方向发展已经明明白白地摆在了清政府面前，向回走，归复旧制，不思进取，不思改革，不仅列强不答应，国内舆论也不会同意。中国的唯一出路只有往前走，只有重建信心，锐意改革。所以那时比较有思想见解的督抚、枢臣都在设法影响朝廷，推动朝廷尽快宣誓变法，重回正确的轨道上来。

二

在这些督抚、枢臣等大员中，最活跃的无疑当数这几年横空出世的政治新秀袁世凯。袁世凯在1898年和1900年这两个历史关键时刻的政治选择，可能在今天仍然受到许多人的指责。其实从历史主义的观点看，他的选择不仅政治正确、道德无愧无亏，而且确实表现了他政治敏锐、视野开阔、意志坚定、手腕不凡的特点。所以当义和团事件大体平息后，袁世凯不仅受到列强的青睐，而且其政治地位在督抚疆臣乃至那些枢臣中都有很大提升，成为当时参与主导政治变革的重要人物。

当议和谈判还在进行时，袁世凯一方面以个人的名义向西安行在致电，建议朝廷积极筹备重启改革事宜，以为和议将成，赔款甚巨，此后愈贫愈弱，势难自立。如果仍延续先前几年的政治轨道，因循守旧，蹈常习故，故步自封，墨守成规，那么肯定是没有前途的，当然也不是列强所能答应的。他建议朝廷要求并允许内外臣工各陈富强之策，共谋发展，在回銮之前重建一个开明的维新政府形象，以让列强改变对清政府的观感，帮助中国回归国际社会。否则，清政府继续延续保守排外的政治形象，列强肯定不答应，一旦回銮，必然向清政府直接施加压力，直接推动中国的政治改革，那样的话，当然有失国体，有失尊严。袁世凯不厌其烦地劝说政府高层，与其将来被列强牵着鼻子进行改革，不如主动改革，重建开明政府形象，使各国耳目一新，不致对中国内政粗暴干涉，无端指责。

另一方面，袁世凯还积极与湖广总督张之洞、两江总督刘坤一等大员串联，表示愿意与两位政治元老一起不断向朝廷施压。三人联衔入告，每月两三次，不断上奏，不厌其烦，不怕朝廷不被感化。同时，袁世凯还运用各方面的关系，请盛宣怀这些身份比较特殊的人物向朝廷建议，请朝廷中受两宫信任的枢臣不断吹风，以期全方位影响朝廷，促动朝廷的政治觉醒。

对于袁世凯的认识和做法，张之洞深表赞同。他同样认为，在目前情势下，只有枢臣与疆臣同心合力共同补救，或许才能够寻找到拯救中国的办法。这个办法就是尽快重新开始已经中断很久的新政。张之洞指出，即便是碍于康有为等人的政治影响，现在朝廷不愿重提新政这个名词，也应该强调化新旧之见，在事实上推动新政的重新启动。

清政府此时大概确实比较忌讳新政、西法这类概念，因为康有为、梁启超在1898年秋天的变法造成的影响太坏了，所以不仅慈禧太后忌讳新政、变法和西法之类的概念，就是先前热心于新政、变法和西法西学的光绪帝，也实在不愿回首往事，重提新政。

然而，张之洞、袁世凯等大臣则认为，变法、新政和西法是中国的出路，这些变革本身并没有错，1898年的变革也没有错，错只错在康有为借变法之名行其阴谋之实。他们通过各种方式与方法，建议朝廷、建议两宫坚守以中法为主，采用西法以弥补中法之不足，融合中西新旧之见的方针。他们也强调，绝对不能因为康有为过去和现在一直在说新政而朝廷不能做，不愿做。所以在后来清政府宣布新政的上谕中，有非常突兀的一段话，即大批康有为的假改革，假变法，不是变法而是乱法，强调清政府现在开始的变法新政，才是真变法真新政。

袁世凯、张之洞、刘坤一、盛宣怀等人坚持不懈地反复劝说，终于使两宫回心转意，重新认同了政治变革，重新回到向西方学习的正确轨道上来。两宫开始有意识地疏远那些误导他们走向排外道路的王公大臣，特别是在列强和李鸿章、庆亲王、张之洞、刘坤一等人的坚持下，将这些王公大臣予以惩处后，两宫在政治上失去倒退的凭借，失去保守的基础，也就只好义无反顾地向变法、新政的道路上走去。1900年12月1日，清政府上谕诏内外大臣督抚条呈朝章国政、吏治民生、学校科举、兵政财政的改革事项，限两个月内具奏。这意味着清政府开始考虑重回政治变革的轨道，并着手为即将启动的新政进行实实在在的准备。

12月24日，各国公使反复商量拟定的议和大纲十二条终于交给了清政府，惩处肇乱祸首的原则，中国赔偿的原则，中国必须进行某些改革的原则等，都在这份议和大纲中有明确的表述。清政府特别是慈禧太后、光绪帝心中的石头终于落地，终于可以开始重启政治改革，重新回归国际社会。也就是说，即将到来的政治变革，不仅是中国的内部要求，某种程度上更是外部压力或外部动力作用的结果。

三

1901年1月29日，流亡中的清政府发布变法诏书，宣称"世有万祀不易之常经，无一成不变之治法"，穷变通久，是一个亘古不变的常理。大抵法积则蔽，法蔽则更，唯归于强国利民而已。上谕表示，过去几年之所以出现这么多的政策失误，沉痛反省，其实就是积弊相仍，因循粉饰，以致酿成大衅。现在议和，一切政事尤须切实整顿，以期渐至富强。上谕强调，慈禧太后一直教导说：取外国之长，乃可去中国之短；惩前事之失，乃可作后事之师。上谕将清朝实际上的最高统治者慈禧太后依然供奉为将要到来的政治变革的总设计师。

上谕认同了康有为早几年反复强调的危机意识，但对康有为本身大加痛斥，以为康有为过去所说的新法，其实只是乱法，而非变法，认为康有为等政治叛逆一直在海外攻击慈禧太后也是非常恶毒的。上谕指出，皇太后从来就不是一个守旧者，皇太后何尝不许更新，损益科条；朕何尝概行除旧，酌中以御，择善而从。确实，如果从历史主义的观点看，慈禧太后从来就不是一个保守主义者，如果没有她的认同和支持，中国在过去的四十年间就不可能发生那么大的变化。康有为等人在海外对慈禧太后的妖魔化，恐怕只是出于政治的需要，需要对他们的言论予以重新检讨。

对于将要进行的政治变革，上谕也提出了一些大原则，强调现在重新开始的政治变革，就是要一意振兴，严去新旧之名，混融中外之迹，服往圣之遗训，即西人富强之始基。中国向西方学习，既不能全盘照搬，也不能裹足不前，食洋不化，要结合中国国情因时因地制宜。特别是要注意中国的思想传统文化背景，注意在革新政治、引进西洋文化的同时，充分吸收中国传统中的精华。如果不学中国传统之精华，徒学西洋一言一话一技一能，而佐以瞻徇情面，肥利身家之积习，舍本源而不学，学其皮毛而又不精，又怎么能达到强国富民重现辉煌的目的呢？[1]

不管怎么说，1901年1月29日清政府的上谕绝不是流亡途中的政治儿戏或胡闹，而是清政府在国内外政治压力下不得不做出的一种正面的、积极的回应。这是一个良好的开端，一切归零，从头开始。中国或许能够以此为契机走出一条新路，攀上一个新台阶，成为国际社会中一个负责任的成熟大国。

1901年1月29日的改革上谕循旧例，清政府依然号召内外臣工认真领会上谕中的精神，克服旧习，锐意创新，并就现在中国所处的国际政治环境，参酌中西政治，继续对朝章国政、吏治民生、学校科举、军制财政等重大问题发表意见，哪些应该改革，应该怎样改革，提出具体方案。上谕希望内外臣工知无不言，言无不尽，各举所知，各抒所见，限两个月内报送上来，以供朝廷参考。

这份上谕开启了20世纪初年中国政治改革的风潮，是清朝最高统治者真正有了危机意识，认为中国必须世界化，必须与世界同步发展这一客观现实。

---

[1]　《光绪朝东华录》（4），4602页，北京：中华书局，1958年。

四

朝廷中的所谓守旧势力差不多因惩处肇乱祸首而被消灭殆尽，现在朝廷又要开始变法，而且这次的调子比过去任何时候都要高，因此即便是先前对政治改革逐渐失去信心的人也重新涌起巨大热情，投身于这场政治变革中。在朝廷的一再督促下，朝野上下、内外还是很快提出了一些好的建议，并逐渐被朝廷所采纳。

这些建议来自各个方面，不过最先做出反应的还是那些原本就具有政治变革的思想倾向，又有准备的政治新秀。山东巡抚袁世凯是先前敦促朝廷进行政治变革最有力的人，现在朝廷已经决定这样做了，袁世凯当然是发自内心地第一个拥护和支持。所以他大概是督抚大员这个层面中最先表态支持朝廷变法号召、最先回应朝廷号召的，并提出了比较有价值、有影响、有操作可能的具体建议。

袁世凯的建议于1901年4月15日向朝廷提交，共十条，标题为《遵旨敬抒管见上备甄择折》。这十条内容在袁世凯看来都是"言之易行，行之易效"者，即慎号令、教官吏、崇实学、增实科、开民智、重游历、定使例、辨名实、裕度支和修武备。很显然，袁世凯虽然是鼓吹政治改革最有力的人，但他的建议并没有触及制度改革，而是将改革限定在易执行、易出成效的范围内，没有像康有为1898年那样大动干戈，大张旗鼓。这可能也是1901年开启的新政改革能够稳步推进并初见成效的原因之一。

除袁世凯的回奏外，各省督抚在张之洞的策动下，也正准备联衔回奏，只是在反复商榷中耽误了许多时间。后来又因为一些变故，取消各省督抚联衔合奏，改为各省督抚按照上谕的要求，"各举所知，各抒己见"，分别表达。只是张之洞、刘坤一的特殊关系和特殊原因，他们两位大员继续联名连上三份奏折，合称为"江楚会奏变法三折"，计四万多字。

"江楚会奏变法三折"的第一折为《变通政治人才为先遵旨筹议折》，上于1901年7月12日。主要就人才培养提出了四点建议：一是设文武学堂，二是改酌文科，三是停罢武科，四是奖励游学。如果熟悉1898年政治改革史或中国近代教育制度史的话，就知道这四点建议一点都不新鲜，都是当年曾经提出且正式讨论，甚至形成过正式决定的内容，只是后来的政治发展突然变化，这些改革没有实行而已。所以，这些方案现在被重新提出，当然不难获得政治高层的首肯，很快进入了实践层面。

一周后，即1901年7月19日，张之洞、刘坤一上了"江楚会奏变法三折"中的第二折，题为《遵旨筹议变法拟整顿中法十二条折》。这个十二条为：崇节俭、破常格、停捐纳、课官重禄、去书吏、去差役、恤刑狱、改选法、筹八旗生计、裁屯卫、裁绿营、简文法。其实就是整顿清代两百多年来所形成的政治积弊，为重建良好的政治秩序和政治制度做准备。

又过了一周，即7月26日，张之洞、刘坤一上了"江楚会奏变法三折"中的第三折，题为《遵旨筹议变法拟采用西法十一条折》。很显然，第二折是就清除中国传统体制中的积弊而发议，提出十二个解决办法，而第三折专就中国应该怎样采纳西方制度中的优点而发议，提出十一条建议：广派游历、练外国操、广军实、修农政、劝工艺、定矿律路律商律交涉刑律、用银圆、行印花税、推行邮政、官收洋药、多译东西各国书籍。这十一条中，除极个别的如用银圆、官收洋药等不见于1898年的政治变革外，其余数条都是当年提出并讨论过的事情。而且有一些如广派游历、练外国操、修农政、劝工艺、制定各种专门法律等，也是当年曾经进入过实践领域的事情。只是这些方案、办法，在1898年及其之后的"改革反动期"被一一废除，现在只是重新提起而已。

从这个意义上说，"江楚会奏变法三折"其实就是一个比较中庸、比较实用，当然也是有一定机会主义的方案和建议，并没有多少政治锋芒和政治刺激。只是要求清政府重启久已中断的政治改革进程，小心推进，碎步前行，只要走着就好，并没有指望一步跨入一个新的时代，开辟一个新纪元。所以这种稳健的政治改革，就比较容易被清政府最高统治层所欣赏和接纳。

不过依然应该指出的是，"江楚会奏变法三折"虽然具有浓厚的中庸调和、不偏不倚的色彩，但其将中国逐步推向世界一体化的轨道确实是张之洞、刘坤一的真实想法。张之洞在新政诏书发布后，获悉两宫主旨并不是向西方学习，这使他非常不满。他向许多同僚公开表示，既然开始变法而不言西法，仍是故套空文。他在1901年2月27日致中枢大臣鹿传霖的信中强调，此后中国一线生机，或思自强，或图相安，非多改旧章，多仿西法不可。若不言西法，仍是整顿故套空文，有何益处？不唯贫弱，各国看我中国乃别是一种顽固自打之人，将不以平等与国待我，日日受制受辱，不成为国矣。至少在张之洞的思想深处，他清醒地知道中国的强大绝不仅仅是物质财富的增长，而是要有世界一体化的政治理念和世界观，这样才能赢得世界的尊重，才能成为世界大家庭中的平等一员。

三折全部上达天听后，引起慈禧太后、光绪帝的高度重视。特别是随着中国政治环境的不断改善，袁世凯的奏折和张之洞、刘坤一的"江楚会奏变法三折"逐步转变成清政府政治改革的行动纲领和施政方针。一个新的时代终于由此正式开启。

1901年9月7日，《辛丑条约》正式签署；9月17日，联军退出北京；10月2日，清政府特颁懿旨和上谕，责成内外臣工，须知国势至此，断非苟且补苴所能挽回厄运，唯有变法自强为国家安危之命脉，也即中国民生之转机。要求内外大小臣工同心合力，按照刘坤一、张之洞会奏整顿中法以行西法各条择要举办，认真实行，期于必成。10月6日，两宫自西安启程回京，新政就在这种背景和政治氛围中拉开了大幕。

第14章

政治变革的不归路

一

　　1898年的政治改革是从教育领域开始的，那年6月11日颁发的新政诏书，宣布创办京师大学堂，以此作为新知识教育的基地，期望新教育体制逐步建立之后再废除或革新旧的教育体制、选拔体制，即以八股为主要考试内容的科举制度。

　　改革旧有的科举制度是那时基本的社会共识，因为法久必弊，经过一千多年的发展，科举制度已经从一种比较有活力、公平、公开、公正的人才选拔制度走向堕落，科场舞弊层出不穷。而科举考试内容的规范化原本有利于人才选拔标准的客观化，减少主观性，然而这种规范化走到极端，就是学非所用，用非所学。随着近代社会主题的变迁，以儒家经典为主要内容的考试科目显然与社会需求严重脱节，所以近年来对科举制度尤其是八股取士制度的不满之声不绝于耳。

　　科举制度需要改革，八股考试需要废除，只是在没有其他更合理更科学的考试制度出现之前，以公平、公开、公正为主要诉求的科举考试制度还有其合理性和存在的依据。贸然废除这个沿袭一千多年的人才选拔制度，显然也是一种不智之举，更是堵塞了一代年轻读书人的出路。所以，清政府主政者尽管看到了科举制度的弊病，但也只能进行修补式的改革。先是以特科的办法招收选拔那些偏才、怪才和奇才，然后再考虑参照西方的现代教育制度重建中国的教育制度、考试制度。只是这种重建乃至最终取代中国旧有制度的过程可能需要一段漫长的时间，至少是若干年的过渡。

清政府的政策设计应该说是可取的、可行的，但已经获取功名的康有为认为这是发起政治改革的突破口。于是他通过各种各样的关系、渠道向清政府最高层与社会施加影响，期待清政府以一纸诏书一夜之间宣布废除这一历史悠久的教育制度。至于替代方式、废除后的后果，似乎康有为都没有仔细考虑。

康有为激进的改革方案不仅理所当然地遭到激烈反对，重要的是由这个废八股改科举的政策讨论引发出戊戌年经久不衰的新旧党争，引发了官场的大地震。后来虽有张之洞、陈宝箴中庸调和的科举新章被清政府接受，但是由于政治变动走向"后改革时代"，这一渐进的改革方案其实并没有实行。

现在，新政终于开始，陈宝箴虽然在1898年出局了，但那个由张之洞参与的渐进改革方案还是被重新提起。所以新政的第一步与1898年政治改革的第一步一样，还是从教育领域做起，还是从怎样克服科举制度的弊病，怎样引进西方新教育，重建中国教育制度入手。

在"江楚会奏变法三折"上报清政府之前，或者说当清政府宣布开始新政后，张之洞、刘坤一和两广总督陶模等力主改革的督抚大臣都本能地想到以教育为改革的入手。

　　新任两广总督陶模出身于社会下层，自学成才，文宗桐城，素来不喜八股文章，具有强烈的维新变法思想。1896年任新疆巡抚时就向朝廷建议停捐例，汰冗员，破除旗兵积习，禁止士大夫吸食鸦片，设立算学、艺学等教育课程，废武科考试，变练兵操法，选拔勋旧弟子游学各国，培植工艺等。1900年调任两广总督后，主张维新，主张变革。当清政府新政诏书发布后，陶模率先响应，于1901年2月与广东巡抚德寿联衔复奏，请求清政府以变通科举为新政入手处，以为为政之要首在得人，取人之方不外学校科举。他们仔细辨析了古今中外人才选拔制度的利弊得失，建议恢复三代之制，以学校取代科举，责成各地广设学校，在学有成，予以承认，此后不论何项出身，不分旗汉，不得学校教育文凭者，不得授以实官。如此，则所取皆实学，所学皆实用。学校既兴，人才自出，吏治民生，军政财政，渐可得人。其商学、农学、工学、化学、医学等，亦皆听任民间自立，给予适当的政策支持和鼓励，学成各就所学用之。建议朝廷采取稳妥方式，逐渐将科举取士制度废除。

　　兴学校、废科举的建议几年前就提出过，只是因为其他原因，清政府未及实行。现在陶模和德寿将这一方案重新提出，无疑比较容易获得朝野各界的广泛认同。直隶布政使周馥、四川总督奎俊、湖广总督张之洞，在此前后都有类似的思考。

　　3月31日，张之洞在与刘坤一电商怎样回应新政诏书时，也明确将"科举改章"作为新政九条中最要大事之一，并明确设定从这个现在并不太困难的地方寻求突破。由此，张之洞很自然地想到几年前奉旨拟就的科举改革方案，以为那个方案当年因为政治变动未及实行，现在应该提上日程了。于是他在6月2日与刘坤一联衔致电西安行在转奏朝廷，请酌量变通科举。

　　在此后与刘坤一联衔会奏的变法三折中，张之洞力主将兴学堂废科举作为第一折，以为此乃中国摆脱贫弱走向富强走向世界的关键。折中强调，中国不贫于财而贫于人才，不弱于兵而弱于志气。人才之贫由于见闻不广，学业不实；志气之弱由于苟安者无履危救亡之远谋，自足者无发愤好学之果力。保邦治国，没有人是不行的。中国由盛到衰其实就是人才枯竭的结果，而要想由衰转盛，重现辉煌，就只能从人才培养起步。根据这个设想，张之洞、刘坤一参考古今，会通文武，就教育体制改革提出四点建议：

一是设立文武学堂。

奏折考察了科举制度的历史演变，承认科举制度在承平之时也确曾为国家选拔出了有用之才，只是到了近代，国难时艰，可用之才严重缺乏，如果不能适应历史条件的变化，予以改弦易辙，就很难使国家摆脱困境。奏折参照近代西方教育制度和教育精神，拟定一套比较可行的学堂办法，重建中国教育体制和学校序列。

根据张之洞、刘坤一的建议，全国的新式学校教育序列共分三个层次，最低级或者说最基础的层次就是全国州县普遍设立小学校及高等小学校，招收八岁以上的适龄学生，学制七年。这其实就是现在的小学低年级和高年级。

第二个层次是在府这个行政级别上设立中学，招收高等小学校毕业的学生，学制三年。这其实就相当于现在的初级中学和高级中学。

第三个层次是在省城设立高等学校一所，招收各府中学毕业生。省城高等学校应该参酌东西学制分为七项专门学科：一经学，二史学，三格致学，四政治学，五兵学，六农学，七工学，并另设农、工、商、矿四项专门学校各一所。这些学校的学生学制三年，三年后学成参加会试，取中者可入仕为官，其成绩格外优异者可保送至京城专设的文武大学堂继续深造。

张之洞、刘坤一的这个学制设计参考了西方近代教育制度，也有近代以来中国新教育的实践经验，许多主张在1898年之前几年就不断有人提出，只是那时条件不甚具备，无法进入实践而已。

二是酌改文科。

张之洞、刘坤一在奏折中认为，科举一事，为自强求才之首务。时局艰危至此，断不能不酌量变通。总以讲求有用之学，永远不废经书为宗旨。具体改革方案，大致回到张之洞1898年与陈宝箴奉旨拟就的方案，大略系三场各有去取，以期由粗入精。头场试中国政治、历史；二场试各国政治、地理、武备、农工、算法之类；三场试四书五经经义，经义也就是论说。改章之始，士林必须宽期肄习，至少要有一年的缓冲期，以便学子精心讲求，从容复习，从而考出好成绩真本事。他们建议在新式教育尚未普及的情况下，暂时应以科举考试与学校教育并行不悖，等待新教育逐渐发展，人数渐多，再逐年递减科举取士的名额，逐年增加学校教育的录取名额，最终完成从科举向新教育的稳步过渡。

三是建议停罢武科。

这个主张在戊戌年被多次提及并讨论，主旨就是废除冷兵器时代的武科考试。

四是奖励游学。

建议朝廷逐步放开学生出洋留学的限制，鼓励学生赴东西洋学习近代科学和各种专门知识，尽快制定学成回国人员的使用政策。这个建议也是戊戌年教育改革中已经提及并执行过的，只是由于后来的政治变动而中断。

张之洞、刘坤一这些废科举兴学校的建议代表了朝野各界的共同心声，因而很容易获得清政府认同，也很容易进入实践。8月29日，清政府接受了张之洞、刘坤一的建议，宣布自明年（1902）始，改革文科并废止武科。文科乡会试改革参照张之洞等人的建议，分三场进行，第一场考中国政治历史论五篇，第二场考各国政治艺学策五道，第三场考四书义两篇及五经义一篇，并明确规定不准使用八股文，亦不再以书法定高下。

1903年3月13日，袁世凯、张之洞奏请朝廷递减科举名额，以免影响新教育的发展。1904年1月13日，清政府颁布按十年内减尽科举，以回应张之洞及袁世凯的建议。至1905年9月2日，日俄战争的结果促使直隶总督袁世凯、盛京将军赵尔巽、湖广总督张之洞、两江总督周馥、两广总督岑春煊及湖南巡抚端方等奏请立停科举，以便推广学堂，咸趋实学。诏准自1906年丙午科为始，所有乡会试一律停止，各省岁科考试亦即停止，并令学务大臣迅速颁发各种教科书，责成各省督抚实力通筹，严饬府厅州县赶紧于乡城各处遍设蒙小学堂。盛行千年的科举制度一夜间寿终正寝，且波澜不惊，令人寻味。

与废科举相配套的是兴学校，或者反过来说，废除科举制度之所以波澜不惊，主要还是因为新教育的发展在制度上为读书人提供了基本保障。根据张之洞等人的建议，清政府于1901年9月14日命各省所有书院于省城改设大学堂，各府及直隶州改设中学堂，并多设蒙养学堂。紧接着，清政府又命将八旗等官学改设小学堂、中学堂，恢复过去几年创办而后来中断的中西学堂等。清政府不断重申一定要加快推行新教育的步伐，要求各地不得以任何理由敷衍观望。在制度层面，清政府颁布学堂章程，为新教育提供了比较切实的法律保障。

新教育中的最高学府自1898年起就规定为京师大学堂，只是由于后来政治变动，京师大学堂的筹备并没有突破性的进展。至义和团战争，京师大学堂也受到严重破坏，各项筹备举步维艰，实际上陷入停滞状态。新政开始后，清政府于1902年1月10日选派张百熙为京师大学堂管学大臣，令其切实整顿，造就人才。在张百熙的主持下，京师大学堂的整顿进展神速，相继聘请吴汝纶为总教习，张鹤龄为副总教习，于式枚为总办，李家驹、赵从蕃为副总办，大学堂的行政效率大为提高。京师大学堂接收了同文馆，创设了译书局，并且很快开设预备科及速成科。

1902年12月17日，速成科正式开学，这标志着京师大学堂经过几年折腾终于重回正轨。这个速成科分仕学馆和师范馆，顾名思义，师范馆当然是为了培养师资，而仕学馆其实就是后来的干部在职培训。为了配合新政的推行，清政府规定自明年（1903）会试始，凡授职修撰、编修及改庶吉士与部属中书用者，必须先入京师大学堂分门肄业，取得文凭。这不仅从制度上保证了京师大学堂的生源，而且肯定有助于管理队伍的优化。因义和团战争而遭到严重破坏的京师大学堂又一次获得了发展机会。

新政期间的新教育还有一个重要内容，即创办各种各样的技术学校、师范学校。各地差不多都创办了农务工艺各类学堂，还有许多师范学校，如张之洞1902年动议创办的三江师范学堂，就是那个时代非常重要的新教育基地。

出洋留学在近代中国已很普遍，只是时断时续，且缺乏制度保障，比如，留学生归来的使用和待遇等。新政开始后，江南、四川和湖北等地督抚主动在自己职权范围内选派学生出洋留学，清政府也开始考虑怎样鼓励和支持出洋留学，怎样为留学生的权益提供制度保障。1903年10月，清政府根据张之洞的建议，颁布《奖励游学毕业生章程》，详细规定留学生归来后的各种待遇和地位：大约获得外国学士文凭者，可以考虑给予进士出身；得博士学位者，可以给予翰林出身。清政府的这些鼓励政策很快取得了实际效果，留学东西方特别是到东邻日本的留学生在这个时期出现了高潮。根据不完全统计，至1907年，留日学生总数就有一万五千人之多。这些留日学生以法政专业为主，这就为后来中国的政治变动埋下了许多机会和可能。

二

新政期间另一重要举措是军事改革，这也是举国达成共识、没有异议的改革措施，同样是取得成效的改革。

从历史渊源来说，大清王朝的军事改革始自1894年甲午战争期间，战场上的节节败退使清政府统治者意识到不是中国的武器不如人，而是中国军队的建制、指挥系统，乃至军事动员等方面存在着严重问题。于是稍后开始的维新运动便从改变清政府的军事体制入手，裁汰绿营，添练新军，尤其是经过特别准许的袁世凯开始在天津小站练兵，甚至聘请德国军事教练，参照德国军队建制、方法整军经武，应该说还是取得了一定的成效。然而由于1898年秋天的政治风波，使这些改革基本中断。至义和团战争结束，怎样进行军事领域中的改革又被再度提起。

军事领域中的改革，首先从废除武科考试入手。废除武科考试的呼声由来已久，早在1895年，荣禄就首先建议废止武科考试，以为这种沿袭一千多年的考试制度存在很多流弊。除了大刀长矛等冷兵器与坚船利炮的热兵器之间的时代差异外，武科考试选拔出来的人才在思想观念、行为举止、知识构成诸多方面都没有办法适应现代战争。要打赢现代战争，就必须参照西方国家的经验重构中国的军事体制，训练新式军人。未来新式军人的来源绝不能再是武科考试，而应是各省的武备学堂。

与荣禄具有同样看法的还有在天津最先聘请德国人来华练兵的胡燏棻，以及新疆巡抚陶模等人，他们都在1895年向朝廷提了类似建议。只是朝廷中的守旧力量太过强大，武科考试依然继续进行。

到了1901年，张之洞、刘坤一等封疆大吏旧话重提，他们在联衔会奏中的一个重要内容，就是停罢武科。他们的理由，也还是荣禄、胡燏棻、陶模当年的那些理由，即冷兵器根本无法对阵热兵器。更严重的问题是武科考试选拔将官，默写武经，这是典型的纸上谈兵。即便如此，那些考生又有几个是自己所知所写，大多是他人代笔。文字尚且如此，何论韬略？所以自有武科考试以来，真正在战场上建立功勋的将官，很少有武科考试出身的人。

封疆大吏、明智之士的执着建议终于说服了朝廷。1901年8月29日，清政府发布上谕，宣布废止包括武生童考试在内的全部武科考试。自唐中期创制的武举制度经过长达一千两百年的发展，终于寿终正寝，走进了历史。

1903年，清政府下令组建中央练兵处统筹全国军队的训练，禁止各省自行训练军队，并制定军官训练制度，制定军官晋升资历、条件和办法，使中国军队的建制、军官训练等大致上与西方国家保持了一致。

中国的军事体制改革迈出了坚实的步伐，其中最明显的是新建陆军的编练。新建陆军起源于袁世凯的小站练兵，这是中国军队特别是陆军真正走向现代的开始。新建陆军在组织构架上完全参照西法，设督练处即新军总部，下设参谋营务处、督操营务处，以及洋务局、粮饷局、军械局、转运局、军医局等机关，具体负责各项事务，专人专责，体现了现代军队的专业化、科学化特征。

袁世凯的新建陆军已经具有现代军队的基本特征，只是人数太少，仅具示范效应，而且其北洋六镇，说到底还具有很浓厚的私人武装的特征，还不是现代国家的武装力量。1905年，清政府下令将北洋六镇改组为新建陆军，在中央设置军咨处和陆军部，负责统领新建陆军。军队国家化至此终于迈出关键性的一步，新建陆军与旧式军阀私人武装有了很大区别。

按照清政府的规定，新建陆军的兵员似乎要实行义务兵役制，年满二十至二十五岁的适龄青年都必须服正规役三年及预备役两年。这一方面扩大了兵源，改变了兵员构成；另一方面也有助于军队正规化、专业化，有利于军人地位的提升和待遇提高。清政府计划在十年内训练出三十六镇五十万正规军。后因种种原因，至1911年只编练成十四镇不到二十万人。

随着新建陆军的编练成军，在甲午海战中全军覆没的海军怎样恢复的问题，又一次提到清政府面前。中国拥有庞大的海岸线，有非常大的海洋权益需要保护。中国不可能永远不要海军，更不可能因为甲午战争中的全军覆没而与海军永远绝缘。其实自甲午战后，重建海军的计划被多次提起，都因各种原因没有贯彻下去。1902年，北洋水师帮统领萨镇冰提出复兴海军的四点建议：一是派海军士官留学日本，二是在江阴设立水师学堂，三是以马尾船厂为基础设置战舰修理基地，四是在烟台及福州设立海军镇守府。中国海军的复兴再次提上清政府的政治日程。

1908年，陆军部提调姚锡光提出《筹海军刍议》，建议按照"急就"和"分年"两个步骤重建海军。所谓"急就"就是以现有的南洋、北洋、湖广等舰队共二十八艘战舰合编为巡洋及巡江舰队，以应付海防、江防的急切需要。所谓"分年"，就是建议在十年或更长时间内整体规划，购置或建造十八至三十艘不同级别不同用途的战舰，建造相应的军港、船坞，设置学堂，训练海军人才。

同一年，直隶总督兼北洋大臣杨士骧责成海军前辈严复起草振兴海军的计划。严复提出购置军舰、恢复并整顿水师学堂、重建军港、重建海军体制、加强海军训练等规划。1909年，清政府设立筹办海军事务处，正式启动重建海军计划。1910年，这个筹办海军事务处正式更名为海军部，一个有别于新建陆军的专门军种终于筹组成功。

根据《辛丑条约》规定，列强对中国实行武器禁运，一切外国先进的武器弹药，除了走私外，根本无法通过正常途径进口。先前进口的一些武器设施逐步老化而无法更新，这样的中国军队不仅无法应付对外战争，即便是对付内部的骚乱，都是有其心而无其力的。为了克服这方面的困难，清政府只好采取自力更生的办法，在先前数十年洋务新政的基础上，在汉阳、上海及广州设立三大兵工厂，自己动手解决军事装备的更新换代问题。至1910年，中国人自己管理经营和拥有自主知识产权的军事工业已经能够生产与供应全国军队所需的山炮、弹药、连发来复枪及机关枪等。

三

与先前数次改革一样，清政府这次推动的新政改革，其实也是以经济建设为中心，以恢复经济、振兴经济作为挽救大清王朝意识形态和政治统治的手段，希望通过各方面的改革重建大清王朝经济体制，巩固大清王朝的政治统治。这是新政的本质，不必怀疑。

实事求是地说，义和团战争结束后，《辛丑条约》规定中国必须向列强支付巨额赔款。这些赔款虽然不至于压垮中国经济，但其带来的巨大压力还是非常明显的。财政上的严重亏空不仅使列强对于获取赔款信心不足，而且对清政府的政治统治构成了严重威胁。这在新政酝酿之初各地督抚的奏折中、朝廷的上谕中，都有体现。

新政开始后，清政府推动的一个重要改革就是振兴商务，奖励实业。而这一点其实如同其他改革一样，都是重回1898年政治改革的老路，当然是回到一条正确的老路上。

为了振兴商务，奖励实业，清政府于1903年9月7日设立商部，以载振为尚书，伍廷芳、陈璧为左右侍郎。

商部成立后恪守本职，倡导振兴商业，鼓励官民商绅创办工商企业，制定出一系列工商业规章和奖励实业的办法，诸如钦定大清商法、商会章程、铁路简明章程、奖励华商公司章程、矿务章程、公司注册章程、试办银行章程等。这些章程允许、鼓励、刺激自由经济充分发展，奖励一切兴办工商企业的行为，鼓励组织商会团体，鼓励商人在条件成熟时走上自治。这些政策不仅使全民经商成为可能，而且有利于经济的恢复与振兴，有利于国家财政从根本上好转。在某种程度上可以说，新政时期是中国自由经济发展的黄金时代，自由经济已经在中国经济构成中占有越来越大的比例，以致能够在某种程度上左右和影响中国的政治走向。因此，也激起了政治上的守旧势力设法出台许多政策予以打压，并最终引起自由经济与国有经济的大冲撞与大决战。不过，这都是后话了。

新政时期清政府对自由经济的鼓励支持，不仅挽救了因义和团战争和辛丑赔款而接近崩溃的国民经济，而且更重要的是将中国经济拖到了世界一体化的轨道。清政府颁布的《奏定商会简明章程》《商人通例》《公司律》等法律规定，为自由经济的正常发展提供了制度保证，国民创办或退出企业已经到了非常自由的状态，与西方成熟的自由经济社会已经毫无差别。原先的经营批准制在新的法律制度保护下开始向登记制、备案制过渡，国家、官办等垄断方式及其垄断领域越来越少。政府越来越倾向于做一个政策的制定者、政策的保护者，只充当裁判员的角色，不再下球场与球员一起踢球，不再既当裁判员又是运动员，不再与民争利。所有领域，包括新创办的工商、交通和金融，一律向所有资本开放，所有资本均享有同股同权的国民待遇。

随着自由经济的发展，中国人的财产观念也在变化，现代财产所有权的理念逐渐在中国人的思想中占有上风。合法的私有财产神圣不可侵犯，而且财产的所有权逐步由传统时代的以家族、家庭为本位的财产所有权向个人拥有绝对不可侵犯的财产权过渡。

个人财产神圣不可侵犯观念的确立为自由经济的发展奠定了一个良好的观念基础和制度基础。经济发展的决定性因素无疑是制度，制度可以束缚社会经济的发展，也能促进社会经济突飞猛进。制度就是政治，只要政治上、制度上有办法，经济上就会有办法，这是所有国家的发展经验。良好的制度就是良好的投资环境，就是投资的保障，就是信心。根据一个未经证实的统计，新政期间中国民族资本工业发展速度为年均百分之十五，比第一次世界大战期间列强无暇东顾的所谓民族资本的黄金岁月还要高一些。这表明当时的国内外资本尤其是中国国内的民间资本对政治的信心指数还是比较高的，他们相信在中国的投资一定能够获得比较理想的回报。自由的市场经济制度、法律制度，都为资本的进入、转出及再投资提供了便利，而中国广阔的未经充分开发的市场，更是中国商人信心空前的底气。

四

新政的另外一个重大贡献，在于通过相关改革确立了现代法律体系，彻底改变了两千年来中国传统社会得以存在的法律依据，为现代民族国家的建设提供了法律上的支援和制度上的保障。

清王朝和历代王朝一样，其政治基础和制度凭借就是三权合一的君主专制。也就是说，中国自古以来的法律制度、政治架构并不缺少三权分立的意识和制度设计，行政权、司法权和立法权，在中国传统政治体制中自有其地位和意义。三权之间的相互制衡、相互牵制几乎从一开始就存在。只是中国传统社会政治架构中的三权分立不是西方意义上的三权分立，不是至上的和不可动摇的。而是皇权主导下的三权分立，行政、立法和司法三权的权力来源和法律凭借，最终都落在皇帝一人身上。

三权合一的君主专制当然不利于私人资本的发展，不利于自由经济体制的建立。这一点在数十年前就有许多人已经清醒地认识到了，至少在19世纪80年代中国经济发展比较好的时候，许多冷静的思想家如马建忠等人就意识到中国传统的法律体制和政治架构虽然有利于行政效率的提升，但是在某种程度上也是中国进一步发展的阻碍。在19世纪90年代中期开始的维新运动中，康有为曾明确指出，旧有的法律已经不能治理变化中的中国社会。过去是强调天不变道亦不变，然而现在的问题是天变了，在强大的西方社会文化影响下，中国之天已经不再是过去的天，所以中国的治道也就是法律体制必须随之变化。这种变化不是数十年前小修小改的枝节改良，而是从根本上从整体上学习西方。即便是文化保守主义者如张之洞，虽然反对全盘接受西方的制度和文化，但他也在那时认为中国的法律制度有进一步改善的必要和空间，强调中国应该吸收和引进西方各国行之有效的法律制度，改善和进一步完善中国的法律和制度。只是由于社会大格局没有发生变化，新的政治架构没有形成，因此新的法律制度建设也就无从着手。

《辛丑条约》签订后，中国面临巨额战争赔款的压力，西方国家其实也对中国是否有能力偿还这笔巨额款项持有某种程度的怀疑，在《辛丑条约》谈判过程中和随后的商约修订谈判中，西方各国刻意诱导中国改善、改变自己的法律制度和政治架构，与世界接轨，与国际同步，鼓励中国尽早采纳在东西方各国行之有效的自由经济制度。这样，就能够吸引外国资本在中国投资，就能够改善中国的经济构成和税收状况。

市场经济、自由经济，本来就不是一个国家的内部事务。资本的本质从来就是趋利性的，是没有国界不分民族的。自由竞争要求司法独立，要求跨越国界，要求国际一致，否则，资本的趋利性不会接受政治、法律的强制束缚，不会像国有资本、官办企业那样进行不计成本不期待盈利的政治性投资和政治性贷款。所以东西方各国在与中国进行的一系列谈判中，认为中国旧有的法律制度已经严重阻碍了国际资本在中国的投资，中国如果不能尽快改善投资环境，修订相应的法律条款，制定与东西方各国大体一致的法律制度，那么中国在经济上可能会受到很大损失。反之，列强不止一次地向清政府暗示，如果清政府的法律制度能够做出重大调整，能够尽快与各国法律相一致，那么各国可以考虑放弃在华享有的领事裁判权。

中国人奉行的所谓"中华法系"或许在过去两千年中发挥过重要作用，但是与已经传入中国的西方法律相比较，与传教士和外国商人、西方外交官熟知的西方法律体制相比较，确实存在许多弊端。在中华法系中，法就是刑，民刑不分，诸法合体，实体法和程序法紧密地纠葛在一起。凌迟、斩首、刺字、戮尸、缘坐等非人道的酷刑依然被大清国执行着，实践着，被西方人视为野蛮，却被中国人视为严惩，这大概就是当时中西法律之间最大的区别。

列强对中国的暗示和表态，自然引起了清政府的改革兴趣，而中华法系似乎也确实到了不能不改的地步，旧有的法律体制不仅严重影响了中外交涉、中外贸易和中外之间的政治往来，而且严重束缚了中国社会发展与经济进步。张之洞、刘坤一在"江楚会奏变法三折"第三折中就提醒清政府应该高度注意现行法律与东西方各国法律不太兼容的问题，这些法律大致包括矿律、路律、商律、交涉及刑律等。1902年年初，袁世凯也建议清政府注意这方面的改革，注意向日本学习，借鉴日本1899

年成功修订条约并全面恢复法权的经验，甚至可以考虑在日本法律专家的帮助下，修订或改造中国法律中与现实不太符合的内容。

封疆大吏的建议、列强的暗示，确实吸引了清政府的注意。1902年5月13日，清政府责成刑部右侍郎沈家本及四品京堂候补伍廷芳将一切现行律例，按照交涉情形，参酌各国法律，悉心考订，妥为拟议，务期中外通行，有裨治理。清政府的这个判断本身就已承认中国传统法律中有与国际规则脱轨的内容，已不适用于国际规则。所谓参酌各国法律，其实就是要将中国现行法律根本改造，使之与国际接轨，与世界同步，通行中外。

沈家本与伍廷芳，是当时中国最著名也最有成绩的法学专家。沈家本出生于律学世家，他的父亲长时期任职刑部，是受人尊重的法律权威。沈家本早年孜孜不倦于科举考试，同时也在父亲的影响下钻研法律问题，精通中国古典法律，著有《历代刑法考》等专门著作，是中国传统律学向现代法学转变的关键人物，当然也是中国法律现代化的重要先驱者之一。

伍廷芳的出身与沈家本大相径庭，他祖籍广东新会，生于新加坡，后留学英国攻读法学，获大律师资格，为近代中国第一个法学博士，也是香港立法局第一位华人议员，后被李鸿章招揽幕中。伍廷芳对东西方各国制度有高度认同，对东西方各国法律条文乃至其立法背景都格外娴熟。自19世纪80年代起，他先后追随李鸿章参与中法谈判、中日谈判，1896年被清政府任命为驻美国、西班牙和秘鲁三国公使。伍廷芳是当时中国非常少有的法律人才，以他对东西方法律制度的理解，协助沈家本修订法律，其价值趋向不言而喻。

对清政府而言，修订法律或许只是一个权宜之计，只是为了应对列强，使中国法律怎样更好地与西方接轨，以免与西方列强发生直接冲突，使自己屡屡吃亏。然而当沈家本、伍廷芳等人对大清王朝现行法律条文进行全面清理之后，发现问题相当复杂，深切认识到所谓独树一帜的中华法系确实到了非改不可的程度了。而这种改革，不可能是一种在原有基础上的小修小补，而必须通过对原有法律的清理，参照东西方各国现行法律条文，另起炉灶，建立中国的现代法律体制。

经过几年的精心准备，沈家本等人主持的新政重要机构修订法律馆于1904年5月15日正式开张。这个看似普普通通的机构在袁世凯等督抚的大力支持下，高薪聘请日本法律专家参与中国新法律条文的制定。在日本专家的帮助下，修订法律馆在短短几年时间里，对大清王朝现行法律进行了全面清理；对未来可能需要的法律法案进行了系统规划；尽最大可能翻译和研究东西方各国法律，酌定名词，考辨文义；以东西方各国法律为参照，大幅度对中国法律中与东西方各国法律相抵触的内容、不适应的内容进行删减与修改；主要参照日本的法律建构，重新规范了中国的法律制度。

中国当时之所以愿意参照日本的法律体系重建自己的法律架构，一方面因为中国和日本同文同种，语言文字上比较容易沟通；另一方面是中国此时发自内心佩服日本这个民族先走了一步。日本通过脱亚入欧已经在远东建立了一个名副其实的西方国家，从法律制度这个层面上看，日本人已经将许多西方国家行之有效的法律条款译成日文，通过"日化"重建了日本的法律制度。中国此时通过日本这个媒介，自然可以收到事半功倍的效果。

在日本法律专家的帮助下，沈家本等参照东西方各国法律体系，大刀阔斧地删减、重建中国的法律体制。经过几年时间的努力奋斗，大致建立起来了一个现代法律体系和司法制度，一些重要的必备的法律法规也都在那几年完成。这些新制定的法律法规为新政时期和此后的市场经济、自由经济和现代社会的运转提供了法律依据和制度支援，比如，《奖励公司章程》《商标注册试办章程》《商人通例》《公司法》《破产律》《各级审判厅试办章程》《法官考试细则》《集会结社律》等，都是当时迫切需要的法律法规，也在后来的政治实践和社会运作中发挥了非常好的作用。

不过，对晚清十年乃至后来数十年中国政治法律制度发生重大影响和启示的，可能还是沈家本等人参照东西方各国现行法律制定的几部根本大法，比如，《大清刑事民事诉讼法》《大清新刑律》《民律草案》等。这几部根本大法分别在程序法和实体法领域为后来的法律现代化奠定了良好基础，开了一个很好的先例。《大清新刑律》抛弃传统诸法合体的旧制，规范为一部单纯的刑法典，废除中国传统法律中的旧名词旧概念，诸如笞、杖、徒、流、死等五刑，被规范为死刑、无期徒刑、有期徒刑、拘留和罚金，附加刑有剥夺公权和没收；确定了死刑的唯一原则，彻底废除了旧律中繁杂的死罪名目。此外，在西方各国习以为常的禁止刑讯、实行陪审和律师制度、改良监狱等，也都在那个时候逐步进入中国的法律体系。凡此，均使大清国的法律制度大踏步前进，大致能够满足中国与世界各国的交往需求，像清政府最初所要求的那样，与东西方各国正常交流而无滞碍。

清末新政法中的法律体制改革，虽然还有很多不尽如人意的地方，虽然许多新法典并没有得到完善，且大部分没有得到执行，但这场改革本身确实是中国法制史上前所未有的革命，是趾高气扬的中华法系第一次低下头来吸收东西方各国法律之所长，重造中华法系，为此后中国法律的走向绘制了大致不变的路线图。即便大清国后来成为历史陈迹，大清王朝新政时期制定的法律制度依然被标榜为"民主共和"的中华民国所继承。这出乎所有人的预料，同时也表明新政时期制定的法律法规实际上已不再反映传统中国的社会状态，而是葬送了自秦汉以来传承了两千年之久的中国固有法律体系。参照近代中国社会的实际变动和发展，又全面引进了西方法律的大框架大格局，这样的法律体系不再反映中国的过去，而是对未来新社会新制度有很高很殷切的期待，为新社会制度的发生准备了种子。

五

清政府1901年启动的新政，应该是真诚的，因为当时所面临的困难局面是真实存在的，不改革就是等死，"与其等死，不如找死"。新政改革就是要在政治上为大清王朝寻找出一条出路，因此这次改革并不存在着虚伪和欺骗。不过也必须看到，近代以来几乎每一次改革，其直接动因都是外部危机，一旦这个外部危机得以化解或消解，改革的动力就必然丧失，至少是减弱。因此近代中国每一次改革都无法按照既定目标持续下去，总是给人一种浅尝辄止的印象。

在新政起步初期，清政府规划的改革应该是全方位的，既有经济体制、军事体制、法律体制、教育体制方面的改革，也有行政体制乃至政治体制方面的改革。改革的底线当然是改进、改善、加强和巩固大清王朝的政治统治，更准确地说是满洲贵族统治集团的领导地位不动摇，满洲贵族的利益获得保障。在清政府最初的规划中，改革只要能够做到这一点，就不存在禁区，不存在不能触及的领域。所以，当新政诏书发布不久，不待各省督抚大员表态，清政府就于4月21日下发一道令各省督抚甚至比较开明的东南各省督抚都感到震惊的命令，就是下令成立以庆亲王奕劻为首的督办政务处，作为筹办、规划和推行新政的专门机构，任命李鸿章、荣禄、昆冈、王文韶、鹿传霖等为督办政务大臣，命刘坤

一、张之洞遥为参与，稍后又增补了袁世凯为参与政务大臣。

如果我们熟悉1898年的中国故事，就不难发现这个督办政务处与康有为当年建议在内廷设立的专门议政机构有同工异曲之妙，只是那一次没有结果，而这一次真的设立起来了。按照上谕的规范，督办政务处的功能为议政机构，负责处理各地官员关于"变通政治，力图自强"的各种建议，务在体察时势，抉择精当，分别可行不可行，并考察其行之力与不力。从这个意义上说，督办政务处就是新政的总参谋部，智囊团，是各种新政信息的"统汇之区"[1]和分析机构。各位督办政务大臣就是要对一切因革事宜，务当和衷商榷，悉心详议，并负责起草新政各项改革措施和改革方案，次第奏闻，然后由朝廷决定是否采纳，怎样推进。从这些规范看，新政从一开始就没有设置什么禁区。

朝廷没有对政治改革设置禁区，当然这并不意味着可以随意变更政治制度，政治改革的底线是不能动摇满洲贵族的政治统治，这在当时是不需随时提醒的政治纪律，在规范的官场中不会有谁不懂规矩随意违反。所以我们不能说清政府没有进行政治改革，只是清政府的政治改革在他们自己看来可能已经走得很远，但在反对者看来，在后人看来，其实可能还不叫政治改革，充其量只是"行政体制改革"而已。

行政体制改革在清朝中晚期一直在进行，19世纪60年代设置总理各国事务衙门就是这种改革最典型的反映。只是那时新设置的总理各国事务衙门仅仅经过短暂的四十年，到了义和团战争爆发，原本新奇的行政机构却被列强视为没有效率的官僚衙门。各国公使对总理各国事务衙门在1900年的表现非常不满，在随后的政治谈判中多次建议清政府遵循国际惯例，废除这个颇具中国特色的不伦不类的机构，改设外务部，置六

──────────

[1]　《光绪朝东华录》（4），4655页，北京：中华书局，1958年。

部之首，主管外交事务。1901年7月24日，清政府终于接受这个建议，下令撤销存在了四十年的总理各国事务衙门，于传统的六部之外，设置外务部。大清王朝的行政改革至此拉开了序幕，像多米诺骨牌一样，在中国已有差不多千年历史的六部行政架构很快就变得不成样子，在某种程度上实现了康有为在1898年所提出的行政改革要求。裁冗署，裁冗员，创设新机构，成为1901年之后的大趋势。

1902年2月24日，清政府下令裁撤河东河道总督，其事务改归河南巡抚兼办。3月6日，下令将詹事府归并翰林院，并裁撤通政使司。1903年9月7日，下令设立商部，以载振为尚书，伍廷芳、陈璧为左右侍郎。1904年12月12日，清政府下令裁撤湖北、云南巡抚两缺，由云贵总督、湖广总督兼管。1905年9月4日，下令裁撤奉天府尹，改由巡抚兼管。10月8日，清政府下令设巡警部，以署兵部左侍郎徐世昌为尚书。12月6日，下令设立学部，以荣庆为尚书，熙瑛、严修为侍郎，并以国子监归并学部。凡此旧机构的裁撤，大都是在1898年提起而没有办到的，而新机构的设置则将原先的六部行政架构基本废除，使中国的行政体制与东西方各国大体一致。

除了对中央行政进行大刀阔斧的改革外，清政府还对地方行政进行了大幅度的改革和试验，其政治目标是促成地方逐步走向自治。

新政在行政体制方面的改革是有意义的，只是行政体制改革无论如何不能代替政治体制改革，其本身毕竟不是政治体制改革。特别是随着国内外形势的不断好转，清政府的改革动力逐步消解，至1904年，中国究竟应该怎样继续改革，中国的改革目标究竟是什么，实际上又引起了清政府的困惑。向前走无疑要进行政治体制方面的根本变动，清政府和整个满洲贵族阶层准备好了吗？这是一个疑问。改革原本应该进入深水区，不料却在制度层面出现了困难。

第15章

一个人的革命

一

新政的那些举措除了在开始阶段对一些立宪党人有点吸引力外，并没有真正唤醒人们的政治热情，1898年血腥屠杀的阴影依然笼罩在人们的心头。除极少数人外，更多的中国人都在思考着诸如"更姓易代"等根本的解决方案，清王朝的最终灭亡已为期不远，而这其中最具实力而又最有远见的当数孙中山。

大体而言，孙中山的早期思想与时代思潮的主流，即渐进的改革方案并无根本的差异。他虽然在一定程度上看到了几十年洋务新政的内在缺陷，但他不仅没有想到推翻清政府，反而觉得自己有责任帮助清政府克服危机，重建河山。[1] 然而，当他携带那份精心起草的《上李鸿章书》于1894年6月下旬从上海抵达天津时，正是中日交涉最为紧要的关

---

〔1〕 孙中山：《上李鸿章书》，见《孙中山全集》1卷，8页，北京：中华书局，1981年。

头。中日双方虽然尚未以兵刃相见，但由于利益攸关，战争大有一触即发之势。拖至7月下旬，著名的甲午战争终于爆发。在这种情势下，李鸿章"借口军务匆忙，拒绝延见"孙中山这一平民百姓。[1]

李鸿章没有接见孙中山，导致孙中山由李鸿章的崇拜者转变为反对者。更为重要的是，孙中山因此冷遇转而变得对清政府极度失望，由先前真诚地想帮助清政府克服危机而变为要彻底推翻清政府。他不仅不再相信洋务新政可以救中国，即使是康、梁的一揽子政治改革方案他也不屑一顾了。在孙中山的心目中，从此以后唯一念念不忘的，就是革命，就是以暴力手段去取得政权，重建中国。

应该承认，孙中山对中国前途的分析并没有错，中国的未来特别是中国现代化的责任，清政府确或不足以担当和完成。从这个意义上说，彻底推翻清政府，建立孙中山理想中的共和政府，或许不失为一种正确的选择。不过，这一问题实质上包含两个方面，一是推翻清政府的"弃旧"，一是建立新政权的"图新"。关于前者，可以说从清政府在中原的统治建立之日起，就一直存在着推翻清政府、光复中华的思潮与行为。尤其是19世纪中叶以后，随着外国列强的步步紧逼，以及清政府的软弱退让，反清的思潮也就愈趋激烈。持续达十余年的太平天国革命，不论它的动机如何，其目的也只是要推翻清王朝，重建新政权。然而，从19世纪下半叶的中国实际情况看，清政府的体制结构以及那些主政者，确实都不是理想的选择。完成一次新的改朝换代不是是否必要，是否可能，而是愿不愿意去做的问题。

事实上，当曾国藩、左宗棠、李鸿章等汉族官僚在权力鼎盛的时候，他们如果想玩弄历史上多次出现的更姓易代的把戏，那么他们以自

---

〔1〕　《中国革命运动二十六年组织史》，14页，上海：上海商务印书馆，1948年。

己的实力去欺负清政府的"孤儿寡母"，似乎也并不太难。但是，他们并没有这样去做。这里不必否认他们具有传统的忠君观念和忠君意识，不过可能更重要的还在于他们对中国未来情势的判断。他们选择了支持清政府这一既成的权力中心，而将对清政府体制结构诸方面的种种不满作为改革的重点和突破口，期望清政府重新振作起来，也期望举国以清政府为中心而一致对外。

事实表明，他们的愿望并没有得到预想的效果，清政府不仅没有重新振作起来，反而日趋腐败，日趋没落。从这个意义上说，孙中山对清政府的失望完全可以理解，他要推翻清政府的想法也就在情理之中了。不过，推翻清政府毕竟仅仅是弃旧，如何图新——建立新政权，似乎孙中山想得过于简单了些。他以为，只要能够"驱逐鞑虏"，便能够"恢复中国，创立合众政府"。[1]这正是20世纪中国的通行公式——"不破不立，破字当头，立在其中"的最早模式，实际上表现出浪漫主义的幻想。民国之后的历史足以表明，"驱逐鞑虏"并不难，难就难在新的政权结构与模式并不可能建立在一张白纸上，它不仅与传统的旧体制有着千丝万缕的联系，而且在实际发展过程中，它的每一步都不能不受制于传统的旧体制。因此，中国的未来发展不可能完全抛弃旧传统，正如孙中山后来认识到的那样，正确的选择可能依然是在新旧之间寻找出路。

作为中国近代民族、民主革命的"先行者"，孙中山的思想当然不止"排满革命"一项。事实上，他在提出排满革命的时候，就开始营造他的思想体系，至1905年，这一体系便基本成熟，那就是他的"三民主义"理论。三民主义理论是一个伟大的思想创造，如果说中国传统思想

---

[1]　《檀香山兴中会盟书》，见《孙中山全集》1卷，20页，北京：中华书局，1981年。

文化在向现代思想文化过渡的时候有一个"近代文化"的话，那就是孙中山的三民主义。这一理论确实在一定程度上代表了中国前进的方向，是先前进步的中国人探索救亡图存道路的集大成，也是向此后的新民主主义和社会主义发展的一个必然的过渡环节。正是从这个意义上说，孙中山的三民主义很快赢得了那时中国人的信赖与信仰。

二

理论的准备为政治变革提供了先决条件，也为政治变革的组织准备提供了理论上的保证。1905年8月20日，信仰孙中山三民主义学说的中国同盟会会员一百多人，借用日本议员阪本金弥的住宅，在日本东京赤坂区灵南坂举行成立大会，通过同盟会章程，推举孙中山为同盟会总理，选举同盟各部职员。

同盟会的成立，是中国历史上的重大事件。它不仅是中国历史上第一次出现具有现代意义上的资产阶级政治党派，而且正是由于中国同盟会的出现以及它的不懈努力，终于推翻了清朝的政治统治，结束了中国历史上的帝制时代，使中国步入民主共和的现代化道路。

就历史背景而言，中国同盟会的成立，既是中国革命的必然产物，也是国际资产阶级民主革命在东方、在中国的一种回应。自从人类历史进入20世纪，西方部分国家实际上已经进入帝国主义和无产阶级革命的时代。但在中国，资产阶级的民主革命并没有真正启动，这里的人民还处在中世纪的状态之中。但是，正如列宁在《亚洲的觉醒》中所指出的那样："世界资本主义和1905年的俄国运动彻底唤醒了亚洲。几万万被压迫的、沉睡在中世纪停滞状态的人民觉醒过来了，他们要求新的生活，要求为争取人的起码权利、为争取民主而斗争。"〔1〕正是从这个意义上说，中国同盟会的成立以及它所领导的辛亥革命，都不是中国历史上的孤立现象，而是国际环境下的产物。

从国内情况看，义和团运动失败以后，中国国内的革命气氛与革命形势一度陷入低潮。但为时不久，河北、四川等地以"扫清""灭洋""兴汉"等相号召的大规模的群众运动再度兴起，东北地区以抗俄为主体的爱国运动，西藏地区以抗英为目标的爱国运动等此伏彼起，一浪高过一浪。所有这些都预示着全国范围内的新的革命高潮即将到来，所有这一切也都要求尽快成立一个能统一领导全国革命的政党。

同盟会成立后，在组织上的发展极为迅速，国内外的支部及各式各样的分会相继建立，分散在国内外的各类进步人士尤其是青年知识分子纷纷入盟。同盟会的队伍迅速壮大，人员遍布国内及海外新加坡、马来西亚、越南、澳大利亚、美国、加拿大及南美各地，为后来爆发的资产阶级民主民族革命在组织上做了充分的准备。

几乎与组织上的迅速发展的同时，同盟会在成立之后的另一件重要工作，便是进行理论上的准备。尤其是同盟会的机关报《民报》在与保皇派的论战中，比较系统地阐释了中国资产阶级革命派的一些主要理论观点。

《民报》的前身是以宋教仁为首的以两湖地区留日进步青年为主体的《二十世纪之支那》。在同盟会的成立大会上，由黄兴提议，将《二十世纪之支那》转为同盟会的机关报，并更名为《民报》，暗寓孙中山倡导的民族、民权、民生"三大主义"这一革命宗旨。《民报》的主要编辑和撰稿人先后有陈天华、朱执信、宋教仁、汪精卫、胡汉民、

---

〔1〕　列宁：《亚洲的觉醒》，见《列宁选集》2卷，448页，北京：人民出版社，1972年。

章太炎等。它的出版时间为1905年11月至1908年10月，共二十四号。1910年年初，又在日本秘密印行第二十五、二十六两号。

在以孙中山的名义发表的《民报发刊词》中，第一次公开提出民族、民权、民生"三大主义"，较为全面、系统地阐释了中国资产阶级革命派关于中国革命的目标、纲领和斗争方式。到了《民报》第三号，更有《民报之六大主义》一文，明确提出中国资产阶级民主革命派在近期的政治目标与政治诉求。它的六大主义是：第一，颠覆现今之恶劣政府；第二，建设共和政体；第三，土地国有；第四，维持世界真正之平和；第五，主张中国、日本两国之国民的联合；第六，要求世界列国赞成中国革新之事业。这就使孙中山所提出的三民主义更加具体和具有可操作性。

《民报》鲜明的政治立场，在国内外引起了强烈的反响，同时也激起以康、梁为首的政治保皇派的激烈反对，一场理论上的争辩势不可免。就当时国内政治形势的变化来说，清政府提出了"革新"主张，实行以改良主义为基本特征的所谓"新政"，这便不可避免地影响康、梁的政治态度。他们觉得清政府"宣布国是定十五年实行新政"虽然漫长了些，但就中国政治、经济、文化以及历史特征而言，这一改良主义的政治方案在他们看来显然更合乎"中国国情"。因此，他们对《民报》鼓吹的以革命手段推翻清王朝的政治主张自然起而反对。

针对革命派的理论观点，梁启超在《新民丛报》上发表一系列文章进行辩驳，如《论中国今日万不可行共和制之理由》《申论种族革命与政治革命之得失》《答某报第四号对于本报之驳论》，等等。双方的论战随之正式开始，涉及两派在海外的二十多家报刊。

根据1906年4月出版的《民报》第三号发表的《〈民报〉与〈新民丛报〉辩驳之纲领》的归纳，革命党人与保皇派之间的原则分歧主要体现在这样十二个方面：

第一，《民报》主共和，《新民丛报》主专制；

第二，《民报》望国民以民权立宪，《新民丛报》望政府以开明专制；

第三，《民报》以政府恶劣，故望国民之革命；《新民丛报》以国民恶劣，故望政府以专制；

第四，《民报》望国民以民权立宪，故鼓吹教育与革命，以求达其目的；《新民丛报》望政府以开明专制，不知何方副其希望；

第五，《民报》主张政治革命，同时主张种族革命；《新民丛报》主张政府开明专制，同时主张政治革命；

第六，《民报》以为国民革命，自颠覆专制而观则为政治革命，自驱除异族而观则为种族革命；《新民丛报》以为种族革命与政治革命不能相容；

第七，《民报》以为政治革命必须实力；《新民丛报》以为政治革命只需要求；

第八，《民报》以为革命事业，专主实力不取要求；《新民丛报》以为要求不遂继以惩警；

第九，《民报》以为不纳税与暗杀，不过革命实力只一端，革命须有全副事业；《新民丛报》以为惩警之法在不纳税与暗杀；

第十，《民报》以为凡虚无党皆以革命为宗旨，非仅以刺客为事；《新民丛报》诋毁革命而鼓吹虚无党；

第十一，《民报》以为革命所以求共和；《新民丛报》以为革命反以得专制；

第十二，《民报》鉴于世界前途，知社会问题必须解决，故提倡社会主义；《新民丛报》以为社会主义不过煽动乞丐流民之具。

康、梁认为，从中国的历史与现状来观察，共和政体不是中国目前可以立即采用的最佳方案，革命不是中国问题获得真正解决的最佳道路。一方面，历史的发展不可能躐等前进，中国目前只能由"开明专制以移于立宪"，然后由政府进行有"秩序"的改革，"拾级而进"。因此，从这个意义上说，不论将来中国的政体是什么样子，而在目前最宜采用的"唯一正当之手段，唯一正当之武器"便只能是改良式的君主立宪制。这是中国未来与发展的必由之路。另一方面，政治上的正当要求，实救国之唯一手段。然而中国是否能得到解救，需要看国民能否提出要求，并肯为此要求而献身。当国民的认知程度尚未达到共和革命要求的时候，而强行进行共和革命，便不可能得到良好的结果。

康、梁等所谓保皇派反对革命，反对共和，但并不反对改良君主专制，而是主张君主立宪。日俄战争爆发后，他们更是随着战争的进展而造势，以日俄战争的胜负向国人宣传专制必亡、立宪致强的道理，开始新的政治活动，力求上接1898年维新运动的政治诉求，使中国在政治改革方面迈出新的步伐。

第16章

紫禁城的黄昏

一

　　1904年5月，著名的改良派人士张謇先是代湖广总督张之洞、两江总督魏光焘撰写了一篇《拟请立宪奏稿》，随后又与另一维新派著名人士汤寿潜一起向张之洞面请立宪之事。张之洞嘱他们去探听一下正受慈禧太后重用的袁世凯的态度。与此同时，清政府驻法国公使孙宝琦向政务处上了一份请求清政府立宪的奏折，吁恳慈禧太后仿英、德、日之制，定为立宪政体之国。随后，云贵总督丁振铎、署两广总督岑春煊、贵州巡抚林绍年等封疆大吏也纷纷奏请清政府准予立宪。于是一时间立宪问题便自然在部分内外大臣中议论开来，成为中外舆论注视的焦点。

　　到了1905年，立宪的浪潮更加高涨。上自勋戚大臣，下逮校舍学子，靡不曰立宪立宪，一唱百和，异口同声。"昔者维新二字，为中国士大夫之口头禅；今者立宪二字，又为士大夫之口头禅。"[1]人人以立宪相夸耀、相标榜。立宪成为国人尤其是当时中国知识分子最低限度的政治诉求。

基于这种情况，顽固的清政府也不能不有所回应。是年7月，直隶总督袁世凯、两江总督周馥、湖广总督张之洞等联名上奏，请清政府宣布十二年后实行宪政，并奏请清政府派亲贵大臣分赴各国考察宪政。还不到十天，清政府即发布谕旨，决定派载泽、戴鸿慈、徐世昌、端方、绍英等五大臣，于是年9月24日分赴英、法、日、比、美、德、意、奥等东西方各国考察一切政治，以为清政府将来实行宪政做准备。后因吴樾在正阳门投掷炸弹，清政府又改派李盛铎、尚其亨二人，以顶替徐世昌、绍英二人，并改为是年12月11日正式启程。

1906年夏秋之交，出洋考察宪政的五大臣先后回国复命，将他们的所见所闻向清政府报告，同时请清政府准备立宪，认为当日的中国只有走立宪的路，才能使清政府摆脱危机，皇位永固。载泽在《奏请宣布立宪密折》中分析当时的情形及清政府必须走立宪之路的道理时说：

> 以今日之时势言之，立宪之利有最要者三端：
>
> 一曰皇位永固。立宪之国，君主神圣不可侵犯，故于行政不负责任，由大臣代负之，即偶有行政失宜，或议会与之反对，或经议院弹劾，不过政府各大臣辞职，另立一新政府而已。故相位旦夕可迁，君位万世不改，大利一。
>
> 一曰外患渐轻。今日外人之侮我，虽由我国势之弱，亦由我

---

[1]　《论立宪当以地方自治为基础》，见《南方报》1905年9月21日。

政体之殊，故谓为专制，谓为半开化而不以同等之国相待。一旦改行宪政，则鄙我者转而敬我，将变其侵略之政策为和平之邦交，大利二。

　　一曰内乱可弥。海滨洋界，会党纵横，甚者倡为革命之说，顾其所以煽惑人心者，则曰政体专务压制，官皆民贼，吏尽贪人，民为鱼肉，无以聊生，故从之众。今改行宪政，则世界所称公平之正理，文明之极轨，彼虽欲造言，而无词可借；欲倡乱，而人不肯从，无事缉拿，自然冰消瓦解，大利三。

　　载泽的这些分析虽说未免过于露骨，但确实是出自他对宪政政体的理解。在他心目中的宪政政体之下，确实可以做到皇位永固。而宪政国家为了凝聚人心，总是需要一个权力中心的象征，英国、日本以及当日的德国就是比较成功的例子。至于实行宪政可以消弭内乱，也是载泽说的真心话。对于统治者来说，任何内乱都是一件可怕的事，但是消弭内乱的办法并不能一味地依赖于强力镇压，而在于疏导人民的情绪，化解人民心中的积怨。尤其重要的是，实行宪政可以避免专制政体下"官皆民贼，吏尽贪人，民为鱼肉，无以聊生"的情况出现。[1]

　　载泽的意见不可能被清政府最高统治层全部接受，但其分析的思路无疑是基于对清政府的忠诚，其可取之处也不难被清政府最高统治层所认可。1906年8月27、28日，清政府连续两天召开御前会议，请王公大臣们就实行立宪的利弊得失发表意见。经过两天的讨论，诸王公大臣于29日上殿面奏，请清政府宣布实行宪政。

　　1906年9月1日，清政府发布上谕，宣布"仿行立宪"的要旨。认

---

〔1〕　《镇国公载泽奏请宣布立宪密折》，见《东方杂志》第4年临时增刊。

为时处今日，唯有及时详晰甄核，仿行宪政，大权统于朝廷，庶政公诸舆论，以立国家万年有道之基。但目前规制未备，民智未开，若操切从事，徒饰空文，何以对国民而昭大信，故廓清积弊，明定责成，必从官制入手。亟应先将官制分别议定，次第更张，并将各项法律，详慎厘定，而又广兴教育，清理财政，整顿武备，普设巡警，使绅民明悉国政，以预备立宪基础。显然，清政府基于自身利益的考量，已基本认同立宪派的政治主张，但究竟何时正式实行立宪，则一时拿不定主意，以待再做准备之后，视情形而定。

按照既定原则，清政府在颁布上谕的第二天，即发布改革官制的上谕，着派载泽、世续、那桐、荣庆、铁良、戴鸿慈、袁世凯等人负责编纂，并着除袁世凯之外的各总督派司道大员至京随同参议，而由奕劻、瞿鸿礼、孙家鼐等总司核定。经过一个多月的编制、评议，中央及地方官制改革的方案陆续出台，从其实际情况看，其改革的基本思路还是以稳为主，逐渐推进改革。

清政府渐进求稳的政治改革方案未尝没有道理，然而政治形势的发展往往并不按政治家的主观设计而进行，而发展。当清政府认同政治改革的必要性而宣布"仿行立宪"的时候，实际上就在政治改革方面打开了一条通道，此后政治发展虽然可能沿此通道而前进，但也可能越出其规范而发展。换言之，在绝对的立宪主义者看来，清政府稳妥的政治改革方案实际上是欺骗人民的缓兵之计，它的目的不是实行宪政体制，而是以空头支票的方式给人民以虚幻的希望。反对者抱怨道："'恭读'谕训，一则曰规制未备，民智未开；再则曰俟数年后，规模粗具，查看情形。"[1]他们对清政府的"仿行立宪"明显地表示

───────────────

[1]　《恭读十三上谕赘言》，见《时报》1906年9月4日。

失望。

在这种政治压力下，清政府于1908年8月27日颁布《钦定宪法大纲》，核准宪政编查馆拟定的九年为期，逐年筹备宪政，期满召开国会。这一方面使宪政的执行有了一个比较具体的时限，另一方面也是对不断高涨的国会请愿活动的一种善意回应。无奈，政治改革的堤防一旦打开了哪怕一个小小的决口，政治改革的潮流都将如洪水一样倾泻而下。立宪党人对清政府九年立宪的承诺不甚满意，以为九年的道路委实过长，他们期望越快越好。而在清政府看来，之所以同意九年为限，从当前的状况看，主要还是因为国内不断高涨的请愿活动有可能危及政治稳定，对清政府的有效统治带来损害。双方的对峙势不可免。

二

当清政府同意九年为立宪之期后数月，光绪帝及掌握清政府实权达半个世纪之久的慈禧太后先后于1908年11月14日及15日去世，不足三岁的小皇帝溥仪继承了皇位，载沣以监国摄政王主持朝政。清政府的政治改革日程表便不能不因这一重大人事变动而变动。

载沣监国摄政后，即发布上谕，宣布清政府必将遵守已经颁布的《钦定宪法大纲》，恪守九年预备立宪的既成决定，认真准备，届时执行。应该说，载沣的政治宣示并非为虚言，而且也是可行的。

然而在绝对的立宪主义者看来，慈禧太后、光绪帝相继去世，是中国政治变动的最佳时机。中国要么不立宪，要立宪就应该尽快实行。他们不断地向清政府施压，推动立宪的准备机构——各省谘议局的早日产生，并竭尽全力地去策动各省谘议局的选举，力争在各省谘议局中占据相当大的分量。在他们的努力下，终于用不到一年的时间，各省谘议局除新疆缓办外，都于1909年10月宣告开会。

按照清政府的既定想法，各省谘议局的设立原本是为了缓解国内不断高涨的立宪压力，但事情的结果却给清政府的有效统治增加了新的麻烦。由于各省谘议局是合法的议政场所，这些议员便可以在谘议局内肆无忌惮地议论朝政，甚至通过谘议局的合法性向清政府施压，并逐步形成比较有效的政治组织形式。后来由立宪派主导的收回路权、矿权运动，已充分证明了这一点。

思想的批判无法代替武器的批判。以孙中山为首的革命党人并不相信清政府的立宪承诺，他们在批判改良主义立宪运动的同时，坚守既定的立场，以旺盛的斗志组织了一波连一波的武装起义，以期彻底推翻清王朝。

孙中山、黄兴等人早在组织同盟会之前就反复组织过反清武装起义，但由于力量过于弱小，都一一失败了。同盟会成立之后，他们在总结此前经验教训的基础上，于1906年秋冬之间，和章太炎等人一起制定了包括《军政府宣言》《军政府与各国民军之条件》《招军章程》《招降清朝兵勇条件》《略地规则》《对外宣言》《招降满洲将士布告》《扫除满洲租税厘捐布告》等在内的《革命方略》，作为各地革命党人组织武装起义的指导性文件和基本政策依据。

根据《革命方略》记述，自同盟会成立至辛亥武昌起义爆发的这段时间里，由孙中山、黄兴或其他同盟会成员组织发动，以及其他革命团体组织发动的规模比较大的武装起义有十余起，如下表所示：

起义时间	起义名称	主要领导人	规模	持续或结束时间
1906年12月4日	萍浏醴起义	刘道一、蔡绍南、蒋翊武、龚春台、魏宗铨	三万余人	1906年12月
1907年	防城起义	赵声、王和顺	三四千人	历时半月
1907年5月22日	黄冈起义	许雪秋、陈涌波	七百余人	1907年5月27日
1907年6月2日	七女湖起义	邓子瑜、陈纯、林旺、孙稳	二百余人	十余日
1907年7月6日	浙皖起义	徐锡麟、秋瑾	数十人	1907年7月14日
1907年12月2日	镇南关起义	黄明堂	四五百人	1907年12月9日
1908年3月27日	钦州马笃山起义	黄兴	二百余人	四十余日
1908年4月30日	河口起义	黄兴、黄明堂、王和顺	一千余人	1908年5月26日
1908年11月19日	安庆马炮营起义	熊成基	一千余人	1908年11月20日
1910年2月12日	广州起义	倪映典	三千余人	一天
1911年4月27日	黄花岗起义	黄兴	一百余人	一天

在同盟会领导的众多武装起义中，最具典型意义，也是影响最大的当数1911年爆发在广东的黄花岗起义。

广东是孙中山的故乡，也是他联络最多、革命基础较好的地方之一。从他一开始投入革命活动，他就对广东寄予很大的希望，一直期盼着能在广东发动真正意义上的武装起义，并能由此开始完成夺取全国政权的任务。1910年10月，孙中山向黄兴提出在广州再次发动起义的想法，决意为破釜沉舟之举，誓不反顾，与虏一搏。11月13日，孙中山、黄兴、赵声、胡汉民等同盟会的重要骨干在槟榔屿与南洋及国内东南各省的代表举行秘密会议，计划在起义军占领广州后，由黄兴率一军出湖南趋湖北，由赵声率一军出江西趋南京，长江流域各省由谭人凤、焦达峰等率兵响应，会师南京，即行北伐，一举夺取全国政权。

经过几个月紧张有效的准备，同盟会在广州设立的秘密据点已达三十八处，省城内外及各省革命力量也已联络就绪，经过认真筛选的八百人组成的"敢死队"也逐步到达香港。万事俱备，只待一声令下。

1911年4月8日，负责领导此次起义的"统筹部"在香港举行会议，预定于是月13日在广州举行起义，分兵十路袭取广州城，并决定由赵声、黄兴分别担任革命军正副总指挥。

然而就在广州起义统筹部召开会议的当天，同盟会会员温生才在广州单独行动，枪杀清政府署理广州将军孚琦，而革命党人吴镜也因运送炸药不幸于这一日被捕。于是广州城的清军加紧戒严。原定的起义计划便无法执行。

4月23日，黄兴由香港潜入广州，在两广总督衙门附近建立起义指挥部。27日（农历三月二十九日）下午五点半，起义正式开始。以黄兴为首的敢死队一百二十余人，猛攻总督府。经过一番激战，两广总督张鸣岐放弃督署而逃。黄兴等人冲入后放火焚烧了督署，冲杀出来时与卫队发生激烈的遭遇战。黄兴伤右手，断两指，且战且前，直到最后剩下自己一人，才避入一家小店改装出城。

黄花岗起义是辛亥武昌起义之前最有影响的一次武装起义。是役也，碧血横飞，浩气四塞，草木为之含悲，风云因而变色。全国久蛰之人心，乃大兴奋。怨愤所积，如怒涛排壑，不可遏抑，不半载而武昌之大革命成。则斯役之价值，直可惊天地，泣鬼神，至武昌振臂一呼而天下皆应，有力地促进了革命高潮的早日到来。

三

　　与革命势力高涨形成鲜明对照的是清政府权力的式微。监国摄政王载沣由于天性懦弱，不足以成事，而袁世凯却权倾九鼎，遂引起清政府统治集团内部尤其是满洲贵族的高度恐慌，因此清政府统治集团内部的权力斗争也日甚一日。

　　按照清政府中一部分满洲贵族的本意，是想杀掉袁世凯以除后患，但他们又顾虑杀掉袁世凯会引起北洋系的反叛，进一步加大清政府统治的危机。于是最理想的办法便是剥夺袁世凯的权力，使他无用武之地。而袁世凯也知道慈禧太后和光绪帝去世意味着自己失势，再加上此时外交失败，袁世凯也就借坡下驴，离职隐居。1909年1月9日，清政府发布上谕，宣布袁世凯现因患足疾，难胜职任，着即开缺回籍养疴，剥夺了袁世凯的权力。

　　免除袁世凯的职务之后，清政府的权力进一步集中在满洲贵族的手中。载沣代替小皇帝溥仪出任全国陆海军元帅，不久他的弟弟载洵出任筹办海军大臣，他的另一个弟弟载涛及宗室贝勒毓朗为管理军咨处事务大臣，皇族已明显地控制了全国的军权。这还不算，在朝廷十二个部的尚书加上外务部另置总理大臣、会办大臣的十四人中，满洲贵族占九人，蒙古贵族占一人，其中皇族竟占七人之多。

　　清政府权力的高度集中激起立宪派的反感。先前已成立的各省谘议局不断利用自己的合法机会向清政府施压，要求从速进行政治变革。1909年11月，共十六个省的谘议局代表云集北京，举行"请愿国会代表团谈话会"，策划组织国会请愿活动。翌年1月16日，"请愿国会代表团"向都察院递交请愿书，要求清政府以一年之内，速开国会，以定根本大计。

对于这一次国会请愿活动，清政府决策层并没有给予善意的回应。十多天后，清政府断然拒绝了请愿代表的要求，坚持照原定九年的期限，循次筹备立宪事宜。

清政府的态度进一步激起立宪派的反感，他们在上谕发布后不久，迅即组织第二次请愿活动，并成立"请愿即开国会同志会"作为领导机关，京师设总部，各省设分会，又创办报纸进行鼓吹。到了1910年6月，遂有十余个政治团体向都察院递交了第二份要求清政府速开国会的请愿书。

立宪派的第二份请愿书同样没有得到清政府的善意回应，清政府依然在固守原先的承诺，坚持九年立宪的既定方案。清政府的做法固然有其道理，但其政治后果则是使原本与清政府密切合作的立宪党人大失所望。8月15日，请愿国会代表团召开评议会，会议决定两个月后再向清政府请愿。

10月，国会请愿书如约递达清政府。请愿书认真分析了当时中国所处的国际环境及国内危机，特别提出日俄可能分割东北的危险："东三省有变，全局瓦解，宗社人民，将置何地？虽欲从容立宪，不可得矣！"清政府御用的资政院也向清政府最高统治层建议，应该考虑这些"民意代表"的意愿，从速开国会。各省督抚、巡抚、将军等也联名上奏，请清政府充分考虑民意，缩短立宪期限，即时设立内阁，明年召开国会。

面对这种政治压力，清政府最高决策层决定接受这些王公大臣的建议，遂于是年11月4日发出上谕，宣布预备立宪的期限由原定的九年缩短为五年，定于宣统五年开设议院，并明令此一年限一经宣布，万不能再议更张，各省请愿代表等应立即返回原籍，各安其业，静候朝廷详定一切，次第施行。

应该说清政府的这一政治决策是对国内日益高涨的立宪思潮的善意回应，各政治团体如能深切体会清政府的政治用心，或许可使中国就此走上立宪的轨道。无奈，清政府的政治决策毕竟是对先前九年立宪的让步，这一让步在某种程度上更激励了各立宪团体的政治激情。在清政府宣布这一决定之后一个月左右，东三省的代表又一次来到京师，再递请愿书，要求清政府明年召开国会，天津学界也在酝酿着新的政治行动。清政府面临的政治压力越来越大，实际上处于一种两难的处境。

对于这种两难的政治处境，清政府倒没有再犹豫，一方面，它坚决拒绝了再一次缩短立宪年限的要求；另一方面，则加紧权力的集中与控制，将国家政治的主导权进一步集中在满洲贵族尤其是皇族的手中。其中最明显的表现是清政府借缩短立宪期限修订的筹备事宜，在宣统三年应颁布内阁官制，设立内阁这一机会，于1911年5月8日即宣统三年四月初十建立了以皇族成员为基本构成的内阁，即史称的"皇族内阁"。在这个十三人的内阁中，满族占九人，其中皇族七人。其权力集中于皇室的倾向委实过于明显。

皇族内阁的名单一经宣布，立即引起举国哗然。原先对清政府寄予厚望的立宪党人除了失望，就是气愤。他们除了继续通过正常的渠道向清政府表达他们的不满外，实际上已经开始与清政府离心离德，甚至有一部分人逐步转向支持革命，或变成了革命者。

皇族内阁成立第二天即公布铁道干路国有化的愚蠢政策，宣布宣统三年以前各省分设公司集股商办的所有干路，延误已久，应由国家收回，赶紧兴筑。这项政策就技术层面而言毫无问题，几年来民间资本对铁路工程的渗透确实潜伏着巨大的社会、金融风险。但是如果仅仅从投资这一层而言，铁路干线国有化政策无疑是在以法律形式剥夺先前数年各省民族资本的利益，是对数年来民族资本收回路权、矿权运动的反动。而中国民族资本是立宪党人的社会与经济基础。这样一来，清政府实际上是将立宪党人推到了自己的政治对立面。

5月18日，清政府任命端方为督办粤汉、川汉铁路大臣，首先劫夺粤汉、川汉两大干线修筑的权利。20日，端方即与四国银行团签订两干线在两湖境内的借款合同，借款总额为六百万英镑，年息五厘，以两湖厘金盐税做担保。四国银行享有两湖境内粤汉、川汉铁路的修筑权，以及该路在延长时继续投资的优先权。这实际上是清政府为了借款而出卖国家利益，极大地伤害了中国民族资产阶级的利益和积极性。

对于清政府的这一举动，湘人率先反对，并在长江中游带头掀起了一场规模浩大的群众性抵抗斗争。通过各种手段和方法强烈要求清政府收回成命，并一再宣称："如不得请，将来或外人或督办到湘强事修筑，立即集全力抵抗，无论酿成如何巨案，在所不顾。""有谁来用强迫手段压制我们，那时我们做百姓的，横直是一条死路，大家把这条性命，与他拼一场，在学堂的人，大家散学，做生意的人，大家闭市，湖南全省的粮饷，大家是不肯完的，看他把我们湖南的百姓怎么办法呢？"其拼死抵制的决心已跃然纸上。

继湖南之后，湖北各界在省谘议局的主导下也对铁路国有化的政策进行了抵制，甚至号召以此为契机进行"反清暴动"，一举推翻清王朝。

保路风潮的影响所及并不限于两湖地区，四川在立宪党人的领导下，其反对浪潮甚至比两湖地区还要激烈。1911年6月17日，成都各团体数千人发起成立四川保路同志会，提出以"破约保路"为宗旨，并通知各州县成立保路同志分会。他们不仅提出反对举借外债和铁路国有的两大问题，而且随着斗争的深入，其活动逐步脱离立宪党人所划定的斗争范围，变为进一步发动和利用人民群众的力量来与清政府相对抗。

群众的介入，使保路运动的发展增加了许多未知的变数，立宪党人基本上失去了对运动本身的控制力，自发的人民群众已不再听命于他们的指挥了。9月初，四川爆发了在哥老会策动下的保路同志军起义，数十万人揭竿而起，云集省城周边。

保路同志军在成都发动的起义危及清政府的有效统治。在这种情况下，清政府遂调两湖尤其是湖北地区的清军入川镇压，因此两湖地区特别是湖北的武昌遂又成为清政府统治最为薄弱的地方。

四

两湖地区一直是孙中山所领导的同盟会工作的重点区域。在武昌的文学社、共进会与同盟会有着非常密切的关系，他们的领导人敏锐地注意到清政府在湖北的统治力量随着部分清军入川而薄弱，于是在9月14日召开联席会议，决定建立统一的指挥部，协调行动，并派员赴上海邀请黄兴、宋教仁、谭人凤等人来汉主持大计。24日，两会再次举行联席会议，经过周密的讨论决定于中秋节即10月6日举行起义，推举蒋翊武为临时总司令，孙武为参谋长，并对各标、营、学堂的任务及进攻路线做了部署。各方面在会后都积极进行准备，只待时机进一步成熟。

中秋节那天，无奈黄兴未能来鄂，加上清军也已有足够的准备，武昌起义的领导者并未敢按预定的日期发动起义，他们一方面在等待机会，一方面仍在进行积极的准备。

10月9日，孙武等人在汉口俄租界配制炸弹时不幸引起爆炸，清政府出动大批宪警在武汉三镇进行严密搜查。积蓄多时的起义计划很可能因此次事件而化为泡影，蒋翊武、刘复基等人考虑到与其坐而被捕，不如即时举义，于是他们参照9月24日拟定的计划，决定即时发动起义。

10月10日晚八点半，改变中国历史进程的武昌起义终于爆发了。经过两天的激烈战斗，武汉三镇基本上已控制在革命党人的手里。

武昌起义爆发之后，新政府的成立已迫在眉睫。11日，武昌城里的战斗刚刚结束，以汤化龙为议长的湖北省谘议局就及时举行会议，讨论成立军政府以应时变的问题，他们比较倾向于推选在湖北军政各界颇有声望的黎元洪出面主持大局。

黎元洪起初并无意接受革命党人和立宪派的拥戴，作为清政府官僚，在对形势的估计并不乐观的情况下，他不愿意贸然行动。因此，在湖北军政府成立之初，其所发布的命令与文件，基本上与黎元洪个人无关，而是革命党人和立宪党人用黎元洪的名义在进行工作，而黎元洪则被革命党人的士兵严加看守，并不曾给予任何实际的事务。直至13日，在大局将定的情况下，黎元洪才明白表示倾向于革命。

湖北军政府成立后，即发布《布告全国电》《布告海内人士电》以及《致清政府电》等一系列重要文件。这些文件义正词严地声讨清政府的卖国罪行及残暴统治，号召全国军民揭竿而起，推翻清政府，以建立与世界列强并峙于太平洋上的共和政体。

在湖北军政府的号召下，湖北的革命形势发展迅速。武汉东侧的黄州在革命党人的帮助下，于10月15日宣布反正，建立新的革命政权；武汉西侧的京山、汉川的革命党人也先后举义成功。紧接着，据武汉上游、扼川鄂咽喉的湖北重镇宜昌，于18日夜宣布脱离清政府，遂使武汉革命军解除了西顾之忧。在差不多一个半月的时间里，湖北省属各府州县已先后脱离清政府的统治，宣布反正，实现独立。

与湖北的形势差不多，全国各省在武昌起义的影响下，革命形势发展也很快。仅在10月，就有湖南、陕西、山西、云南、江西等省宣布独立；11月上旬，上海、贵州、浙江、江苏、广西、安徽、福建和广东先后宣布反正；是月底，四川宣告独立。在前后五十天的时间里，共有十四个省和上海一地脱离了清朝统治，清王朝剩下的日子已屈指可数了。

上海、江苏的独立，不仅对清政府是一个重大的打击，而且对革命党人来说，也是至关重要的胜利。南京是江南的政治中心，早在武昌起义爆发之初，在上海的同盟会领导人宋教仁即策划集中力量夺取这一重镇。他们派员到驻防南京及其周边地区的新军进行策反和联络工作，并制定攻取南京的军事方略。10月21日，在镇江组织攻取南京的总司令部，以期一举占领这一江南重镇。

10月23日，进攻南京的战役全面展开。革命军所属各部士气高昂，冒雨行进。城郊人民对革命军的到来也持热烈欢迎的态度，或为革命军领路，或替革命军运送各种军用物资，或为革命军送水送饭。经过连续几天的战斗，革命军顺利夺取南京周围的一些制高点，如乌龙山、幕府山等，开始在山上使用大炮向南京城里进行轰击。至12月1日，清军的守城部队基本都龟缩到城里去了，守城部队的指挥所也在革命军的炮火势力范围之内。在革命军炮火的攻击下，清军守城部队的指挥所被击中起火，其负责将领张勋、张人俊、铁良等人只好于当夜弃城出逃，留在城内的清军残部也不再抵抗，纷纷打起白旗向革命军投诚，并主动打开城门迎接革命军入城。

革命军攻占南京后，中国的政治形势进一步朝着有利于革命军的方面发展。当此时，中国同盟会已开始构想在南京建立全国性革命政权的规划。中国同盟会拟在革命成功之后建立全国统一的新政权的想法由来已久，其几年前发布的《军政府宣言》即已充分表达了他们的态度。但武昌起义毕竟来得太快，他们并没有迅速地适应。当武昌起义爆发之际，深孚众望的孙中山尚在海外为中国革命筹款，黄兴、宋教仁等领袖人物也没有在武昌起义的第一线，且当武昌起义的组织者派员赴沪邀请他们来鄂主持大计时，他们也没能及时到鄂，这在某种程度上使革命党人在新政权的建立上连连失分。湖北军政府的建立以立宪党人为主，便是一个最明显的例证。因此，他们想在南京建立新的全国性政权的渴望，我们并不难理解。

当孙中山在海外听到武昌起义爆发的消息后，立即放弃筹款事宜，星夜兼程赶回国内，于12月21日抵达香港，25日抵达上海，开始筹建新政府。12月29日上午，十七个省五十名代表在南京举行临时大总统的选举，每省一票，孙中山以十六票被推举为中华民国临时大总统。

1912年1月1日夜十一时，孙中山在南京总统府举行就职典礼，至此，中华民国正式建立，中国五千年的历史终于掀开了新的一页。

中华民国的建立，是中国五千年历史上的重大事件，它的意义不仅在于推翻了皇帝的统治，结束了中国的帝制时代，而且在于开辟了未来，开启了中国的共和时代，同时为中国现代化转型的继续发展提供了新的环境和条件。在这个意义上，我们也可以说，辛亥革命与中华民国的成立是20世纪中国与世界互动关系的重要转折。从此以后，中国更进一步地融入了世界大格局之中，并在这样的格局中被他国所影响也影响到他国，20世纪上半叶中国与世界互动关系的框架由此而基本确定。

第17章

从南京到北京

一

孙中山成立临时政府是辛亥年最大的事件，快刀斩乱麻，一下子将南北纠缠不清的问题解决了，将南方的革命对象一下子变成了第三者，可有可无。因为十七个省的独立和投票选举，不管怎么说已使清政府失去了合法性。现在剩下的唯一问题就是黎元洪、黄兴等人先前对袁世凯的承诺。假如南北僵持一段时间，或南方找准机会北伐，直捣黄龙；或清政府重新振作，利用剩下来的几个省份，找准机会南征。总而言之，清政府如果誓不和平退位，中国就将立马陷入南北对峙之中，袁世凯的价值就体现在这非常微妙的环节中。

所以孙中山当选临时大总统后尚未就职前，立即致电袁世凯进行解释，强调之所以在南方成立临时政府，主要是因为东南诸省久缺统一之机构，行动非常困难，故以组织临时政府为生存之必要条件。我孙文既审艰虞，义不容辞，只得暂时担任。袁公方以旋转乾坤自任，即知亿兆属望，而目前之地位尚不能不引嫌自避；所以我孙文虽暂时承乏，而虚位以待之心，终可大白于天下。孙中山在这份电报结尾，呼吁袁世凯早定大计，以慰四万万人之可望。孙中山所曲折表达的意思，就是要袁世凯遵守承诺，早日劝退清帝，那么他还会遵守黎元洪、黄兴等人的承诺，将大总统之位交给袁世凯。

南北之间的问题由此转换成了孙中山与袁世凯之间的问题，清政府已经没有什么发言权。用孙中山的话说，南北之间继续谈判，已非议和，只是一种善后安排，因为清政府必须完全服从革命党人，服从南京临时政府。

孙中山于1912年1月1日深夜就任临时政府大总统之后，复杂的中国问题趋于简单化，就是如何处理好孙中山、袁世凯和清政府的三角关系。假如袁世凯如约逼退清政府，那么孙中山就会如约将大总统让给袁世凯。怎样让袁世凯顺利而不受伤地逼退清政府，这就是政治智慧。

1月16日，袁世凯与内阁大臣联衔向朝廷上了一个密折，分析当前形势，建议朝廷尽快召开皇族会议，讨论究竟是否能够接受南方革命党人提出的共和方案，如果不能接受，那么应该怎么办。

在这份密折中，袁世凯详细回顾了南北议和的全过程，强调现在是海军尽叛，军饷无着，强邻虎视辽东，库伦不稳，人心涣散，继续僵持下去对谁都没有好处。为朝廷计，为皇太后和皇上计，袁世凯态度明确，建议接受南方革命党人提出的优待皇室条件，这样不仅能保证皇室的尊严和体面，也为大清国历来宣扬的爱民如子树立一个典范，提供一个证据。

袁世凯说，我朝继承历代帝系，师法孔孟，以为百王之则，是民重君轻，圣贤业垂法守。根据现在与南方革命党人谈妥的条件，革命党人表示他们会尊重历史，尊重皇室，尊重大清国的过去。现在南北战争已经僵持数月，东西友邦均因战祸而付出相当大的代价。列强现在还乐于调停者，是因为他们看到南北纷争说到底只是一种政治制度的改变和改善，所以他们还能坚守中立不介入不干预。但是如果这种僵局不被打破而持续下去，谁也没有办法保证列强不出手，因为他们毕竟在这里有着重大的经济利益。到那时，列强和南方革命党人都会将朝廷视为乱源，视为罪恶之首。感情既恶，谁又能保证朝廷未来还会享有什么样的优待条件，谁又有办法去约束去规范南方革命党人的行动呢？

袁世凯继续不露声色地警告道：读法兰西革命史，假如法王路易十六能够早点顺应舆情，接受妥协之策，何至于让其子孙后代一起受戮。现在南方革命党人所争者政体，而非君位；所欲者共和，而非宗社。我皇太后、皇上何忍九庙之震惊，何忍乘舆之出狩？必能俯鉴大势，以顺民心。袁世凯给隆裕皇太后戴上了一顶高帽，就看满洲贵族统治集团如何回应了。

隆裕皇太后听了之后说不出一句完整的话，据说只能默默垂泪，不知如何是好。不过，皇太后答应按照袁世凯的建议尽早召开御前会议以决定大清国的未来和命运，她同时也请求袁世凯在这个时候无论如何不能撂挑子，不能放下他们孤儿寡母不管。隆裕皇太后把他们母子的未来和希望都寄托在袁世凯身上，她相信只要袁世凯想办法，一定能让他们母子保有体面、保有尊严。

根据袁世凯的建议，隆裕皇太后于1月17日召开宗室王公御前会议，讨论是否同意南方的共和，以及如何应对等问题。早已被南方革命党人深刻影响的庆亲王奕劻和贝勒溥伦在会议上主张朝廷主动退位，颁布共和，化被动为主动，一定会为朝廷为皇室赢得体面、尊严和实在的利益。此后几天的会议虽然争论得很激烈，但都拿不出实在的办法。

1月23日，署湖广总督段祺瑞致内阁军咨府陆军部电，报告前线军心不稳，请求朝廷就战和问题、君主还是民主问题尽快做出决策。可能还不只是湖北前线军心不稳，在这种形势下，朝廷于第二天（24日）发布一个通告，告诫全国军民不要轻信浮言，更不能转相煽惑，以维持秩序。

秩序的混乱，京城的恐慌，已经成为不争的事实。更严重的是，革命党人彭家珍竟然于1月25日堂而皇之潜至良弼寓所，以锄奸的名义将这个顽固的宗社党头目炸成重伤，致其两天后死亡。

彭家珍自杀性攻击引起京城的一片混乱，宗社党的主要骨干听到这个消息后不寒而栗，纷纷作鸟兽散。至于那些皇亲国戚、王公贵族更是闻风丧胆，纷纷出京，潜赴青岛、天津、大连等地。朝廷里留下的忠臣、重臣越来越少。

大清王朝至此已经毫无办法了，但让朝廷主动考虑怎样结束朝政，怎样停止政治运行，也确实是大难题，因为历史上还没有遇到过类似的情形，所以不管朝廷如何恐慌，其实都在等待着偶然的突发的致命一击。1月26日，大清国会办剿抚事宜第一军总统官段祺瑞率清军将领姜桂题、张勋、何宗莲、段芝贵、倪嗣冲、王占元、曹锟等四十六人联名致电内阁代奏，痛陈利害，恳请朝廷立定共和政体，以巩皇位而奠大局，明降谕旨，宣誓中外。这致命一击对于清政府来说虽然太过沉重，但实际上还真的让清政府解了套，在一定程度上保证了皇室的尊严体面和这些北洋将领所说的"巩皇位而奠大局"。

2月12日，隆裕皇太后忍痛连发三道诏书：一为清帝退位诏，二为公布优待条例诏，三是劝谕臣民诏。在这些文件中，皇太后表示现在全国人民多倾向于共和，人心所向，天命可知，因为朝廷不忍以一姓之尊荣，拂兆民之好恶，所以根据国内外大势判断，做出这个艰难的决定，特率皇帝将统治权公诸全国，定为共和立宪国体。袁世凯前经资政院选举为总理大臣，当兹新旧代谢之际，宜有南北统一之方，即由袁世凯以全权组织临时共和政府，与南方革命党人协商统一办法。总期人民安堵，海宇乂安，仍合满汉蒙回藏五族完全领土为一大中华民国，我和皇帝得以退处宽闲，悠游岁月，长受国民之优礼，亲见郅治之告成，岂不是一件令人高兴的事情？

至此，袁世凯从清政府手里获得了法律上的授权，大清国的主权、领土，都因这个授权转至袁世凯全权组织的临时政府手里。

稍后，孙中山如约结束南京临时政府。2月15日，南京参议院根据孙中山的提议，选举袁世凯为临时大总统。3月10日，袁世凯在北京就职。从帝制到共和，从南京到北京，中国在这几个月跨过数千年，成为引领亚洲的先进国家。

二

本来，按照孙中山的设计，中华民国将参照美利坚合众国的制度，采用总统制。他认为，美国的总统制和三权分立虽然也不是尽善尽美，如监察权不独立，归属于议院，往往容易导致议院擅用此权，挟制行政机关，削弱总统权力，造成"议会专制"。除非有雄才大略的总统如林肯、罗斯福者，否则很难达到行政独立之目的。但是，如果用五权分立改造美国的三权分立，那么既可以保障总统权力的实行，也可以分权限制个人专权。孙中山说，五权分立把其中所包含的行政、立法、司法三权提出，作三个独立权来施行政治：行政设一执行政务的大总统，立法就是国会，司法就是裁判官，与弹劾、考试同样是独立的。很显然，在孙中山的制度构想中，既要建立一个强有力的政府，居于社会主导地位，又要设法克服大权独揽、个人独裁的倾向。孙中山相信，中国具有丰沛的自然资源，如果再加上人为功夫，建设一个很完全、很有力的政府，产生极大力量以动员全国，中国便可以和美国并驾齐驱。

强有力的中央政府是孙中山总统制权力结构设想的出发点和归宿，在某种意义上说，它合乎中国地域广大、人口众多的基本国情。然而在政治实践中，孙中山的主张并没有得到有效运用和施展。同盟会领导人在中华民国南京临时政府筹建过程中就因为未来政府的权力结构发生了严重分歧。孙中山主张采用总统制，不设总理；宋教仁主张采用内阁制，设总理。这种分歧在同盟会内部虽然没有实质性区别，因为二者都是一种近代政治组织形式，但这种分歧的危害在于，它一方面为后来权力危机埋下了潜在因素，为此后权力结构争论，以及各种解决权力危机的手段提供了借口；另一方面，孙、宋争论的关键毕竟涉及由孙掌权，还是由宋掌权的具体问题。如果采纳宋教仁的内阁制，实际上就架空了孙中山，孙中山或许也是基于这种考虑，坚决反对内阁制。他认为，内阁制乃平时不使元首当政治之冲，故以总理对国会负责，断非此非常时代所宜。吾人不能对于唯一置信推举之人，而复设防制之法度。后来，孙中山在黄兴等人的有力支持下，采用了总统制。

然而，问题就在这里。由于孙中山是同盟会众望所归的总统候选人，因而采纳了孙中山的总统制建议。但是，一旦孙中山不能继续总统之职怎么办？难道还要因人而异修订政体？后来的事实恰好如此发展，于是为20世纪的中国开了一个极不好的先例：个人不受法律、制度制约，法律、制度则总是因人而异改来改去。

按照1912年1月2日颁布的《修正中华民国临时政府组织大纲》规定，临时大总统既是国家元首，又是政务执行官，拥有统治全国，统率陆海军，宣战，缔结条约，制定官制、官规兼任免文武职员，设立临时中央审判所等一系列权力。就其权力而言，颇合乎孙中山强有力政府的构想。不过遗憾的是，这种权力模式并没有存在多久，就因袁世凯接替孙中山出任大总统而做了根本修正。

孙中山主导制定的《中华民国临时约法》，几乎是专门针对袁世凯而制定的，是想用制度的方式防止袁世凯溢出民主共和的轨道。实事求是地说，这部法律的用意是好的。

《中华民国临时约法》的最大亮点在于放弃总统制，改用内阁制，规定以国务员（国务总理及各部总长）辅佐临时大总统负其责任。国务员于临时大总统提出法律、公布法律，及发布命令时，须副署之。临时大总统既受参议院约束，又受国务员掣肘。

按照孙中山的说法，之所以用《中华民国临时约法》约束袁世凯，主要是担心旧官僚出身的袁世凯在旧势力包围下溢出常规，走向独裁。在某种意义上说，这些规定也是对袁世凯的爱护。袁世凯不独裁，这些规定形同虚设；反之，如果独裁，这些规定就会自动启动。

《中华民国临时约法》对于总统权力的限制，袁世凯起初并没有提出异议，因为他认为，既然采用内阁制，那么他只要有效控制内阁，就不仅不会使其权力丧失，而且可以增加自己的权力，建立强有力政府。因此他在大总统就职誓词中表示：

> 民国建设造端，百凡待治。世凯深愿竭其能力，发扬共和之精神，涤荡专制之瑕秽。谨守宪法，依国民之愿望，蕲达国家于安全强固之域，俾五大民族同臻乐利。

不过，袁世凯或许没有料到，他所期望的控制内阁，也正是孙中山等革命党人在制定《中华民国临时约法》时所期望达到的目的。孙中山等人认为，他们可以把政权从形式上让给袁世凯，但责任内阁的主脑即

国务总理则应由同盟会会员来担任，只有这样，才能保证国务员副署权
对总统约束的有效性，否则依然难以保证袁世凯不走向个人独裁。孙中
山等人的这些想法和袁世凯的制度期待形成鲜明冲突，双方一度相持不
下。最后由赵凤昌一手托南北，从中调解，兼顾双方：提名袁世凯的心
腹唐绍仪任内阁总理，但条件是，唐绍仪必须同时加入同盟会。

唐绍仪出任内阁总理，暂时缓解了南北冲突，使权力结构一度平
衡。但对唐绍仪个人来说，由于处于权力冲突的夹缝间，内心不平衡自
然在所难免。于是唐绍仪在任职仅三个月之后，便因"王芝祥事件"而
自动辞职。

所谓"王芝祥事件"，就是总理唐绍仪没有在大总统任命书上副
署，袁世凯就直接任命王芝祥为宣慰使。这件事情在唐绍仪、袁世凯
个人多年的关系上应该不算多大问题，但涉及制度架构，就不那么简单
了。唐绍仪悄然离京，不辞而别。责任内阁第一次实践遂以失败告终，
权力危机在共和后第一次出现。

如果说唐绍仪因"王芝祥事件"辞职带有某种偶然性，那么内阁
与总统间的权力之争则带有某种必然性。事实上，在1927年"民国前半
程"，内阁首脑像走马灯一样频繁更迭，这一方面说明宪政体制的成
熟，说明政治的、政策的分歧只会倒阁，并不会经常撼动国本。另一方
面，也说明在权力架构上，在总统与总理，总统府与国务院之间的权力
分配上，可能还有检讨的空间。

唐绍仪辞职后，袁世凯先后任命陆徵祥、赵秉钧为总理。这两任总
理事事顺从袁世凯，从不表示异议，无所事事，被称为"御用内阁"。
至此，孙中山设计的以责任内阁与袁世凯分权，防止袁世凯走上独裁道
路的方案近于破产。

好在《中华民国临时约法》仅是民国宪政的起点，事先规定在宪政

实行十个月后，由临时大总统召开国会，制定宪法，选举正式大总统。

面对这样一个契机，革命党人和袁世凯以及一切关注中国命运与前途的人，都应当冷静思索权力结构的合理模式，以期在民主共和的前提下，真正解决权力危机。从而既能有效防止个人独裁，又能建立一个民主的强有力的中央政府，使政府有能力从容推进民主化的进程，有力量组织、推动社会经济的繁荣与稳定发展。

无奈，在当时特殊的社会背景下，盲目的从众心理支配着一切，人们更多的不是从制度本身来思考改进措施，而是依然局限于个别人的道德品格问题上。革命党人普遍认为，他们让权给袁世凯并没有错，只是袁世凯这个人极不可信。鉴于在即将进行的国会选举中，袁世凯出任正式大总统已成定局，因此，革命党人解决权力危机的基本思路依然是怎样约束袁世凯的手脚，限制袁世凯的权力。

此时最为活跃的革命党领袖宋教仁主张先定宪法，后选总统，不能继续因人而异制定制度、更改制度。宋教仁指出，先定宪法，后选总统，是一个光明正大的主张，因为在总统没有确定是谁的时候讨论制度，肯定要比知道总统是谁时再去讨论更公正。宋教仁的这个建议确实是希望中国能够产生一个真正的共和宪法，然后再根据这样的宪法产生纯粹的政党内阁。此后，政治进行，先问诸法，再问诸人。

在民国元年，制定宪法，选举总统，实行政党内阁，并不是宋教仁一个人的主张，而在某种程度上代表了当时社会的普遍共识。人们相信，只有政党政治才是导共和于"正轨"的必由之路，也才能真正解决权力危机问题。因此，在民国初年，各派政治势力纷纷筹组新的政党，组合新的政党，各个党派都希望将自己的政党弄成全国第一大党，然后通过有序竞争进入议会，再通过获得议会第一大党地位，获取组阁的机会。应该承认，这个思路是对的，也是民主共和政治最合理的方式。

宋教仁热衷于政治，是因为他的宪政立场，而不是革命激情。他认为，中华民国民主政治其实就是宪法政治，就是宪政，而宪政的原则在竞争。只有政治上的合法竞争、和平竞争，而不是暴力革命，方才是宪政国家，宪政原则。基于这样的理由，宋教仁先是接受袁世凯的邀请，出任唐绍仪内阁农林总长。

农林总长显然不是宋教仁的政治理想和政治目标，他的政治理想或许正如许多朋友，比如，章太炎所猜测的那样应该是内阁总理，而章太炎也确实认为宋教仁有总理之才，这样的判断相信宋教仁也一定听到过不少。别人的判断、恭维加上自己的认知，使宋教仁找到一个机会辞去了总长职务，专心致志去实现自己的政治理想，这是一个职业政治家应该做的事。

民国政治在宋教仁看来就应该是政党政治，政党政治的要点就是责任内阁，大党组阁。所以宋教仁在1912年7月退出政府之后，就将全副精力专注于政党建设，参照同盟会旧有架构，并以同盟会的名义，邀请各友党各小党合组一个大的国民党。参与宋教仁国民党的小党有国民公党、国民共进会、共和实进会等，他们于1912年8月召开合并成立大会，宣布新国民党的成立，宣布推举孙中山为国民党理事长，国民党的实际主持人当然是宋教仁。很显然，宋教仁希望继续利用孙中山的政治招牌去从事和平竞争的民主宪政。

筹组政党，参与议会选举，是民国元年中国的政治奇观。几百个政党仿佛在一夜之间奔涌而出，然后整合、合并，渐渐形成一些具有独立政见，具有相当知名度的大党。宋教仁领导的国民党就属于这样的性质，他的目标就是要在年底的国会议员选举中谋取议会多数，然后组阁。

宋教仁的想法没有错误，他对民主政治、宪政的忠诚与期待也非常令人佩服。在很长一段时间内，宋教仁就像我们今天能够在西方民主国家大选中看到的竞选者那样，风尘仆仆东奔西走，纵横捭阖上下其手，既以合法手段争取议会多数，其实也像一切民主初步时代的政治家一样，也曾操控选举，也曾与反对者发生肢体冲突，而且不止一次。这些其实都是民主初潮时的正常现象，历史上从来没有任何一个国家一个地区能一步到位，成长为成熟的民主。宋教仁不论有多少不足或问题，但都必须承认他仍然是中国民主初潮时代的弄潮人，是中国民主政治最重要的先驱者之一。

遗憾的是，历史并没有让宋教仁的理想变成现实。当他对议会多数信心满满，风尘仆仆地到处发表演说争取选票时，却不幸成为中国民主政治的殉道者。

三

1913年3月20日晚，宋教仁由上海前往北京。他在上海车站准备登车时，三颗罪恶的子弹突然击中了宋教仁的胸膛。次日凌晨，宋教仁不幸去世，年仅三十一岁。

宋教仁被枪杀，是民国初年中国政治史上的一件大事。但谁是宋案的指使者，却在当年甚至后世成了问题。最主流的看法是将宋教仁被杀归罪于袁世凯，认为是袁世凯的命令，或者暗示。这个判断的前提是宋教仁的竞选损害了袁世凯的利益。

其实，这个说法是不对的。第一，宋教仁所要竞选的议会多数，目标只是内阁总理，与袁世凯的大总统地位毫无关联，所以宋教仁在弥留之际依然致电袁世凯，将中国走向民主共和的希望寄托在袁世凯身上。第二，将宋案的责任推给袁世凯是非常表面的看法，持这种看法的人根本不知道宋教仁与袁世凯之间的真实关系，不知道袁世凯是多么欣赏宋教仁的才华。

我们后来喜欢将宋教仁称为孙中山一样的革命家，以为他最早就是要革命，就是要推翻清政府。其实，这样的说法可能并不准确。因为在1894年之后的历史进程中，革命并不是中国的主流。无数青年热衷于政治，不过是希望国家好，希望国家能改革，能与东西方先进国家一样。宋教仁就是这样的年轻人。

宋教仁生于1882年，是19世纪晚期典型的"八〇后"。他们成长的年代，经过大挫折、大波折，他们品尝过、享受过"同光新政"的辉煌与骄傲，紧接着就是甲午战败、马关之耻，就是维新时代，就是义和团战争，就是新政改革。

1902年，即新政开始的第二年，二十岁的宋教仁前往武汉报考新式学堂。这表明他对传统士大夫成长道路已经失去了兴趣，或者说传统成长道路的科举制度已经意义不大，已经不再对宋教仁这代人构成吸引力了。

宋教仁在武汉如果不是遇到了黄兴、刘揆一、章士钊、陈天华等人，他或许应该在新学道路上前行。然而当他遇到这几个人之后，便不期然走上了革命的道路。

中国为什么会在1903年之后发生反清的革命呢？清政府不是在1901年就宣布新政了吗？不是在政治体制、地方自治、新教育方面都有很多改革了吗？既然改革了，为什么他们还要革命呢？

清政府的改革本来是为了反制革命，改革本来就是被革命逼出来的。清政府宣布新政了，实行改革了，先前因种种原因而对政治极端冷漠的知识人的政治热情也在这个过程中被再度激活了。然而人们的视野已经打开，已经知道世界，已经知道东西方立宪各国的真实情形，清政府宣布的改革政策当然无法满足革命者的诉求。所以在1903年，不仅宋教仁、黄兴等人闹革命，在上海的章太炎、邹容也在鼓吹革命，鼓吹造反，鼓吹推翻清政府。先前孙中山"一个人的革命"正在逐渐变成一个国家的觉醒。

按照清政府的方案，所谓新政其实只是一场行政体制的改革，只是统治集团内部权力的调整，并不是真正的政治体制改革，并不涉及统治权力的弱化或让渡，这是引起这批革命者不满的最大原因。而且，在新政改革之前，经过1898年秋天"六君子"事件，经过1900年义和团战争，许多汉族知识分子对满洲人极端失望，而新政给予稍微宽松的政治空间，遂使这些人有可能将这种失望情绪释放出来，转化为一场运动。

再从国际背景看，1900年义和团战争留下了非常严重的后遗症，沙俄乘机占领东三省迟迟不愿归还，也是许多青年知识分子对清政府不满的理由。1904年，日本宣布为中国索要东三省主权而与俄国开战。更重要的是，东邻日本竟然以一个小岛国打败了大俄国。对中国人来说，日本赢得这场战争使中国人突然想起十年前日本也是以一个小岛国打败大中国的。日本人少国小，为什么能在十年之内连败中俄两个大国，日本究竟凭什么这样牛气，中国为什么不行？日俄战争，尤其是日本人的胜利，深深震撼了同文同种的中国人。

正是在这样一种政治背景下，散布全球的中国反体制革命者相聚东京，他们先前或许期待过清政府"自改革"，或许是从"革政"走上革命。但在日本成功模式的启发下，他们觉得中国要强盛，要雄起，就必须革命，继续指望不断令人失望的清政府已经没有用了。中国人必须自己救自己，必须革命，必须推翻满洲人在中国的政治统治。这就是宋教仁这批青年走上革命道路的重要背景，于是他们组织成立同盟会，号召散布国内外的革命者联合起来，团结起来，摒弃偏见，一致对着清政府，对着满洲人。

不过，事情从来都具有两面性。清政府不改革、假改革激起了革命高潮，革命高潮反过来必然反制清政府，促使清政府走上改革，走上真改革。否则就只能等着被革命，被改革。而且，革命高潮的形成得益于日俄战争，同样的道理，日俄战争也对清政府形成了巨大刺激。清政府统治者先前的底牌是俄国应该能够战胜日本，果真如此，清政府就可以缓解变革的压力。但俄国却失败了，俄国也开始革命了，沙皇也只得宣布改革。俄国的这种现状深刻地影响着中国，清政府终于感到了变革的压力，于是在1905年派遣五大臣出洋考察宪政。等待这些大臣考察归来，清政府接受他们的建议，于1906年9月宣布预备立宪，称在一段不太长的时间里重建国家体制，目标就是日本式的君主立宪。

清政府预备立宪的改革改变了中国历史的进程，在追随孙中山、黄兴、宋教仁闹革命的人中，有许多人原本就不是坚定的革命者，他们之所以跟着起哄，跟着闹革命，主要就是因为清政府不思进取不愿变革。现在朝廷同意变革了，同意以日本为蓝本进行君主立宪，他们还有什么理由继续革命呢？于是，同盟会领导层相当一批人，诸如刘师培夫妇，诸如先前极端排满主义者章太炎等，都在考虑以怎样的一种方式放弃革命，回归体制，参与变革，或者即便不参与变革，不回归体制，也不必继续闹革命了，总应该给朝廷一个改革的机会。于是，中国的革命仅仅辉煌了一年多的时间，就从高潮走向低潮。

在这个过程中，宋教仁的思想也有很大变化。宋教仁在日本研究的是法政，思考的都是宪政问题，他之所以在先前那样激进地参与革命，主要是因为他遇到了黄兴等一批革命党人并和他们成了好朋友，主要还因为清政府不改革。现在既然清政府开始宪政改革了，既然有了回归体制的机会，既然革命因预备立宪陷入低潮，宋教仁理所当然要考虑自己的前程，考虑自己能为国家做点什么贡献，这是人之常情。历史上从来没有一成不变的革命者，没有只知造反不知妥协的革命党人。宋教仁这个转变很正常，一点都不让人奇怪。

1907年，宋教仁前往吉林进行政治活动，其本意就是到那里发动"马贼"起义。根据刘师培的分析，"马贼"是宋教仁的背景与靠山，就像孙中山依靠华侨，黄兴依靠会党一样重要。至于宋教仁的动机及背景，也应该与徐锡麟、秋瑾、孙中山、黄兴等人策动的起义相似，都是为了拯救革命，唤醒人心。

到了吉林，宋教仁无意中发现了日本人的一个巨大阴谋，这使宋教仁的计划随之改变。留居在那儿的日本人正在通过历史重塑，试图将图们江以北，海兰江以南的中国延边领土说成是朝鲜固有领土。而朝鲜此时为日本的殖民地，日本由此就可以名正言顺地将这块地方收入囊中。这块地方就是现在的延边自治州，包括延吉、汪清、和龙和珲春四县市。日本人、朝鲜人称这块地方为"间岛"。

针对日本人的阴谋，敏锐的宋教仁利用自己的国际法知识，通过对中、日、朝历史文献的详细检索与考订，证明这块土地至少从唐中叶至明末，一直属于中国固有领土，与朝鲜绝无关系，朝鲜居民也不曾在这个漫长时间段到这些地方居住过。

除国际法知识，宋教仁还大量运用中、日、朝文献进行佐证，甚至使用了现代语言学方法。这是一部天才著作，但宋教仁并没有利用这部著作去批判清政府卖国。相反，宋教仁写成这本书，据说有日本人愿意高价收购，也有出版商愿意炒作，但都没有打动宋教仁。

宋教仁另有想法。他通过私人关系将这部后来命名为《间岛问题》的文稿送交中国驻日本公使李家驹，或者也曾希望李家驹将这部著作呈送现在的军机大臣兼外务部尚书袁世凯。袁世凯现在是清政府当朝政治红人，其政治地位和政治影响力远远超过其老师李鸿章和太老师曾国藩。

我们当然不能说宋教仁将这部书稿作为投奔袁世凯的"投名状"，但历史确实就这样蹊跷。李家驹看到宋教仁这部书稿后感慨万千，想不到革命党人中还有这样有思想有才华有爱国情怀的青年人。李家驹迅即安排抄写两部送回国内，一部交给吉林边务督办陈昭常，一部送给外务部，转呈外务部尚书袁世凯。郑孝胥通过另外渠道也见过宋教仁这部天才著作，并在不同场合为这部书鼓掌喝彩。郑孝胥此时为立宪公会会长，不仅是中国知识界的大佬，而且也是与体制走得比较近的人。

袁世凯对宋教仁的研究成果格外欣赏，他除了利用宋教仁的这些研究成果与日本人进行谈判维护中国主权外，也托人郑重邀请宋教仁回来参与外务部的工作。如能成行，袁世凯答应给宋教仁四品衔。这在当年绝对是进入了体制内的"高干"序列，由此可见袁世凯对宋教仁是怎样的欣赏。

宋教仁收到袁世凯的邀请后究竟有什么样的反应，我们已经不太清楚了。只是根据宋教仁被刺去世后革命党人的回忆，宋教仁好像对袁世凯的邀请不屑一顾。徐血儿《宋渔父先生传略》说清政府欲请宋教仁任外交，"先生不为动"，于右任也说宋教仁对袁世凯的邀请没有回应。至于后来袁世凯通过驻日公使愿意支付两千酬金，也有人说被宋教仁拒绝。还有传闻说宋教仁面对这些诱惑，曾大义凛然表示自己费尽心血写作《间岛问题》，只是为中国争土地，而非为个人赚稿酬。

如果我们考虑到这些看法均出现在一个特殊背景下，这个背景就是革命党因宋教仁被杀，正准备与袁世凯闹决裂，正准备开始"二次革命"，那么这些说法其实都是相当可疑的。因为道理也很简单，假如宋教仁无意回归主流社会，无意像刘师培那样回国参与变革，参与立宪，那么为什么不能公开刻印此书？公开出版既有利于传播正确知识，也有利于中国政府对日谈判，更重要的，不是还可以顺带批判清政府卖国、清政府无能吗？

显然，过去的说辞有不够周密之处。真实情况可能是：宋教仁不是不想通过此书回归主流，只是自己革命党领袖身份在回归主流时遇到了问题。即便清政府不介意他的过去，但革命党人很难容忍宋教仁走上这一步。就像刘师培夫妇一样，宋教仁真要踏上回归主流社会的路，很可能也就踏上了一条人生不归路。

宋教仁没有接受袁世凯的邀请回归主流，但宋教仁与袁世凯的惺惺相惜相互欣赏应该由此开始，这也为他们后来的合作埋下了契机，尽管宋教仁暂且留在了革命阵营，暂且继续革命。

其实，革命者此时对于究竟什么是革命，什么是改良，并不是那么清楚，两者之间并非具有明确的界限。即便理论超强的梁启超，其实也是一会儿革命，一会儿改良。至于那些追随他的立宪党人、新军将领，以及一切关心中国未来政治前途的人，在这一点上也都是比较模糊的。革命与改良，并不是非此即彼，绝对对立。只要遇到合适机会，革命与改良照样可以合一，可以相互接纳。这在宋教仁身上有着非常明显的体现。

据记载，宋教仁没有像刘师培等人那样回归体制参与宪政，而是在体制外继续革命，但是革命究竟会产生什么样的结果，革命究竟能否成功，其实宋教仁和许多革命者一样，心中并没有谱。只是由于清政府在君主立宪最后时刻失误连连，反而使革命等到了机会。

1911年10月10日武昌起义，湖北军政府成立。宋教仁受军政府邀请，第一时间来到武昌参与工作，受命主持起草的《鄂州约法》，为军政府存在提供了一个非常重要的法律依据。《鄂州约法》对于湖北军政府乃至稍后独立各省都具有根本法的作用或借鉴意义。

从文本进行分析，《鄂州约法》并没有什么革命气息，通篇所体现的只是近代政治必须具备的"三权分立"原则。约法规定新政府以都督为行政中心，都督与议会、司法三权共同构成最高权力中心，行政权由都督及其任命的政务员行使，立法权属于议会，司法权归属于法司。很显然，宋教仁主导起草《鄂州约法》与孙中山一直倡导的三民主义、五权宪法，还有军政、训政及宪政三阶段革命理论毫无关系。这套立宪架构的法律体制，在本质上与清政府正在进行的君主立宪一脉相承。如果要说区别的话，《鄂州约法》只是剔除了君主，权力来源归属于人民，不再是君主立宪，而是人民立宪而已。很显然，宋教仁的这套思想并不是同盟会，甚至不是华兴会的政治主张，反而与袁世凯十多年来提倡、推动的君主立宪改革具有许多契合处，由此也预示着宋教仁与袁世凯在未来具有合作的可能性。

后人大多夸大湖北军政府的革命性质，夸大宋教仁身上的革命性质。其实，就宋教仁个人而言，他确实在过去的很多年里参与革命，领导革命党人开展反对满洲人的斗争，但是宋教仁在骨子里只是一个宪政主义者，他多年来对西方近代宪政理论的研究和认知，都使他确信中国应该走上宪政的路。这是宋教仁与袁世凯心有灵犀的认识基础。

宋教仁之死与袁世凯无关，当年比较独立判案的法院也不认为宋案与袁世凯有关。当然，宋教仁之死也不是孙中山的暗示。按照当年法院的判决，宋教仁之死追查到内阁总理赵秉钧，大体上是可信的。

然而在当时，孙中山一口咬定是袁世凯所为，并以此发动"二次革命"。于是，宋教仁之死成为民国政治史上的一大转折，它一方面预示着政党政治、责任内阁在民国初年彻底失败只是时间问题，另一方面预示着袁世凯试图通过旧手段去建立强有力的中央政府，挽救权力危机的基本思路并不合乎当时的中国国情，而且使他的真面目彻底暴露，不但失信于国民党人，同时也失信于国内舆论，使他个人的政治资源、政治信誉受到了极大的损害。在某种程度上可以说，宋教仁案使袁世凯本可以辉煌灿烂的一生由此而黯然失色。

四

从孙中山到袁世凯，是民国初年一个美丽传说。这个传说为中国人赢得了无数赞美和荣光，尤其是孙中山功成身退的高风亮节，将中国传统美德发挥得淋漓尽致，中国也可以有自己的华盛顿，中国人也并不都是争权夺利的政客。然而也就仅仅不到一年的时间，1913年3月20日，宋教仁在上海火车站遭枪杀，孙中山拍案而起，起兵讨袁。先前从孙中山到袁世凯的美丽传说立刻变为斧钺相见。孙中山的内心深处究竟是怎样想的，他在这场权力转移的游戏中是否有一种被欺骗被侮辱的感觉？

孙中山让权袁世凯确实是一个美丽传说，只是孙中山为什么要"让位"，一百多年来我们似乎始终没有深究。其实，如果不能弄清孙中山究竟是怎样"上位"的，我们就很难说清孙中山为什么要"让位"。

武昌起义爆发后，孙中山几乎在第一时间就知道了，但他并没有急于回来，他大约认为他亲手发动的那些起义没有一个成功的，而他不在现场的武昌，与革命党关联不大的新军，何以能够成功，即便成功又与他有什么关系呢？直到武昌起义之后南北胶着两个多月，也就是革命党乘机光复了上海，接近于完全控制东南大局的时候，孙中山方才于1911年12月25日打道回府，结束十七年流亡生活，回到上海。此时距武昌起义爆发已经过去两个月零十五天了。

革命党人在武昌起义后，特别是在上海光复后确实一直忙着筹建新政府的工作，只是革命党人在过去一直流亡海外，他们对国内政治发展缺少了解，又没有多少有用的人脉，所以革命党人要想成立新政府，也不能不求助于立宪党人。而革命党人中的黄兴、宋教仁等，在这之前都与立宪派代表人物赵凤昌有过一些联系，所以等到孙中山12月25日回到上海，第二天"拜码头"拜见赵凤昌时，赵凤昌一句"开府建基"点破其中所有的玄机与奥妙。此后不到一个星期，一个全新的"临时政府"就在南京宣布成立了。

赵凤昌的提示肯定深刻启发了孙中山和革命党人。此后，孙中山多次前往惜阴堂求教，与赵凤昌及南北政界要员协商统一建国诸要政。特别是怎样罗网英才，兼纳众流，怎样筹款，化解财政的困境等，赵凤昌都有很好的建议。熊希龄、庄蕴宽、汤寿潜、张謇等人，都是赵凤昌向孙中山、黄兴、宋教仁推荐的，而孙、黄、宋也就其他人选先期征询赵凤昌的意见。赵凤昌从立宪党人一变而成为南方革命党仰仗的重要靠山，这对于南京临时政府的成立，以及此后南北关系的突破，都起到了很大作用。

其实，如果回想赵凤昌在孙中山抵达上海前一直帮助袁世凯，帮助南北和谈的事实，就知道赵凤昌高人高招，是要用南京临时政府打破南北谈判的僵局。赵凤昌不仅没有背叛与疏远袁世凯，而是在用孙中山为袁世凯化解危机，化解困境。道理非常简单，就在赵凤昌向孙中山做出这样建议的时候，唐绍仪发给袁世凯的电报，要求清政府承认共和，要求以国民大会公决未来国体和政体的建议犹如泥牛入海。朝廷用了差不多一个星期都没有给出肯定或否定的答复，这个僵局在已有的南北和谈框架内很难被打破。

而且还有一个巨大的障碍是，如果没有南京临时政府的过渡，而通过南北和谈直接将清政府的权力移交给袁世凯，那么袁世凯势必成为中国历史上最尴尬的人物，成为乘人之危趁火打劫的奸臣权臣。这既不是袁世凯愿意做的，当然他的这批朋友也不会让他这样做。这毕竟会有道德上的亏欠，非智者所为。而现在如果用孙中山，用南京临时政府予以过渡，一切都是那么顺理成章，一切都是那么自然天成。

南京临时政府成立后，南北和谈僵局确实很快被打破。特别是南京临时政府在行政方针上并没有宣传孙中山一直坚持的"驱逐鞑虏，恢复中华"等口号，没有提及孙中山一直自诩为创造的三民主义，没有涉及从军政到训政再到宪政等三阶段论。更重要的是，南京临时政府接受各方面建议，同意优待皇室，同意不再像革命年代那样攻击清政府。这种种举措都为南京临时政府赢得了人心，特别是赢得了新军将领如段祺瑞的认同。段祺瑞或许没有把南京临时政府当作一支重要力量，但他在获得南京方面不再攻击清政府的承诺后，也愿意有条件地与南京方面结成临时同盟。

根据赵凤昌等立宪党人的安排，南京临时政府之所以是"临时的"，孙中山的临时大总统之所以是"临时的"，都表明他们只是期望用这个"临时的"机构"临时的"人作为过渡，最终将权力转移给袁世凯。这是南京临时政府得以成立的前提，也是黄兴等革命领袖同意的，甚至可以说最早提出这个方案的就是黄兴和黎元洪。至于孙中山是否清楚这些，我们不敢下判断，但他肯定知道"临时的"意义。因此，当南京临时政府成立后，孙中山迅即致电袁世凯进行解释，表示只要袁世凯劝退了清帝，那么他孙文立即辞职下野，并遵守承诺推举袁世凯继任大总统。

当然，我们现在也知道，在南京临时政府存在期间，孙中山也曾想过将"临时"改为正式，他也曾为争取列强的承认而做过一些努力。只是列强坚守所谓的中立，其实是列强也期待一切都能和平过渡到袁世凯的新政府，所以孙中山的外交努力并没有成效。

至于在财政上，临时政府在赵凤昌等人的建议下吸纳了相当一部分立宪党人。按理说这些立宪党人只要出力，别说养一个人数不多的新政府，即便南京临时政府真的与清政府动刀动枪，抗争到底，也不是没有可能。只是这些立宪党人坚守承诺，只把南京临时政府看作"临时的"，他们一旦发现孙中山有意将"临时的"改为正式的，他们或者果断退出了新政府，或者从经济上扼住了新政府的命脉。孙中山后来遵守承诺向袁世凯转移权力，虽说维持住了信誉，但实际上也是被逼无奈，不得不遵守先前的承诺而已。

南京临时政府打破了南北僵局，清帝退位，孙中山辞职，参议院选举袁世凯继任临时大总统，这都是按照既定程序一步一步进行的，并没有多少意外。只是一百多年后重新检讨这件事，我们很容易发现，这个让权、让位的美丽传说其实只是单方面的牺牲，即孙中山和革命党人将权力让渡了，但南京临时政府在此后的民国法统中反而毫无地位。中华民国政府正式成立后，南京临时政府好像从来不存在，甚至连民国前史都不是。至于孙中山的三民主义、五权宪法，还有那个军政、训政、宪政三阶段论，在袁世凯等人眼里好像什么都不是，他们连虚与委蛇、虚情假意恭维几句的心情都没有。至于孙中山费尽心力巧妙设计的《中华民国临时约法》，更是被袁世凯等人视之如敝屣。一个原本美丽的传说，到后来成为政争的口实，成为孙中山奋起抗争的内在动力。

孙中山不管心中有多少憋屈和别扭，但他确实遵守承诺在清帝退位后宣布辞职，推举袁世凯接替。而袁世凯政府成立之后，在此后十几年的民国法统中，却忽略了南京临时政府的地位，好像南京临时政府只是中华民国历史成立前的一个可有可无的插曲，正式的中华民国就是从袁世凯宣布就职开始的。

民国前半期的政治局势这样发展，自有其原因。孙中山和他的同志在过去十几年被迫流亡在外，不太清楚国内民主政治的发展情形，即便知道新政，知道预备立宪，但由于政治斗争的立场，由于戴着有色眼镜，因而也就不能给予公平合理的评价，而是将之一概视为清政府的欺骗。站在革命党人的立场说，这种批判当然有道理，但确实并不能概括晚清最后十年政治发展的真实情形与意义。

晚清最后十年的政治发展从新政到立宪，其实走的就是一条精英政治的路线。这条路线虽然也要求提升民众的识字水平，要求对选区内的谘议局议员投票，但总体上说这种精英政治是西方近代典型的民主政治架构，是精英的而非民众的。这一点与孙中山和革命党人设想的全民政治、三民主义、五权宪法等毫无关系。至于革命后，按照孙中山的设想，还有一个比较长的军政时期，大约有军事管制的意思。之后方才进入训政，至于训政多久，也就很难说。训政之后方才进入宪政，这是一个漫长过程。孙中山的这些设想正确与否不必讨论，但是很显然这些设想与晚清以来的精英政治毫无相似之处。

袁世凯是晚清精英政治的倡导者和推动者，所以当中华民国正式成立后，在大总统袁世凯的政治理念中，哪能够想到孙中山的三民主义、五权宪法，哪能还一步一步从军政到训政再到宪政？中华民国在袁世凯时代直接进入了一个宪政时期，这或许可以说是袁世凯延续晚清民主政治变革的道路，实行的是一种没有君主的立宪政治。从精英政治延续的层面说，南京临时政府在法统中就没有地位，而孙中山和革命党人在理论上的创造也不会被袁世凯采纳，甚至根本不被提及。孙中山后来一再强调"革命尚未成功"，或许其内心深处就是从这个层面说的。辛亥革命结束了，民国成立了，可是他们为中华民国准备的理论及政治架构统统被弃之如敝屣，这怎能不让孙中山感到憋屈和别扭？

如果仅仅在理论上不被重视也就算了，如果中华民国在正式成立之后，袁世凯能够善待孙中山等革命元勋，比如，竭力劝说孙中山、黄兴等人不要放弃政治，大家应该一块干；比如在新成立的议会中为孙中山、黄兴等革命党人留些位子，让他们在那些职业政治家的位置上发挥作用，后来的历史肯定就不一样了。然而，袁世凯这一批老到的政治家不知是真的粗心大意，还是从骨子里瞧不起孙中山这些革命党人，总而言之，袁世凯在中华民国正式成立后以为孙中山真的要去修铁路了，以为孙中山相信民权主义、民族主义完成了，剩下的只是民生主义一项了，就顺水推舟，支持孙中山去修铁路。这大约是孙中山发动二次革命内心深处潜藏的真实原因。

袁世凯的失误为民国初年政治纷争留下了机会，这不仅是权力傲慢所导致的必然结果，也是袁世凯这批自视甚高的政治家没有坚持尊重历史、善待前人的原则的必然结果。袁世凯顺手牵羊利用了孙中山等革命家的共和追求，将他们排除在现实政治之外，结果也在事实上为自己的新政权预置了敌对力量。一个年轻的共和国原本可以朝气蓬勃向上发展，然而为时不久就陷入持久的党争甚至战争中。这是非常可惜的，但谁也没有办法。历史或许有自己的惯性，却也没有办法遗憾。

第18章

鬼迷心窍的帝制

一

1914年7月，第一次世界大战爆发，世界政治格局开始重新组合，新生的中华民国无论是出于自身利益的考量，还是出于对人类整体利益负责任的态度，都应该尽快表明自己的立场，在维护国家利益的前提下，站在国际正义的力量一边。当时与闻其事，且主张立即参战的张国淦和段祺瑞之间有段对话，大体上表明了中国参战可能会给中国带来的好处。张国淦说：中国应当立即对德宣战，因为青岛问题，日本借口英日同盟先我而为之，则我即难于应付，而且日后纠葛更多，最好能运动德国自动地交换青岛，日本自无所借口。如不行，则我即宣战，亦是与日英共同动作，不使在中国土地上，我守中立，彼来用兵。

对此，段祺瑞明确表示：我是主张宣战，所以在此僻静处做些战事准备，奈一般军人都不赞成。德国曾提议交还青岛，为日本所遏，而日本又将援日英同盟，进攻青岛。

　　张国淦、段祺瑞主张参战，是希望从德国手中直接收回山东的权益，特别是回收因1897年胶州湾事件而被德国强行租借的青岛，不希望日本以英日同盟为借口染指青岛。从后来的观点看，假如当时中国政府这样做了，就不会有《二十一条》，不会有外交屈辱，不会有五四运动，近代中国的历史必将改写。

　　然而，此时的中国因"二次革命"陷入从未有的政治分歧，大总统袁世凯疲于应付，竟于1914年8月6日宣布中立。袁世凯的用意是，中国外交是全方位的，各交战国均与中国缔约通商，和好无间。此次战事，于远东商务关系至巨，且因中国人民在各国境内居住经商，及置有财产者，素受各国保护，并享有各种权利。故中国欲维持远东之平和，与人民所享受之安宁幸福，对于此次欧洲各国战事，决意严守中立。

　　那时的中国确实与世界各主要国家友好通商，但是面对世界大战这样的重大事件，中国严守中立的应对显然是不合时宜的，是一种外交自我孤立主义，这一政策是任何一个负责任的大国所不屑做的，更不要说这场战争不仅与中国有直接关系，更有可能在中国的土地上打响。

　　类似的事情在近代中国已经发生过了，比如，1904年的日俄战争。清政府说日俄战争与中国无关，因此宣布中立。但结果不仅与中国有关，而且关系极大。这一次的世界大战，既然牵涉世界主要国家，这些主要国家既然在中国有巨大的商业利益，那么这件事就一定与中国有关，中国应该很智慧地选边站。然而遗憾的是，新生的中华民国继承了清政府这种消极自私的所谓"韬光养晦"式的外交战略，竟然宣布中立。

　　袁世凯的善意中立并没有赢得各国的好感，尤其是日本更不领中国的情。8月8日，日本政府决定对德宣战，以为乘此时机参战，驱逐德国在远东的势力，有助于日本在远东地位的确立。同日，日本军舰出现于青岛附近洋面。8月15日，日本对德国提出最后通牒，要求德国在9月15日前无条件将全部胶州湾租借地交付日本，即时撤走德国在中日两国海面的军舰，否则立即解除武装。日本政府表示，8月23日中午前，德国如果不能给予满意答复，日本政府将采取必要措施。

对于日本的通牒，德国政府并不予以理会。于是日本于8月23日联合英国对德宣战。24日，日本政府要求中国政府参照1904年日俄战争先例，将山东省黄河以南划为日本对德"作战区域"，并撤退中国驻胶济铁路的驻军。中国政府乘机提出助英日攻青岛的建议，但遭到了日本的拒绝，青岛遂由德国人手里转入日本人手里。这就是袁世凯中立政策的后果。

二

1915年1月18日傍晚，日本驻华公使日置益绕开正常外交途径，利用个人关系，与袁世凯举行私人会晤，郑重向袁世凯提交了一份文件。这几页文件用印有兵舰和机关枪水印的纸张书写，隐约暗示日方意图及强硬姿态。这个文件，就是引发后来一系列重大政治变故的所谓《二十一条》。

《二十一条》最主要的目的当然是"确权"，而让中国政府和袁世凯确认日本通过战争从德国人手里夺取的山东权益，这是其主要的条款。假如日本人仅仅局限于山东权益，事情或许是另外一个样子，袁世凯没有办法不答应，毕竟德国人在山东的权益是日本人用军事力量打下来的。然而日本人太贪婪，在这个《二十一条》中，日本人不仅要求袁世凯承认日本全面继承德国在山东的权益，而且要求由日本人控制满洲里、蒙古、山东、东南沿海和长江流域。这显然远远超出了德国在中国的权益，也为袁世凯的拒绝留下了机会。

　　接受这些条件就等于让日本人在这些地区实行殖民统治，掌握整个中国的经济和行政控制权。它要求中国政府在政治、财政、军事事务方面聘用有影响的日本顾问；要求中国政府出让建造日本医院、教堂、学校的土地所有权；要求中国重要地区的警察由中日两国共同组织和管理；要求中国所需军火的百分之五十以上从日本购买，或在中国建立中日合办的兵工厂，等等。《二十一条》对中国人自尊心的伤害，实胜过任何真正的坚船利炮。如果这个条约实施了，中国也就全部沦亡在日本之手。

　　当日本公使将《二十一条》的原文递交给袁世凯的时候，要求中国方面"绝对保密，否则要负一切严重后果之责"。日本担心条约的内容透露出去后，将进一步激化与其他列强之间的矛盾，引起第三国的干涉。为了能使袁世凯痛快地答应日本的要求，日本公使在递交《二十一条》时甚至暗示："总统如接受此种要求……日本政府对袁总统亦能遇事相助。""袁总统"将要遇到的困难，显然是指正在紧锣密鼓进行的帝制自为运动。因此在袁世凯看来，他对《二十一条》的承认，将有助于日本对其帝制复辟的支持。

　　但在谈判过程中，中国对"绝对保密"则有自己的想法。中国不仅不担心内容透露出去，而且由于弱国无外交，反而更期望将内容透露出去，以引起其他列强的干预，从而形成对中国有利的局面。因此，在此后长达四个月的谈判过程中，中国政府采取了前所未有的异乎寻常的做法，将《二十一条》的性质和主要内容，一点一点地透露给了新闻界，以争取国际社会在道义上的同情和支持，换取国内民众和舆论界的理解、同情和声援。

　　正是由于袁世凯在谈判过程中异乎寻常地采取争取公众舆论支持

的政策，遂使中国公众舆论第一次在政治混乱、落后、军阀统治的条件下，有了发言的机会。在谈判进行的过程中，全国许多地方群情激愤，人民表达愤慨心情的来信每天都像潮水一般地涌入总统府；二十九个省的都督向中央政府呼吁，不要向《二十一条》屈服；知识分子传达公众民族屈辱感的心声，全国上下处处可闻。几乎所有的中国报纸都表现出强烈的反日情绪。

人民的支持依然不能从根本上提高袁世凯的政治"底气"和抗争勇气。1915年5月7日下午三时，日本政府向中国政府提出最后通牒，除个别过于苛刻的条款有所修改外，要求中国不得再加修改地予以接受："如到期不受到满足之答复，则帝国政府将执认为必要之手段。"

在这种情况下，袁世凯在没有得到国会批准的时候竟然于5月9日下午接受了日本在最后通牒中所提出的所有要求。

三

《二十一条》确实是中华民国遇到的最大外交困境。面对这样的情况，正确的解决办法应该是就事论事，不存在"由外交而内政"，也不可期待通过改变内部政治架构去应对外交危局。然而，杨度就在这个微妙的历史时刻这样想了，且这样做了。

1915年5月25日，中日《二十一条》及换文，由外交总长陆徵祥与日本驻华公使日置益在北京签字并交换。就在这个历史节点上，杨度发表了著名的长篇政论文章《君宪救国论》，上篇详述君宪救国的理由，中篇分析中华民国总统制的缺点，下篇批评清末的假立宪和民国成立后的民主立宪。经过一番复杂的逻辑论证和事实陈述，杨度的结论是，中国如果不能就此废共和，立君主，则"强国无望，富国无望，立宪无望"，中国终归于亡国而后已。在杨度看来，以专制之权行立宪之业，方才是中国未来的唯一出路。打一个不太恰当的比方，杨度在这里呼唤重立君主，重建君主立宪体制，大约与后来的新权威主义相仿佛，就是要以一种强有力的中央集权推动政治进步。

如果仅从学理层面而言，杨度的这些分析并不令人吃惊，因为民主共和毕竟在中国只有三四年时间，而且这三四年里确实因为民主共和无法真正落实而带来很多困扰——二次革命、外交危机、周边分离主义危机，都在威胁着这个年轻的共和国。这个时候，不仅杨度有这种想法，其实按照许多人的分析，即便后来反对袁世凯帝制复辟最有力量的梁启超，也并不认为中国的出路就在共和，只是他认为杨度和袁世凯选择的时机不对。甚至在先前极端激进的革命阵营中，比如章太炎，也不认为袁世凯不可以称帝，也不认为共和就是中国的唯一选项。章太炎在1913年面见袁世凯时就说过这样的意思：袁公称帝不是不可以，假如袁公能够振作精神，发奋为雄，让外蒙古回归，那么不是袁公愿意还是不愿意当皇帝，是人民期待袁公当皇帝。

很显然，民主共和即便在法国那样的国家都经过无数次反复，那么对于中国这样具有悠久帝制传统的国家，出现一次或者几次反复应该是一种很正常的情形。当时不仅中国人有这样浓厚的帝制情结，即便来自民主共和国家的美国宪法专家古德诺也在他的一篇研究报告中认为最适宜中国目前情形的政治架构，还是君主立宪体制。

古德诺认为，民国建立以来之所以始终无法恢复秩序并重建和平，一个最重要的原因就是宪法对总统权力约束太大，使大总统徒有虚名，不能有所作为，因而导致政局不稳。而政局稳定对于当时的中国来说几乎成了唯一诉求，中国必须建立一个强有力的中央政府，然后才有可能去实施各项政策。

古德诺在1915年接受中国政府的委托，就中国未来政治架构进行宪法学的研究。他的结论是，现在正在实行的共和体制并不合乎中国国情，立宪体制下的君主制其实比共和制更为优良。古德诺的这个结论为杨度的"君宪救国论"提供了一个非常有力的旁证。此外，日本宪法学者有贺长雄也有类似论文，也在证明君主制优于共和制。民国建立之后遇到了一次真正的体制威胁。

如果仅从学理层面而言，杨度以及古德诺、有贺长雄的研究也不是什么大不了的事情，因此在最初阶段袁世凯也不愿冒妨碍学术自由的风险加以干涉。然而，杨度却不知适可而止，他很快将这种尚在讨论中的不成熟方案转化为政治实践。1915年8月14日，杨度串联孙毓筠、李燮和、胡瑛、刘师培及严复，联名发起"筹安会"，向全国各省军民长官发出通电，呼吁就君主还是民主问题进行讨论。实际上，此时的杨度和筹安会已不再只是研究学理了，而是深度介入了现实政治，并对袁世凯产生了严重误导。袁世凯看了杨度的《君宪救国论》，以为很有深度，说到了点子上。及至古德诺、有贺长雄两文出，袁世凯更觉得共和弊病的根本解决只能是废除共和，重建一个君主立宪体制，让国家政治重回正轨。

袁世凯的理解或许有其合理的一面，然而令人遗憾的是，他的这个理解被利用了。他的大儿子袁克定可能太想当皇太子了，他的那些贴身幕僚、随从太怀念几年前大清帝国的威风了。于是，紧接着的帝制活动演变成了一场闹剧，梁士诒组织了各省国民请愿团，参政院也在这场逆流中随风而动，擅自决定以"国民代表大会"去决定国体，结果全国一窝蜂地进行国体投票，全国"完全一致"同意改共和，立君宪，全体一致"恭戴今大总统袁世凯为中华帝国皇帝"。无比庄重的国体构建，就这样儿戏一样地完成了，而一辈子沉稳内敛的袁世凯竟然鬼迷心窍般地相信了这样的拥戴。

闹剧即将结束时，梁启超登高一呼，震惊了全国志士仁人；蔡锷云南首举义旗，宣布了洪宪王朝的死亡。袁世凯急火攻心，一命呜呼。

袁世凯去世，标志着一个时代的结束。

自1894年开始的大变革时代至此也走过了一个完整的单元。1915年9月1日，也就是杨度发起成立筹安会的时候，参加过辛亥革命，也参加过二次革命的陈独秀实在忍不住了，他邀集几个安徽老乡集资创办《青年杂志》，一个全新时代由此揭开序幕。